鈴木 勉著

三角縁神獣鏡・同笵(型)鏡論の向こうに

雄山閣

口絵 1

上段 椿井 M23 鏡（切削後研磨）、湯迫 J-37176 鏡（研削）
下段 湯迫 J-37175 鏡（鋳放し）、真土大塚山鏡（研削）
図Ⅲ-1-14 目 16 陳是作四神二獣鏡群 ［本文 190 頁参照］

上段 椿井 M03 鏡（研削）、佐味田 j2595 鏡（研削）、黒塚 24 号鏡（鋳放し）
下段 吉島 J-2620 鏡（研削）、吉島 J-2621 鏡（研削）
図Ⅲ-1-17 目 44 天王日月・唐草文帯四神四獣鏡群 ［本文 192 頁参照］

口絵 2

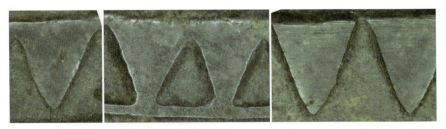

図Ⅲ-1-20　湯迫車塚古墳の「研削」鏡 3 面［本文 195 頁参照］

図Ⅲ-1-21　湯迫車塚古墳の「切削」鏡 5 面［本文 196 頁参照］

図Ⅲ-1-22　佐味田宝塚古墳の「研削」鏡 3 面［本文 196 頁参照］

図Ⅲ-1-24　椿井大塚山古墳の「研削」鏡 16 面［本文 199 頁参照］

口絵 4

図Ⅲ-1-26　黒塚古墳の「鋳放し」鏡 20 面［本文 202 頁参照］

口絵5

図Ⅲ-1-25 椿井大塚山古墳の「切削」鏡6面［本文200頁参照］

図Ⅲ-1-27 黒塚古墳の「研削」鏡6面［本文203頁参照］

図Ⅲ-1-29 黒塚古墳の「切削」鏡3面［本文204頁参照］

口絵 6

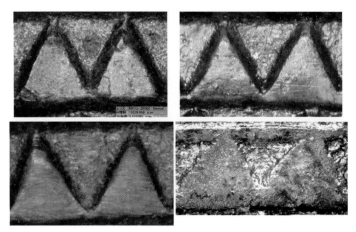

図Ⅲ-1-28　黒塚古墳の「研磨」鏡4面［本文203頁参照］

左から J-37179、J-37176、J-37180

図Ⅲ-1-30　湯迫車塚古墳の「研削」鏡3面（×175倍）［本文204頁参照］

左から J-2595、J-2269、J-2602

図Ⅲ-1-31　佐味田宝塚古墳の「研削」鏡3面（×175倍）［本文204頁参照］

口絵 7

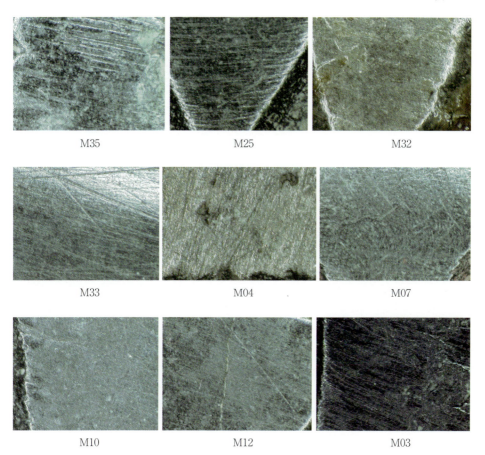

図Ⅲ-1-32 椿井大塚山古墳の「研削」鏡 16 面 (1)（×175 倍）[本文 206 頁参照]

口絵 8

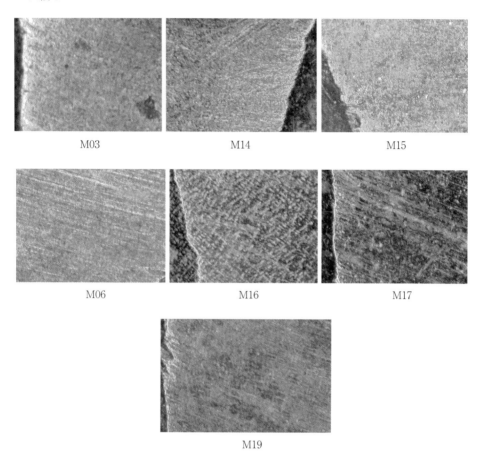

図Ⅲ-1-32　椿井大塚山古墳の「研削」鏡16面（2）（×175倍）［本文207頁参照］

◎三角縁神獣鏡・同笵(型)鏡論の向こうに◎目次

❖ 第Ⅰ部　三角縁神獣鏡・同笵(型)鏡論 ❖

第一章　同笵(型)鏡論百年 …………………………………………………… 11
　1. 自作の断面計測装置から ……………………………………………… 11
　　(1) 過去から未来へ ………………………………………………… 11
　　(2) 人類が捨ててきてしまったもの ……………………………… 13
　2. 歴史学と古物調査 ……………………………………………………… 14
　　(1) 古物の調査三要素 ……………………………………………… 14
　　　a.『集古十種』の時代 14 ／ b. 拓本の時代（梅原末治氏の同笵〔型〕鏡論）15 ／ c. 写真の時代 16
　　(2) 写真の時代の計測技術 ………………………………………… 17
　　　a. 古物調査の細密化 17 ／ b. 写真の客観性 18 ／ c. 計測技術の遅れ 19
　3. 古鏡調査の細密化と立体化 …………………………………………… 20
　　(1) 二次元半から三次元へ ………………………………………… 20
　　(2) 古鏡調査の立体三要素 ………………………………………… 21
　　(3) データの信頼性とグローバルスタンダード ………………… 22
　コラム
　　Ⅰ-1-1 同笵法・同型法の研究 23 ／ Ⅰ-1-2 目録番号、配置、表現 23 ／ Ⅰ-1-3 平面写真そして立体観察 24 ／ Ⅰ-1-4 三次元CADと21世紀の考古学 24 ／ Ⅰ-1-5 立体認識方法に革命 25 ／ Ⅰ-1-6 古鏡の三次元デジタルアーカイブ 26 ／ Ⅰ-1-7 無意識的に恣意的な撮影の工夫 27 ／ Ⅰ-1-8 金石学における写真の客観性と釈文 28 ／ Ⅰ-1-9 計測は国家と社会の基盤 29 ／ Ⅰ-1-10 三次元デジタルアーカイブの意味 30 ／ Ⅰ-1-11 文化財データベースとグローバルスタンダード 30

第二章　同笵(型)鏡論と三次元計測 …………………………………………… 32
　1. 同笵(型)鏡黒塚12号鏡と同31号鏡の修正痕 ………………………… 32
　　（目 36-37 吾作四神四獣鏡群）
　　(1) 神像の断面―多様な高低差― ………………………………… 32
　　(2) 乳の修正 ………………………………………………………… 36
　　(3) へら押しの修正 ………………………………………………… 37

(4) へら押し工人の癖 ……………………………………………………… 39
　　　(5) へらの先端角度 ………………………………………………………… 40
　　　(6) 仕上げ加工痕 …………………………………………………………… 41
　　　(7) 細部から見える鏡作り工房 …………………………………………… 42
　2. 目 21 張氏作三神五獣鏡群の比較（黒塚 16・18 号鏡ほか） 43
　　　(1) 乳の修正と仕上げ加工痕 ……………………………………………… 43
　　　(2) 鈕座の修正 ……………………………………………………………… 47
　3. オーバーハング鏡の発見 …………………………………………………… 47
　　　(1) 三角縁神獣鏡のオーバーハング ……………………………………… 47
　　　(2) 倭鏡のオーバーハング ………………………………………………… 49
　　　(3) オーバーハング鏡を作った工人の意図 ……………………………… 53
　コラム
　　　I-2-1 実証性のはき違え 54 ／ I-2-2 データを「見える」ようにする 54 ／
　　　I-2-3 基準精度と工具 55 ／ I-2-4 工人の「癖」と技術的必然性 56 ／ I-2-5 三
　　　次元計測の計測密度 57 ／ I-2-6 オーバーハング 57

第三章　神獣鏡の型式学的分類から技術的分類へ ……………………………… 59
　1. 精妙・高度・疑似・稚拙薄肉彫り鏡 ……………………………………… 59
　　　(1) 精妙薄肉彫り鏡 ………………………………………………………… 59
　　　(2) 高度薄肉彫り鏡 ………………………………………………………… 60
　　　(3) 疑似薄肉彫り鏡 ………………………………………………………… 61
　　　(4) 稚拙薄肉彫り鏡 ………………………………………………………… 62
　2. 疑似薄肉彫り鏡とオーバーハング ………………………………………… 63
　3. 同一工人の手になる鏡 ……………………………………………………… 63
　4. 異なる工人による修正 ……………………………………………………… 65
　コラム
　　　I-3-1 技術移転論 67

❖ 第Ⅱ部　同笵（型）鏡論と復元研究 ❖

第一章　同笵（型）鏡論を振り返る ……………………………………………… 71
　1. 同笵（型）鏡論の進展 ……………………………………………………… 71
　　　(1) 観察・推定法の弱点 …………………………………………………… 71

（2）	技術論をどう取り込むか ………………………………………………	75
（3）	復元研究の大切さ ………………………………………………………	78

2. 同笵(型)鏡論の課題 ……………………………………………………… 80
 （1）未解決の問題 ……………………………………………………… 80
 （2）立体観察で生じた新たな疑問点 ………………………………… 81
3. 復元研究のあり方 ………………………………………………………… 82
 （1）観察・推定法から検証ループ法へ ……………………………… 82
 （2）かたちか技術か ………………………………………………… 84
 （3）技術を隠す技術の存在 ………………………………………… 85
 （4）技術の四次元性 ………………………………………………… 85
 （5）失敗も大切 ……………………………………………………… 85
 （6）実験と要素技術 ………………………………………………… 86
 （7）伝統的な技術は古代の技術に近いか ………………………… 86
4. 原鏡と複製鏡の製作技術 ………………………………………………… 87
 （1）原鏡製作技術 …………………………………………………… 87
 （2）複製鏡製作技術 ………………………………………………… 88
 （3）復元の方法 ……………………………………………………… 88

コラム
 Ⅱ-1-1 ロウ型の可能性？ 89 ／ Ⅱ-1-2 大刀環頭の検証ループ法 90 ／ Ⅱ-1-3 技術を隠す技術 91 ／ Ⅱ-1-4 技法と技術 93

第二章　復元研究の準備 ………………………………………………… 94
1. 復元研究の条件を設定する ……………………………………………… 94
 （1）実験の条件 ……………………………………………………… 94
 （2）鋳造技術者の選定と取り決め ………………………………… 95
2. 復元研究の目的 …………………………………………………………… 97
 （1）目的を限定する ………………………………………………… 97
 （2）同笵法は可能か？（技術評価の社会的水準と歴史的水準） …… 97
 （3）踏み返し法での変化 …………………………………………… 99
 （4）原寸大で復元 …………………………………………………… 100
3. 原型と鋳型の準備 ………………………………………………………… 100
 （1）原型の製作 ……………………………………………………… 100

(2) 鋳型の製作 ……………………………………………………………… 102
　コラム
　　Ⅱ-2-1 抜け勾配 105 ／ Ⅱ-2-2 真土と粘土と気孔 106 ／ Ⅱ-2-3 篩の目、砥粒のメッシュ 106 ／ Ⅱ-2-4 金属を溶かす 108

第三章　鋳込み ……………………………………………………………………… 110
　1. 第 1 〜 3 回の鋳造実験 ……………………………………………………… 110
　　(1) 第 1 回の鋳造（2001 年 1 月 19 日実施、出来るだけ細かい真土を使う） …… 110
　　(2) 第 2 回の鋳造（2001 年 1 月 19 日実施、鋳型の乾燥が不足したか？） ……… 116
　　(3) 第 3 回の鋳造（2001 年 1 月 19 日実施、同笵法に挑戦）………………………… 117
　　(4) 第 1 〜 3 回の鋳造実験の結果と考察 ……………………………………… 118
　　　a. 結果 118 ／ b. 同笵法の可能性 118 ／ c. ひびが出来る鋳型の構造 119 ／ d. 文様の不鮮明さへの対処方法 119
　2. 第 4 〜 6 回の鋳造実験 ……………………………………………………… 119
　　(1) 新たな鋳型の構造と製作（第 1 〜 3 回の実験結果を承けて）………………… 119
　　　a. 二層式鋳型 120 ／ b. 粉砕工程を省略した真土の使用 121 ／ c. 麻の繊維を混入した土を使う 121
　　(2) 第 4 回の鋳造（2001 年 4 月 4 日実施、湯温を下げ、ガス抜きを改良）……… 122
　　(3) 第 5 回の鋳造（2001 年 4 月 4 日実施、同笵鏡を再び作る） ………………… 123
　　(4) 第 6 回の鋳造（2001 年 4 月 4 日実施、同笵法の再検証） ……………………… 123
　　(5) 第 4 〜 6 回の鋳造実験の結果と考察 ……………………………………… 125
　　　a. 結果 125 ／ b. 真土の粒度とガス抜きと文様の鮮明度の検討 126 ／ c. 原寸大鏡鋳造のための鋳型材料の推定 127 ／ d. 同笵法の可能性 127 ／ e. ひび鏡と突線 127
　3. 第 7、8 回の鋳造実験 ………………………………………………………… 127
　　(1) 原寸大鏡の鋳型の構造 ……………………………………………………… 127
　　　a. 一層式鋳型 128 ／ b. 二層式鋳型 128
　　(2) 第 7 回の鋳造（2001 年 6 月 4 日実施、原寸大で作る）………………………… 128
　　(3) 第 8 回の鋳造（2001 年 6 月 4 日実施、原寸大で同笵法に挑戦） …………… 128
　　(4) 第 7、8 回の鋳造実験の結果と考察 ………………………………………… 130
　コラム
　　Ⅱ-3-1 試料の名称の付け方 132 ／ Ⅱ-3-2 のっぺらぼう 132 ／ Ⅱ-3-3 鋳型の収縮とひび 133 ／ Ⅱ-3-4 一層式鋳型と二層式鋳型 134

第四章　考　察 …………………………………………………… 136
　1. 同笵法の可能性について ………………………………… 136
　2. 観察・推定法と検証ループ法 …………………………… 136
　3. 抜け勾配と鋳型の欠損の関係を検証する ……………… 137
　　（1）抜け勾配がある場合 ………………………………… 137
　　（2）抜け勾配が無い（勾配3.1度）場合 ………………… 138
　　（3）逆勾配（オーバーハング）がある場合 …………… 138
　　（4）抜け勾配とオーバーハング ………………………… 140
　4. 同笵法と同型法における文様の鮮明度の変化を検証する ……… 145
　　　―鋳造をするたびに鋳型はすり減るのか？―
　5. 鋳型の欠損に起因する突起はどう変化するか？ ……… 147
　6.「鋳型のひびは成長する」か？―二層式鋳型の着想― …… 148
　　（1）二層式鋳型の乾燥工程でひびが発生 ……………… 149
　　（2）鋳込み工程でひびが発生 …………………………… 150
　　（3）突線の発生と鋳型の欠損 …………………………… 150
　　（4）鋳型のひびは成長するか？ ………………………… 151
　　（5）鋳型のひびと同笵法の可能性 ……………………… 152
　　（6）突線と凹線の問題について ………………………… 156
　7. 鏡は収縮するか？ ………………………………………… 157
　8. 収縮とひびの関係について ……………………………… 166
　9. 鏡の反りを検証する ……………………………………… 167
　　（1）踏み返しによる反りの変化 ………………………… 167
　　（2）同笵鏡の反りのばらつきを検証する ……………… 171
　　（3）同型鏡の反りのばらつきを検証する ……………… 172
　　（4）反りを考える ………………………………………… 172
　10. 復元研究のまとめ ……………………………………… 172
　　（1）同笵法について ……………………………………… 172
　　（2）ひび、鮮明度、鋳造順序について ………………… 173
　　（3）鋳型の欠損、突起について ………………………… 173
　　（4）収縮とひびと二層式鋳型について ………………… 173
　　（5）反りについて ………………………………………… 174

コラム
　　Ⅱ-4-1　検証ループ法の推奨 175 ／ Ⅱ-4-2　文様の鮮明度と鋳造順序 176 ／
　　Ⅱ-4-3　三角縁神獣鏡の計測 176 ／ Ⅱ-4-4　古鏡の反りと工学者の参加態度 178

❖ 第Ⅲ部　同笵（型）鏡論の向こうに ❖

第一章　三角縁神獣鏡の仕上げ加工痕と製作地 …………………………………… 183
　1. 鏡を鋳造した後の加工 …………………………………………………………… 183
　　（1）あら加工 ………………………………………………………………………… 183
　　　a. 湯道、鋳バリの除去（切断加工など）183 ／ b. 鋳肌の除去（砥石や砥粒を使っ
　　　たあら加工）184 ／ c. 大きな除去加工（平セン、ヤスリを使ったあら加工）184
　　（2）仕上げ加工 ……………………………………………………………………… 185
　　　a. 切削加工 185 ／ b. 研削と研磨 186
　2. 鏡背面の三角縁の内側と鋸歯文周辺の仕上げ加工の再現実験 ………… 186
　　（1）ヤスリで切削加工 …………………………………………………………… 187
　　（2）硬い砥石で研削加工 ………………………………………………………… 187
　　（3）遊離砥粒と皮革で研磨加工 ………………………………………………… 187
　3. 仕上げ加工痕の比較検討 ……………………………………………………… 189
　　（1）同笵（型）鏡群の比較 ……………………………………………………… 189
　　　a. 目3 波文帯盤竜鏡群 189 ／ b. 目9 天王日月・獣文帯同向式神獣鏡群 189 ／
　　　c. 目16 陳是作四神二獣鏡群 189 ／ d. 目21 張氏作三神五獣鏡群 192 ／
　　　e. 目35 吾作四神四獣鏡群 192 ／ f. 目44 天王日月・唐草文帯四獣鏡群 192 ／
　　　g. 目70 天王・日月・獣文帯四神四獣鏡群 193 ／ h. 目70 天王・日月・獣文帯四
　　　神四獣鏡群 194 ／ i まとめ 194
　　（2）同一古墳出土鏡の比較 ……………………………………………………… 195
　　　a. 湯迫車塚古墳 197 ／ b. 佐味田宝塚古墳 197 ／ c. 椿井大塚山古墳 200 ／
　　　d. 黒塚古墳 201
　　（3）異なる古墳の「研削」鏡の比較 ………………………………………… 205
　　（4）仕上げ加工痕から見えること ……………………………………………… 205
　4. 三角縁神獣鏡の製作体制について …………………………………………… 207
　　（1）鏡背面の仕上げ加工はいつ行われたか ………………………………… 207
　　（2）三角縁神獣鏡の「原鏡」と「複製鏡」 ………………………………… 208

（3）鋳型を修正した工人 …………………………………………………… 209
　　（4）ひび鏡と二層式鋳型について ………………………………………… 210
　5. 三角縁神獣鏡と移動型工人集団 ……………………………………………… 211
　　（1）中央集権的な技術史観 ………………………………………………… 211
　　（2）三角縁神獣鏡の工人集団の本貫地は大和盆地内 …………………… 212
　　（3）系譜論と製作地論を分ける …………………………………………… 214
　　（4）「原鏡」の製作地 ……………………………………………………… 215
　コラム
　　Ⅲ-1-1 かたさって何？ 218 ／ Ⅲ-1-2 研削と研磨の違いは？ 219 ／ Ⅲ-1-3 観察・推定法から検証ループ法へ 219 ／ Ⅲ-1-4 ヤスリはいつ頃から使われた？ 221 ／ Ⅲ-1-5 天然砥石と人造砥石 222 ／ Ⅲ-1-6 真土と砥粒 223 ／ Ⅲ-1-7 原鏡と複製鏡 223 ／ Ⅲ-1-8 出吹きと移動型工人集団 223 ／ Ⅲ-1-9 出吹きに対するヤマトの特注説 224 ／ Ⅲ-1-10 鋸歯文を作る技術 225

第二章　三角縁神獣鏡・技術移転論 ……………………………………………… 226
　1. 薄肉彫りの技術移転 …………………………………………………………… 226
　　（1）画文帯神獣鏡から三角縁神獣鏡へ …………………………………… 226
　　（2）精妙から高度へ、そして疑似、稚拙薄肉彫り鏡へ ………………… 227
　2. 鋳肌の技術移転 ………………………………………………………………… 230
　　（1）鋳肌 ……………………………………………………………………… 230
　　（2）鋳肌と薄肉彫り技術 …………………………………………………… 232
　3. へら押しの技術移転 …………………………………………………………… 232
　　（1）技術的距離 ……………………………………………………………… 232
　　（2）異なる鏡を同一工人が作る …………………………………………… 233
　4. 鋸歯文の技術移転 ……………………………………………………………… 235
　5. 仕上げ加工の技術 ……………………………………………………………… 237
　6. 二層式鋳型の技術 ……………………………………………………………… 238
　　（1）二層式鋳型の着想 ……………………………………………………… 238
　　（2）突線と二層式鋳型と薄肉彫り技術の関係 …………………………… 240

第三章　三角縁神獣鏡と古墳時代 ………………………………………………… 242
　1. 古墳時代研究と三角縁神獣鏡製作地論 ……………………………………… 242

（1）前方後円墳体制論と鉄・三角縁神獣鏡 ……………………………… 242
　（2）三角縁神獣鏡の製作地 ………………………………………………… 244
　（3）実証とは ………………………………………………………………… 246
　（4）ヤマト王権の前方後円墳体制論から列島各地の前方後円墳文化論へ … 247
2. 前方後円墳文化論 …………………………………………………………… 249
　（1）同笵鏡の分有関係はなかった ………………………………………… 249
　（2）前方後円墳文化論について …………………………………………… 250
3. 型式学的分類と技術的分類 ………………………………………………… 252
おわりに〈同笵（型）鏡論の向こうに〉 …………………………………… 253

謝　辞 …………………………………………………………………………… 257
写真掲載三角縁神獣鏡等所蔵機関 …………………………………………… 258

第Ⅰ部　三角縁神獣鏡・同笵(型)鏡論

よく似た顔の二人がいて、正面顔はよく似ているのだが、横顔では全く別人だということがある。実は筆者の三角縁神獣鏡研究はそうしたことから始まった。従来の研究書や図録では、三角縁神獣鏡は鏡背面を真上から撮影した写真が並んでいた。真上から撮った写真はよく似ていて、「同じ鋳型から作られた」、「いや原型が同じで鋳型は違う」などと言われてきた。ある日私は、少し斜めから三角縁神獣鏡を見ることができて、横顔が全く違っていることに気付いた。そうしたことは日常生活の中でも「よくあること」なのだ。しかし、考古学の世界では横顔を眺めることが100年あまりなかった。実に不思議なことだ。

　三角縁神獣鏡は大型の鏡だと言われ、その直径は220㎜から240㎜くらいある。ところが、神様の顔となると、その長さは10㎜前後にすぎないのだ。10㎜の顔とそれに続く首のあたりを比較するには、鏡に100㎜くらいまで目を近づけないと違いを見出すことはできない。つまり、鏡に顔を着けんばかりに近づけてようやく比較できる、ということだ。通常、多くの方は、博物館に展示された鏡を見るだけなので、例え同笵（型）鏡が並べて展示されていても、神様の顔を比較できるはずもない。

　それだけ小さな神様の顔の違いを検証するには、精密な計測が必要だ。計測して数値で示したり、断面図を作って図で示したりして、ようやく周りの皆さんに納得していただける。そのために、奈良県立橿原考古学研究所は三次元計測機を購入してくれた。細密な観察と精密な計測のセットによって、三角縁神獣鏡の同笵（型）鏡の違いを明らかにするためであった。まずはその一部始終を明らかにして行こう。

第一章　同笵(型)鏡論百年

1. 自作の断面計測装置から
(1) 過去から未来へ

　過去も現在も、文化財の調査において私たちの「見る目」がとても重要であることに変わりはない。しかし、19世紀後半から20世紀後半までに生まれた新技術の導入によって、私たちの「見る目」は大幅な変革を遂げた。殊に考古学や美術史学が受けた恩恵を大きかった。例えば土木の測量技術は遺跡の形状の復元を可能にし、化学の分析技術はかたちに現れない技術の神髄を探り当て、顕微鏡などの光学技術は様々な人が残した微細な痕跡を生々しく浮かび上がらせた。その成果が歴史学全体に与えた影響の大きさは計り知れない。

　そして、20世紀末から21世紀にかかる頃、人間たちの予想を遙かに超えるスピードでIT（情報技術）革命が進展し、今も変革を続けている。それは私たちの生活の全てを変えてしまうのではないかと思われるほどの勢いである。歴史学の分野も決して例外ではなく、21世紀に歴史学に携わる人々にとってITの導入は、大きな課題である。

　1997年、奈良県立橿原考古学研究所は奈良県黒塚古墳から33面の三角縁神獣鏡と1面の画文帯神獣鏡を発掘した。古墳から出土する三角縁神獣鏡には同じ文様をもつ鏡群「同笵(型)鏡」［23頁：コラムI-1-1「同笵法・同型法の研究」参照］があるのだが、黒塚古墳の三角縁神獣鏡にも7組15面の同笵(型)鏡が含まれていた。ある時、筆者はその中の三角縁吾作四神四獣鏡2面（目録番号［23頁：コラムI-1-2「目録番号、配置、表現」参照］36-37［以後目36-37と表記］、黒塚12号鏡と同31号鏡）を観察していたところ、それまでの研究の主流であった平面的な図像の比較［24頁：コラムI-1-3「平面写真そして立体観察」参照］によれば寸分の違いもないと考えられてきた2面の鏡の同一位置の神像の首と膝の高さが異なっているのに気付いた。いや、そのように見えた気がし

たと言った方が良いだろう。その時は周囲の人々にその違いを言葉で伝えるだけで、ものさしとノギス（一般名はバーニヤキャリパ）しか持っていないこともあって、計測によって検証することができなかった。

　帰京後、私は神像の首と膝の高さを比較できる方法はないかと、何日も考えた。そして、断面形状を示せば誰でも分かってもらえるのではないかと思った。

　筆者の研究室には、彫った溝の深さを測るデジタルデプスケージという高精度な計測器があった。それを三角縁神獣鏡の断面計測に使えないかと知恵を絞り、なんとか自前の断面計測装置を作った。

　この断面計測装置を持って橿原考古学研究所へ向かい、黒塚12号鏡と同31号鏡の2面を計測した。その結果、明らかな違いが見えた（図I-1-1）。筆者たちの観察が正しかったことが確認できたのだ。続いて他の同笵（型）鏡群についても観察・計測を行ってみると、文様の高さ方向で随所に違いが有ることが確かめられた（第I部第二章で詳述）。

　それまでの三角縁神獣鏡の製作技法研究では、一つの鋳型で数面鋳造されたとする「同笵法」や、一つの原型を元にして鋳型をいくつも作る「同型法」などが提起され、考古学的考察の重大な論拠の一つとされていた。しかし、立体的な観察と計測によって確認した同笵（型）鏡同士の文様の高さ方向の異同は、

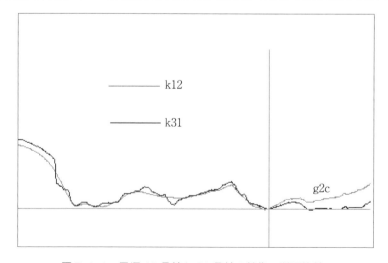

図I-1-1　黒塚12号鏡と31号鏡の神像の断面比較

それらの説では単純には解釈できないものであった。

　断面計測装置を使う新しい調査方法がこれまでの歴史学に多大な影響を与えることが予測され、橿原考古学研究所は高さ方向の精密計測ができる三次元計測機の導入に向かって動き始めた。機種の選定、計測条件の研究、三次元CAD［24頁：コラム I-1-4「三次元 CAD と 21 世紀の考古学」参照］へのデータの引き渡し、情報処理技術の開発などを担当した筆者は、それが単なる新しい機械の導入という技術的問題に留まるものではなく、歴史学におけるものの認識方法を変革する可能性を秘めていると考えた。

(2) 人類が捨ててきてしまったもの

　文字や紙の発明以来、私達人間は出来るだけ多くの情報を、逐次的（一次元的）に記述する文字・文章と、二次元的に表現する絵画・図面に乗せて伝達し、情報をより広範囲に、より長期間に亘って伝えることに成功した。古代から現代社会に至る人間社会の発展は、文字・文章と絵画・図面の功績だったと言えよう。しかし、功績を認めつつも、その代わりに人間が過去に置いてきてしまった「人智」があった。その一つが立体（三次元形状）認識能力である。人が作ったもののほとんどは立体形であるのだが、逐次的な文字と二次元的な図面に慣れきった現代社会は、ものを立体的に捉えることを一部の芸術家や技術者の「特殊能力」に委ねてしまっている。そして、20世紀に生きる人々は自分の先祖があまねく持っていた立体認識能力を失いつつあった。もしいま、21世紀に生きる私たちが巨大なデータ処理能力を持つITの力を借りて、再び立体を捉えることができれば、私たちが過去に置いてきてしまった立体認識能力を復活させることができるに違いない。ITがいち早く導入された産業の分野では、すでに立体認識方法に革命が起き［25頁：コラム I-1-5「立体認識方法に革命」参照］、その成果としての複雑な三次元形状の製品（自動車や携帯電話など）が私たちの身の回りに生まれている。逐次的な記述の文章によって編まれてきた歴史学が、かつて考古学や美術史学などから導入された二次元的な図面の表現力に大きな影響を受けたように、ITがもたらす人間の立体認識能力の蘇生が、歴史学を更なる大変革に導く可能性がある。

　一方、考古学、美術史学、金石学の前身とも言える我が国の古物研究には、

江戸時代以来の学問的蓄積に裏付けられた調査研究手法がある。そうした学問的背景の中で、調査研究の一手段として IT は導入されるべきであろう。大きな力を持つ IT への過信とその濫用は、歴史学本来の目的を見失わせる可能性があることも敢えて指摘しておきたい。そもそも計測は、ある目的をもって行われるものであり、それ故、三次元計測データにも様々な限界がある。したがって、その原理と利点と限界について、歴史学に携わる者が正しく理解することによって、IT は初めて生きることになる。

全国の各研究機関の協力によって古鏡の三次元計測データが集成されつつあり［26 頁：コラム I -1-6「古鏡の三次元デジタルアーカイブ」参照］、わが国の大きな文化遺産に成長することが予測される。また、三次元計測機導入に際して行った様々な研究は、今後の歴史学のあらゆる分野の IT 技術の研究に寄与するに違いない。以下に、筆者が三次元計測技術の古鏡研究への導入方法を模索してきた経緯と、取得した計測データの原理と利点と限界について記すとともに、成果の一部を示す。今後の歴史学の発展に寄与できることを願うものである。

2. 歴史学と古物調査

(1) 古物の調査三要素

a.『集古十種』の時代

『集古十種』[1]は、交通手段も複写技術もそのほとんどが人力に頼らなければならなかった江戸時代、松平定信の命によって、日本全国の古物に関して、画家らの手になる筆写や拓本などによってその情報を集成し、木版印刷によって公刊された。そのページを繰ってみると、所載古物のいくつかに計測値や観察記録が併記されている（図 I -1-2）のに気付く。

そこから、松平定信の命を受けて全国を行脚した調査担当者の仕事ぶりが見えてくる。彼らは、「ものさし」や「野帳（フィールドノート）」を携えて

①古物を筆写、あるいは手拓し
②ものさしで計測を行い

---

(1) 松平定信編『集古十種』名著普及会 1980 年復刻、寛政 12 年（1800）初版。

③観察結果をフィールドノートに筆で記録した

『集古十種』編纂にあたり、調査が①筆写または拓本、②計測、③観察記録という三つの方法で計画的・統一的に実施されたことが分かる。拓本が原寸大で掲載された古物には計測値が示されないものが多いが、拓本やその写しは「大きさ」も写し取るので、計測を兼ねていたことになる。筆写または拓本は遺物の形態の写し取りであり、「写生」の語で表現できる。

調査担当者の仕事を改めて整理すれば、①写生・②計測・③観察記録の三つであったと言えよう。これが

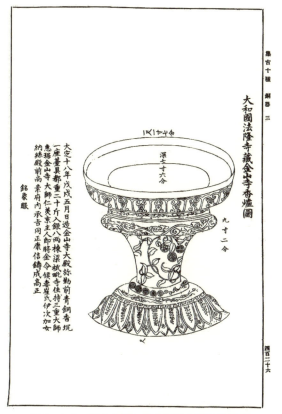

図Ⅰ-1-2　集古十種に見る銅器の調査三要素
（写生、計測、観察記録）

集古十種の時代の古物の「調査三要素」であった。そして彼らが携えた調査用具は「拓本用具、ものさし、筆」であった。そうして古物の情報は客観化され、時間と空間を超えて全国の古物愛好家の下に届けられ、現代の私たちも目にすることができるのである。

b. 拓本の時代（梅原末治氏の同笵（型）鏡論）

古物調査の方法は江戸から昭和に至る間にどれほど変化し、進歩したのであろうか。

梅原末治氏は、いわゆる同笵（型）鏡製作技術の判定に拓本を用いた例として、

次のように述べている[2]。

「…〈前略〉…こう云ふ同じ鏡范から少くも二面の鏡が作られた事実が知られた際、自ら考へらるべき一つの点として如何にして一つの范から同じ鏡がか様に作り出されるかの現実の問題がある可き筈である。」
「同式同大の理由のみでは実は同じ鏡范から出たとはなしがたい。」
「たまたま生じた范の崩れや亀裂なども符節を合わせた如く同一なるを要する。」
「型崩れや外区の帯文の重複した部分までも一致していること」
「是等の同じである点を一層確かめる為に拓本に依って調べて見たが、全く相重なって一分一厘の差異もない。」（傍点は筆者による）

　梅原氏は、できる限りの精密さで、複数の同范（型）鏡がどのように同じかを科学的に検討すべきであることを主張し、自らも精密な実物観察をもとに比較研究をしつつ、それを検証するために拓本を活用した。拓本は乾燥時の収縮や裏打ち時の伸展などが避けられないが、それでも一応古物の写生・計測方法として当時は「正確」だと考えられていたのであるから、梅原氏の行った比較研究は、写生、計測、実物観察という古物の調査三要素をバランス良く実施したといえよう。しかし、梅原氏らがそれに使用した道具は「拓本用具、ものさし、筆とペン」であり、江戸時代の集古十種の時代となんら変っていなかったのである。

c. 写真の時代

　梅原氏の時代も一部に写真が使われていたが、カメラは、高価で技術的にも難しく、歴史学研究者が自由に扱えるものではなかった。当時のカメラの貴重さについては、樋口隆康氏の著述にある。樋口氏は学生時代にご両親からカメラを買ってもらったという。京都大学の西アジア調査団のメンバー決定に際し、当時学生であった樋口氏は、カメラを持っているためにメンバーに入れてもらえたと後に冗談交じりに語っている[3]。当時のカメラの貴重さが伝わる逸話で

---

[2] 梅原末治 1944「上代鋳鏡に就いての一所見」『考古学雑誌』34-2

ある。

　しかし第二次大戦後、写真技術は著しく進化すると同時にカメラは安価になり一気に普及した。

　旧来の写生技術である拓本と新しい写生技術である写真はそれぞれに特性があり、互いに補完しあう併用時代が長く続いたが、拓本は次第に登板の機会が少なくなっていった。一方で写真は広く普及し、学術論文の中でも写真を使って証明する「写真証明」なる手法が確立するほどになった。特に写真と印刷のカラー化が古物調査における拓本離れに拍車をかけた。古物調査にとって、カラー写真と拓本ではその情報量に大きな差があるためである。しかし、計測道具としては、写真は拓本の実物大を示すという利点を補うことができなかった。そのため、カメラの普及に伴って「ものさし」などによる計測の重要性が増した。20世紀から21世紀に遷る頃の古物調査の道具は「写真、ものさし、ペン」となったのである。

　拓本が写真に代わり、観察は著しく細密化した。しかしその一方で、記録用具は筆からペンに変わっただけであったし、計測用具のものさしは重要性が増したにもかかわらず目盛が尺・寸・分からm・cm・mmと変わっただけで実質的には旧来のままであった。調査道具のアンバランスは時に問題を引き起こす原因となった。

(2) 写真の時代の計測技術

a. 古物調査の細密化

　20世紀後半の古物の調査研究は細密化の一途を辿った。特に三角縁神獣鏡など金属古鏡の研究の細密化は著しかった。その原因の一つは同笵(型)鏡論の活発なやりとりであろう。一時、わが国の考古学界を二分することになったこの議論は、古鏡の細部の違いから、古鏡の製作技法を明らかにすることを求めた。あたかも三角縁神獣鏡研究と言えば、同笵(型)鏡データを集めた研究であるかのようであった。研究者たちはこぞって、古鏡の小さな傷の成長を追いかけたり、わずかな文様の鮮明度(凹凸)の違いを調べたりと、古鏡の細部

---

(3) 樋口隆康 1998「私の履歴書」日本経済新聞 1998年11月1日～11月30日

を虫眼鏡などを使って観察した。同笵(型)鏡論の調査方法は、他の古物研究へも多大な影響を与えたのだが、問題がないわけではなかった。

　学術研究の成果は、「論文」や「報告書」の形で公に示されるが、それらの客観性を確保するために、読者が追認や検証ができるように記述する必要がある。同笵(型)鏡に関する考古学論文では、前段で傷の有無や成長度合いなどの細密な観察結果に基づいて古鏡の製作技法が推定され、それに基づいて後段において古代王権論が展開されることが多いので、前段の観察結果の検証は非常に重要である。そのために、執筆者の観察力に見合った細密な写生(写真)と精密な計測結果を論文内に提示することが求められることになる。しかし、そこに示された写真や計測値には次のような問題があった。

b. 写真の客観性

　写生技術のひとつである写真はかつて「客観」の代表選手と考えられていた。金石学における文字の解読(釈文)や考古学における痕跡などの表出のために行われた拓本では「恣意的に、時には無意識的に恣意的に」手拓の工夫が行われ、時によって自分の欲しい結果に近づくように手拓してしまいがちであるのに対して、写真はそれが無いと考えられていた。ところが、写真撮影でも文字や痕跡を浮かび上がらせるために光源を移動し陰影を濃くすることが屡々行われてきた。結果的に拓本と同じく「恣意的に、時には無意識的に恣意的に」撮影の工夫が行われたのである。今でも強く陰影を付けた写真を使うことが少なくないが、そうした写真は研究用には相応しくない。中にはネガに修整を加えて文字をはっきりさせたものさえあって、それが市販され通用しているので注意が必要である［27頁：コラムⅠ-1-7「無意識的に恣意的な撮影の工夫」参照］。

　近年恣意的な写真を研究から排除しようとした報告も試みられ、提案されている。東京国立博物館が編集した『江田船山古墳出土国宝銀象嵌銘大刀』［28頁：コラムⅠ-1-8「金石学における写真の客観性と釈文」参照］である。象嵌銘文について「カラー」「白黒」双方の写真を掲載し、なおかつ「白黒」は光源の位置を変えた二種類の写真を掲載した。恣意的な撮影をできうる限り排除しようとした研究者の意図が示されている。

第一章　同笵（型）鏡論百年

古物調査では、使い方次第で写真は観察結果の客観化の大変優れた手段になり、そうした業績も少なくない。しかし、検証には観察の細密さに見合った写真を使う必要がある。さまざまな事情も考えられるが、客観性が何よりも求められる学術論文においてはそれだけの用意が求められよう。

c. 計測技術の遅れ

計測には長さ、質量（重さ）、数量、温度、など様々な対象があり、その目的と方法も様々である。歴史的に見てもその基準の制定や精度の維持などはきわめて重要な社会的国家的課題であった。計測は国家・社会形成、ひいては文化形成の基本条件の一つであり［29頁：コラム I-1-9「計測は国家と社会の基盤」参照］、その重要度は文字にも劣らない。

古鏡の研究に拓本が使われていた時代、必要な計測の水準はものさしで十分であった。しかし、観察が細密化した20世紀後半の古物の調査において、ものさしではその結果を検証出来なくなった。そうして、研究者たちは、計測器として最小目盛が0.05mmであるバーニヤキャリパ（通称ノギス）を使い始めた。バーニヤキャリパやその上の精度のマイクロメータ（最小目盛り0.01mm）を正しく使うことができれば、細密化した観察に見合う計測精度を確保することが可能である。しかし、両計測器は被計測物を挟んで計測するように作られており、一定の測定圧をかけた時に初めて上記の最小目盛りが意味を持ちその精度が確保できる。バーニヤキャリパを使う計測はかなりの熟練が必要な作業である。

例えば古鏡の研究では、鋳造時の収縮率を元に製作技法を考え、それに基づいてその周辺の歴史を論ずる手法がある。古鏡の外側は鋳造後「せん」などによって削り取られることが多いため、鋳造時の収縮を論ずるためには、外径の計測値は意味をなさない。それゆえに、古鏡背面のある2点を決めてその距離を計測することになるのだが、文様の頂点の2点間の距離を測るため、バーニヤキャリパでは挟むことができず、必要な測定圧をかけることができない。従って所要の精度を得ることができないのだ。バーニヤキャリパで文様の頂点の2点間の距離を測ることは誤った使い方と言える。計測器の誤った使い方で得られる計測値の信頼性の低さと、最小目盛りの細かさ故に高い信頼性があるかのように思ってしまう考古学研究者の錯覚、誤りの重層構造がそこにある。

また、学術論文における計測の重要性はよく知られるところであるが、何故か考古学の論文ではその計測にいかなる計測器を使ったのかさえ明記されない。計測で得られる数値は、その数値がいかなる計測器によって得られたかによって意味が異なる。例えば、正しい計測方法で計測されたとしても、ものさしであれば信頼できる計測精度はmm単位であり、小数点以下の数値は意味を持たない。最小目盛りが0.05mmのバーニヤキャリパであれば、0.05mm未満の数値は意味を持たないし、マイクロメータであれば、0.01mm未満の数値は意味を持たない。つまり使用した計測器を明記しなければその数値は意味を失うのだ。

　実は20世紀後半の産業の分野では、バーニヤキャリパやマイクロメータを補う計測装置として様々なものが開発されていた。例えばカールツァイス社製の光学式 Carl Zeiss Jena Universal Measuring Microscope などが使われ、1000分の1mm単位の計測を行っていた。しかしこの装置は昭和40年代当時の大学でも全学で1台しか設置されていなかったほど貴重な装置であった。またこの装置は据え置き型で大きくて重くて文化財を計測するために移動することが出来なかった。

　以上のことを考えると、『集古十種』の時代から20世紀末まで、古鏡など古物の計測に最も適した計測器は「ものさし」であったというしかない。つまり同笵（型）鏡論に挑んだ考古学研究者は細密な観察結果を検証するに足る計測器（機）を持つことが出来なかったのである。古鏡の調査三要素は著しくアンバランスな状態にあった。

3. 古鏡調査の細密化と立体化

(1) 二次元半から三次元へ

　古物の調査三要素がアンバランスな状態にあった20世紀末、産業界の計測環境はITの進行によって大きく変わりつつあった。それまでの計測の多くは論理的には二次元で行われていた。例えば表面あらさ、うねり、ひずみなどの計測は、本来立体形状を捉えようとするものであるが、まずはXZ座標系で二次元の断面形状を得、それをグラフなどで視覚的に表したり、あるいは定量

的に数値で表すことで私達は一断面を切り取ってその立体形状を認識していた。また加工技術の分野では、XZ座標系の二次元的な断面形状を複数作り、それをY軸方向に繋ぐことによって立体を作り上げる方法がとられていたが、そうした方法は金属加工技術の分野では「二次元半」と呼ばれている。考古学で使われている「まこ」も「二次元半的」な形状計測器である。

ITの力によって大量の三次元計測データを扱うようになって、立体形状の認識方法は根本から変わった。データを三次元CADやコンピュータグラフィックス（CG）ソフトで処理し図像化することによって、立体形状をそのまま視覚的に捉えることが可能になった。立体形状のとらえ方としては人間の本来の観察眼により近いものに、精度や細密さについては人間の眼以上のものになろうとしていたのである。

(2) 古鏡調査の立体三要素

古鏡調査は拓本に始まり写真に引き継がれたためか、鏡背面（文様のある面）を真上から観察・写生することが主に行われてきた。一方拓本は、裏打ちされなければその斜面の痕跡や僅かな立体感が残るため、研究者の間では拓本を木版で複製したものより拓本原本の方が貴ばれていた。

一部に鏡の鈕を横から観察する手法や断面形を比較する研究もあったが例外的であった。

しかし、古鏡の製作技術を考えるには様々な方向から観察・調査し、立体形状を認識することが必要である。そのためには、第一章2項で述べた古物の調査三要素「写生・計測・観察記録」の全てに「立体的」の語を付加して「①立体的写生・②立体的（三次元）計測・③立体的観察記録」とする必要がある。新たな「古鏡調査の立体三要素」が求められるのである。その道具（手段）としては次のようなものが考えられる。

①立体的写生の方法としては、従来の光学式カメラによる撮影と三次元計測データを利用したCGを併用することになろう。
②立体的計測の技術すなわち三次元計測機は、長さや高さの計測機としても高い性能を持っているので、「ものさし」以外に適正な計測器を見出すことが出来なかった古鏡の計測の問題も同時に解決することができる。

③立体的観察の記録技術としては、色彩や光の濃淡の記録が有効であり、様々な方向からの写真撮影と共に、ハイビジョンカメラを使った360度撮影記録の方法も有効であろう。また、三次元計測データを元にCGを作成しそれをPC上で自由に回転させる機能も有効であり、計測データ自体が立体的観察記録となりうる。現在はすでに、XYZの座標情報だけでなく色彩情報や光の濃淡の情報を同時に獲得できる三次元計測技術が普及しつつある。

(3) データの信頼性とグローバルスタンダード

文化財を対象にした三次元計測データの有用性は、現時点における研究の目的に添ったものだけに留まらない。現在取得できる計測データの水準（精度や計測密度）に比べて、そのためのソフトウェアの開発は遅れ気味であり、現時点では十分な活用は容易ではない。しかし、前項で研究手法の方向性を敢えて挙げたのは、高水準の三次元計測データは広い分野で永い将来に亘って有用性が期待出来るからである［30頁：コラムⅠ-1-10「三次元デジタルアーカイブの意味」参照］。

橿原考古学研究所が黒塚古墳出土鏡の三次元計測に着手して以来すでに20年目に入ろうとしているが、その間1000面を超える古鏡の計測を終えている。しかし、これでもデジタルアーカイブ構築の途次にある。仮にデータの収集にあと20年の時間を与えられると仮定すれば、今から10年前に計測した古鏡の計測データは、20年後には「30年前」の計測データとなる。技術の日進月歩の時代に2、30年前の計測データが果たして有効であろうか？ 答えは本研究に関して言えばYESである。もしこれがNOであれば、私たちは古鏡のデジタルアーカイブの構築を諦めなければならない。三次元計測にあたって筆者は二世代以上の研究者が使うことを想定した期間、つまり約50年の使用に耐えるだけの水準のデータとすべきだと考えて集成した［30頁：コラムⅠ-1-11「文化財データベースとグローバルスタンダード」参照］。

コラム I-1-1　同笵法・同型法の研究

　これまでの三角縁神獣鏡の製作技法研究では、同じ文様を持つ複数の鏡について、一つの鋳型で数面鋳造したとする「同笵法」や、一つの原型を元にして鋳型をいくつも作る「同型法」などの表記が提起されてきた。どちらも、製作技法を意味する語であるのだが、この命名には問題があった。三角縁神獣鏡の製作技法がはっきりわかっていないのに製作技法を意味する語を使ってしまったことだ。作り方がはっきりしていない研究の初期では、技術ではなく遺物の形態（かたち）を意味することばを使うべきだと思う。かたちを表し、製作技法を意味しないことばとしては、例えば「同文様鏡」などと表記すべきであったと考える。しかし一方で、その使い方が誤っていたとしても学史を尊重すべきとの考えもあり、鏡研究ではどちらかというと学史尊重派が多いようだ。本当にそれで良いのかどうか。現時点では同笵法や同型法のことばが広く理解を得ているので、本書ではやむなく「同笵(型)鏡」と表記し、「どうはんきょう」と読むこととした。

コラム I-1-2　目録番号、配置、表現

　目録番号は、図録『大古墳展―ヤマト王権と古墳の鏡―』（2000年 奈良県立橿原考古学研究所附属博物館・京都大学・東京新聞編）にて岩本崇氏によって示された「三角縁神獣鏡目録」で付与された番号である。本書では「目〇〇」と表記している。目録番号は、1、2、3……35、36、37、38……と連番で付けているため、目36鏡に近似する鏡が新たに出土した時には、やむなく「36-37」と番号を付けている（奈良県立橿原考古学研究所編 2005『三次元デジタルアーカイブを活用した古鏡の総合的研究　第一分冊』）。配置は、小林行雄氏が1971年「三角縁神獣鏡の研究」（『京都大学文学部紀要』第13）で型式学的分類に

使った文様の分類方法である。表現は、岸本直文氏が1989年「三角縁神獣鏡製作の工人群」(『史林』72-5)で型式学的分類に使った文様の分類方法である。いずれも型式学的分類法に依っている。

　本書では、立体表現法や仕上げ加工法による技術的分類を試みているが、それが従来の型式学的分類と整合するかどうかを考えるために敢えて表記した。

コラム I-1-3　平面写真そして立体観察

　読者の方は、これまでのほとんどの鏡の研究論文や書籍において、鏡の平面写真が使われていることをご存じだと思う。例えば『三角縁神獣鏡綜鑑』(新潮社、1992年)を著した樋口隆康氏は、鏡の調査時には鏡の鏡背面を一枚の写真に収める。ほとんどの鏡研究者はそれに準じた調査方法を採ってきた。

コラム I-1-4　三次元 CAD と 21 世紀の考古学

　CAD とは Computer Aided Design の略。コンピュータで支援する設計システムのこと。開発当初は二次元の設計製図を製作するシステムであったが、IT の進展により、現在は XYZ の三次元座標を取り扱う三次元 CAD にその中心が移っている。機械用、建築用、電気用、服飾用など様々な設計分野で利用されている。文化財の調査研究には機械設計用 CAD が適しているようだ。CAD というと機械技術者の専門的なソフトウェアのように思われて、考古学研究者には遠ざけられている。しかし、立体的な認識にはとても便利な機能を持っていて、考古学で利用されないのはもったいない。CAD が積極的に導入されれば、相変わらず手書きで行われている実測図の作成から研究・復元へと一括した IT の利用に弾みがつくに違いない。以前は PC (ワープ

ロソフト）が使えないと取り残されるという切迫感があったが、いまでは誰でもPCで原稿を書くようになった。これからはCADが使えないと21世紀の考古学に乗り遅れるという気持ちになると良いのだが。

コラムI-1-5　立体認識方法に革命

　立体認識方法に革命が起きたのは、いまから20～30年前、つまり昭和から平成に変わる頃、三次元計測機（接触式）がものづくりの現場に導入された頃のことである。それまでものづくりの計測では「基準面」が最も大事なものとして受け継がれてきた。基準面というのは、通常水平面のことで、いま立方体を加工するとして、まずは基準面を決めて（加工して）それを水平に置き、その面を基準として垂直や平行な他の面を加工していくのである。だから皆さんの目の前にあるコップは、水平なテーブルに置かれている底の部分が基準面となって作られているのだ。その基準面から垂直に（あるいは数度の勾配で）側面が上がってきて、その基準面に平行に内部の底の部分や最上部の口縁周辺が加工される。さらに基準面から垂直に取っ手が付けられる。現代に生きる私たちの身の回りのものはすべて「基準面」を元にして作られているのだ。ものづくりに関わる人たちはそれが当然だと思っていたし、そうして技術継承をしてきた。ところが三次元計測器が導入されて、その計測精度が100分の1mmから1000分の1mmに上がると同時に、何よりも現場の人たちを驚かせたのは「ものに基準面はない」ということだった。コップを例にとれば、底を基準面として作っていたとしても、三次元計測をしてみると、出来上がったコップの底は厳密には平面にはなっていないことがわかる。計測した人が底の部分の任意の3点を指定して、その3点で規定される仮想平面を仮想基準面とすることになる。平面は3点で規定される。だからそれを仮想基準面とするのだ。その後、私たちは福島県いわき市中田横穴から出土した古墳時代の馬具（鐙）の復元をした。そのときのことだが、こ

図A 中田横穴の鐙
（曲がって見えない）

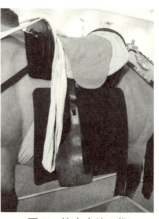

図B 笊内古墳の鐙
（曲がって見える）

図C 定盤

の鐙はどの方向から見ても基準面が存在しないのだ。すべてが曲面で構成されていて、基準面となる平面がどこにも見あたらない。これを作ってみると案の定、馬体からぶら下がった鐙は全く曲がって見えないのである（図A）。その数年前に復元した福島県笊内古墳の木製鐙は、現在は福島県文化財センター白河館（通称まほろん）の常設展示に使われているのだが、どのようにぶら下げても曲がって見えてしまう（図B）。つまり、古代のものづくりは基準面を設定しないで作られているから、現代的に基準面を設定して製作すると曲がって見えてしまうことが分かった。もちろん古代には基準面を設定する定盤（図C）は存在しなかった。

コラムⅠ-1-6　古鏡の三次元デジタルアーカイブ

　1998年橿原考古学研究所で三角縁神獣鏡を初めとする古代青銅鏡の三次元デジタルアーカイブの作成が始まった。これまでに集積したデータは1000面を超える。その経過は本文にも述べたが、私が最も

重視したのはデジタルデータの有効性の確保である。デジタルアーカイブというのはそのデータを集積するだけでも10年から50年かかる。つまり、1998年に計測した三角縁神獣鏡のデータは2050年になっても利用しなければならないということだ。進化の著しいITの分野でそのデータが50年間生き続けることは至難の業であろう。殊にワンマンプレイが主である考古学研究の分野で、私たちが作ったデータを50年後に使うとすれば、その人たちはデータを作った私たちの次の次の世代の人たちである。であるから、50年後に計測するであろうデータに負けない水準のデータの取得を当初から目指さなければならないのだ。鏡の計測は多くの方々の協力があってようやく実現したもので、次の計測の機会はそう簡単に得られるものではない。計測に当たっては、二度と計測の機会は無いものと考えて作業に当たることが求められる。

　データの取得に当たって、その場限りの見栄えの良いデータの利用やスタンドプレーに惑わされてはならない。何よりも50年後の利用を考えた高い水準のデータの取得を目指すべきである。その詳細については、鈴木勉 2007「歴史学のための三次元デジタル計測技術―古鏡研究への導入事例―」東京国立博物館研究誌『MUSEUM』609号で詳述した。是非参照いただきたい。

　現在の考古学研究の環境下では、自身がデータを利用する技術を持っていないがために、途中でそのデータを無視したり軽んじたりする人が出て、引き継ぐことが出来なくなってしまう恐れもある。何としてもデータは大切に次の人々に引き継がなければならない。データ取得に関わった者として、祈るような思いである。

コラム I-1-7　無意識的に恣意的な撮影の工夫

『日本古代の墓誌』『飛鳥・白鳳の在銘金銅仏』（共に奈良国立文化財研究所飛鳥資料館編、同朋舎、1979年）の2書は、金石学のテキストと

して非常に有用なもので、筆者も座右に置いているが、少しだけ残念な点がある。この本は、刻銘を写真によって忠実に再現したものと考えられているが、コントラストが強くなるように修正が加えられている。図の左は同書に掲載されたもので、筆者が撮影したものが図の右だ。その違いは溝の底に現れていて明瞭である。同書（左）は溝の中が真っ黒になっていて、その彫り方が線彫りなのか淺い彫りなのか判然としない。筆者撮影のもの（右）は溝の底面に「島」が残っていて2度以上加工されていることが分かる。そこで編者の一人である星山晋也氏にうかがってみた。編者としては全く手を加えていないとのことである。おそらくは図版の印刷段階でコントラストの強化など技術的な修正が加えられたものであろう。

長谷寺法華説相図版銘
左『日本古代の墓誌』　右　筆者撮影

コラム I-1-8　金石学における写真の客観性と釈文

　東京国立博物館編『江田船山古墳出土国宝銀象嵌銘大刀』（吉川弘文館、1993年）には多様な撮影条件の写真が示されている。担当したのは古谷毅氏で江田船山古墳出土銀象嵌大刀の一文字ごとにカラー写真1枚とモノクロ写真2枚が提供されている。モノクロは光が2方向から当てられていて、厳密に客観性を重視している。銀象嵌大刀は炭酸ガス注入ケースに収められて東京国立博物館で常設展示されているため、その気になれば詳しく見ることができるのだが、やはり博物館の中は金石文を観察するには少々暗い。古谷氏のおかげで、第38字が「捃」であることが判明した。同じ本で東野治之氏は「振」と釈文しているが、「捃」は動かせない。

金石学における釈文の作業は何よりも観察結果が優先されなければならない。東京国立博物館の現時点の常設展示では、古谷氏の「捃」ではなく、東野氏の「振」が採用されている。金石学の根幹に関わる問題である。
　また、拙著『復元七支刀―古代東アジアの鉄・象嵌・文字―』においては、象嵌文字の釈文作業に4種の写真と14枚のX線写真を用いて客観性の確保に努めた。
　釈文は金石文学の基本で、物理的な観察を優先しなければ学問は成立しない。釈文をおろそかにすると、「古代の工人が誤った」などという金石学の悪い常套句が頻繁に使われることになってしまう。

コラムⅠ-1-9　計測は国家と社会の基盤

　社会生活に必要な計測基準が定められ、基準が維持された計測はその品物を客観化し、それによって人々が時間や空間を超越して情報を共有することが可能になる。形成される社会や国家の大きさは情報を共有できる範囲の大きさに規定される。
　例えば国家の基礎となる租税の徴収には、米を量る枡が必要である。古代の国家形成の必要条件の一つである。また、延喜式にはアワビなど海産物が租税として記されている。これには長さを測るものさしの普及が必要条件である。また、織物など布地類も長さを測るものさしが必要である。つまり、国家の基礎となる規則や法律には、それを一般化する計量器、計測器の標準化と普及が必要条件なのだ。
　計量器、計測器の標準化といっても簡単ではない。その基準器となる原器を国家が保有する必要がある。現在の「メートル原器」や「キログラム原器」である。また、その基準器に準ずる計測器を大量に生産し、全国各地に普及しなければならない。
　現在の例としては、タクシーの料金メーターは1年ごとに計量検定所などで検査が行われている。お店に置かれている取引・証明行為に

使用される「計量器」も検定の対象で、定期的な検定を受けなければならない。国家の仕事というのは想像を超える大変さだ。あらゆる場面で公平と平等を保障するのは、国家として最も大切な仕事で、計測・計量の概念を抜きにして軽々に古代国家論など語ることは出来ない。

コラム I-1-10　三次元デジタルアーカイブの意味

橿原考古学研究所では、『三次元デジタルアーカイブを活用した古鏡の総合的研究』と題した出版物の刊行で本研究の最終報告としているが、本研究で得たデータは CG を作成するためだけのデータではない。計測データとして活用されることを目指して収集したものである。現時点では CG 画像を出すという結果で満足している向きもあるが、本研究の成果はここに留まるものではない。本書がそれを補完するものになれば、と考えている。

コラム I-1-11　文化財データベースとグローバルスタンダード

近年の計測に関連する文化財データベースが力を発揮している例に年輪年代法がある。奈良国立文化財研究所の光谷拓実氏を中心としたグループが推進してきたものであるが、その基礎となる計測データが 30 余年の地道な努力によってデータベース化され、今その力を発揮している。それは 30 年前に年輪の幅を計測して得たデータが今も有効であるからだ。つまり、年輪年代法成功の基盤は、光谷氏らの長年の努力もさることながら、研究初期における計測器（機）とその利用基準の選定の正しさにある。光谷氏らは、当初から年輪の幅を計測するのに専用の年輪読み取り装置を使った。その読み取り装置はマイクロメータと同じ形式のねじ式送り装置（これをマイクロステージという）を使い、顕微鏡と併用して距離や長さを計測する装置である。光谷拓

実『日本の美術 №421 年輪年代法と文化財』（至文堂、2001年）25頁に、マイクロステージが使われた読み取り機が紹介されている。マイクロメータは0.01mmの最小目盛りと同水準の計測精度を持つ計測器で、精密加工の分野では19世紀中頃から現在に至るまで「長さ計測法のグローバルスタンダード」となっている。それと同水準の精度の読み取り装置を最初から使ったが故に、30年前の計測データが現在も生き続けているのである。長い時間をかけて作られる文化財関連のデータベースは、計測方法と計測値の長期間における有用性の問題を見逃しては成立しない。

第二章　同笵(型)鏡論と三次元計測

　観察が細密かつ立体的になると、検証の技術も高度化させる必要が生まれる。もし細密な観察結果を計測技術によって検証できれば、観察の水準をさらにもう一段階上げることができる。そして観察は一層精緻なものになり、研究は精度を上げていく。その好循環が研究に新たな視点を提供し続ける。デジタル技術導入の最大の効用の一つであろう。歴史学においては、三次元計測技術が研究者の観察の補助手段となり、様々な分野での活用が始まり、いま古物研究のIT革命が始まろうとしている。

1. 同笵(型)鏡黒塚 12 号鏡と同 31 号鏡の修正痕
　　（目 36 - 37 吾作四神四獣鏡群）

　ここでは細密な観察をまず行うのだが、読者の方々も是非我慢して付いてきていただきたい。鏡の細部の異同を明らかにして行く際に、観察は細部に亘り、ジッと目を凝らして見る必要があるときもある。そして、異同をあぶり出したら、次にその理由を考えてみる。その時に、勝手な思い込みで判断することはできない。場合によっては後に禍根を残すことになりかねない［54 頁：コラム I-2-1「実証性のはき違え」参照］。であるからその違いを計測し、データ化して客観性を高めるのだ。

(1)　神像の断面—多様な高低差—

　三角縁神獣鏡研究には立体的な観察が必要だということが判明したのは、奈良県黒塚古墳から出土した同笵(型)鏡である黒塚 12 号鏡と同 31 号鏡（目 36 - 37 吾作四神四獣鏡）を並べて観察していたときのことであった。それまでの研究は、鏡背面を平面的に写した画像を使って同笵(型)鏡群の鏡を比較していたのだが、平面的な画像では全く同じかたちをしているように見えていたのであろう。その三次元的な違いについて報告されたことはなかった。しかし、黒

図 I-2-1　自作した断面計測装置

　塚12号鏡と同31号鏡を並べてその細部を比較していたとき、斜め上方から見ると、神像の立体的形状に違いがあるように見えたのだ。観察の初日は肉眼で観察していたので、その違いの存在については半信半疑の態だったのだが、これをなんとか計測して形で示すことが必要だと感じ［54頁：コラムI-2-2「データを「見える」ようにする」参照］、東京へ戻って断面計測器を自前で作ることになった。

　私が考えた断面計測器は、予算が無かったため、多くの精密なものづくりの計測で使われている「デジタルデプスゲージ」を使って作ることにした。この装置は2枚の厚さ16mmの白いアクリル板と1枚の同じ厚さの透明アクリル板で架台を作り、透明のアクリル板の中央には幅10mmの溝を切り抜き、その表面に1mm刻みの目盛りを240本刻んだ（図I-2-1）。デジタルデプスゲージは0.01mmの最小目盛りで深さ（高さ）を測ることが出来る。透明アクリル板の1mm単位の刻みに合わせて、デジタルデプスゲージをずらしていってその数値を読み取る。その作業を約240回繰り返して鏡の一断面を計測するのである。

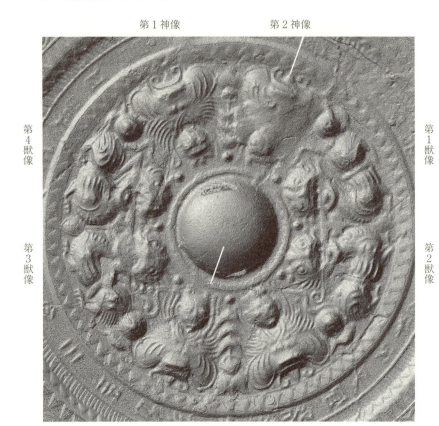

図 I-2-2 ① 目 36-37 吾作四神四獣鏡　黒塚 12 号鏡
(三次元計測データを使った CG)

　図 I-2-1 の円いものは鏡に模した紙である。デジタルデプスゲージの精度はグローバルスタンダードとして認知されている。これによって立体観察と断面計測器の有用性が確かに示されたのである。その結果を示す（図 I-2-2～4）。
　図 I-2-3 では、31 号鏡の第 2 神像[1]が 12 号鏡の第 2 神像に比べて鼻が高く、頸が低く、膝が高いことが分かる。これは図 I-2-4 によっても確かめることが出来る。31 号鏡は文様がクッキリしていて 12 号鏡はボンヤリしている。12

---

(1) 第 2 神像とは、同笵（型）鏡群の鏡を比較するために、ある一定の位置から右回りに第 1 から第 2、第 3、第 4 神像とあらかじめ決めておく。獣像も同様である。

第二章　同笵(型)鏡論と三次元計測

図 I-2-2 ②　目 36-37 吾作四神四獣鏡　黒塚 31 号鏡
(三次元計測データを使った CG)

図 I-2-3　同笵(型)鏡である黒塚 12 (k12) と 31 号鏡 (k31) の第 2 神像の断面比較

号鏡を複製鏡とすると、その鼻が低く膝が低いことについては同笵法を想定した湯引けや湯流れの悪さで説明できるのだが、それでは頸部が 12 号鏡の方が 31 号鏡よりも高いことが説明できないのだ。つまり、この高低差は 12 号鏡と 31 号鏡の鋳型に高低差があったということであり、そのことから同じ鋳型

35

第Ⅰ部　三角縁神獣鏡・同笵(型)鏡論

図Ⅰ-2-4　第2神像の頸部の比較　左：黒塚12号鏡　右：黒塚31号鏡

を使ったものではない、つまり同笵法で作られたものではないことが明らかとなった。

次にこの2面の鏡について、他に細部の違いがないか調べてみよう。なんらかの製作背景が明らかになるかもしれない。

(2) 乳の修正

図Ⅰ-2-5は同じ黒塚12号鏡と同31号鏡の第2神像とその周辺の画像である。31号鏡は文様がクッキリしていて、12号鏡は全ての文様がボヤッとしているのは先述したとおりである。そこで、31号鏡を原鏡か或いは原鏡に近い鏡とし、12号鏡は複製鏡として見てみよう。その逆はありえないからである。

図Ⅰ-2-5の第2神像左肩上の乳に注目してみると、その大きさに明らかな違いが認められる。31号鏡ではとても小さな乳であったものが、12号鏡では高さも裾部の直径も大きくなっている。12号鏡の乳は、原鏡または31号鏡を踏み返して作った鋳型に深く彫り直しをしたのであろう。複製鏡である12号鏡を作る際に主たる神像や獣像は、原鏡または31号鏡よりボンヤリとしたものになるが、乳だけを大きく目立つように鋳型を修正しているのだ。

乳の修正は次のような方法が考えられる。一つは二等辺三角形の板を作り、それを鋳型の乳となる凹みに差し込んで回して凹みを大きくする。または、少し大きめの乳の原型を作り、それを鋳型の乳となる凹みに押し込んで凹みを大きくする方法も考えられる。そうした作業をする工人の姿が見えるよう

第二章　同笵(型)鏡論と三次元計測

図Ⅰ-2-5　第2神像上の小乳の比較　左：黒塚12号鏡　右：同31号鏡

である。
　乳の修正は、ほとんどの場合、文様が不鮮明な鏡において行われていて、その不鮮明さをカバーするためであったことが推定できる。

(3) へら押しの修正

　へら押しによる鋳型への線彫り作業を見てみよう。つまり鋳造後は製品では凸線となるのだが、こうした修正痕を見つけたとしても、微細すぎるその修正痕を周囲の考古学研究者に納得してもらうのはとても大変なことであった。微細な修正痕は目と鏡の距離を15～20cmくらいに近づけて観察しなければ認識できない程度であるからだ。黒塚古墳出土鏡の調査では、筆者は考古学研究者に説明するために随分時間を要したのだが、あれこれ探しているうちに決定的なへら押しの修正痕を見つけ出すことができた。それが第3神像の右膝襞の

37

第Ⅰ部　三角縁神獣鏡・同笵(型)鏡論

図Ⅰ-2-6　黒塚12号鏡（左）と31号鏡（右）の第3神像の右膝の襞
原鏡から遠いと考えられる12号鏡において3本の襞が4本に修正される。

数が、31号鏡では3本であるが、12号鏡では4本となっているのだ（図Ⅰ-2-6）。本数が違えば誰がみても納得してもらえる。踏み返して作られたと思われる12号鏡の鋳型に修正が加えられたのであろう。この修正はどのように行われたのであろうか。それを以下に考えてみた。

原鏡または31号鏡を踏み返して12号鏡が作られたとすると、踏み返した鋳型には3本の襞が転写されたであろう。しかし、その襞は鮮明さを欠いていた。工人はまず3本の襞を消し去ることが始める。凹んだ3本の線を平になるように細かい真土を上塗りし、あらかじめ膝だけの凸原型を作っておいて、それを真土の上から押しつけ表面を整える。それをほどほどに乾燥させた後、へら（図Ⅰ-2-7）を使って4本の襞をへら押しし直すのだ。修正といってもその仕事ぶりは原鏡の鋳型を作る人に遜色ない「基準精度」［55頁：コラムⅠ-2-3「基準精度と工具」参照］が求められるし、原

図Ⅰ-2-7　現代の鋳物師が使うへらの一部（木製）

鏡または31号鏡と同じ水準の基準精度の技術で12号鏡の4本のへら押しが行われていることを認めなければなるまい。このことは三角縁神獣鏡の製作背景を考える上ではとても重要である。

(4) へら押し工人の癖

次に他の神像の襞のへら押しの作業に注目してみた。この点は前項の襞の数の違いの事実を提示できたことで初めて考古学の人たちと普通に議論できるようになった。読者の方々にもじっくりお付き合いいただきたい。

図Ⅰ-2-6と図Ⅰ-2-8に示したように、黒塚12号鏡と同31号鏡では襞の先端にわずかな違いが認められる。襞は生乾きの鋳型にへらを押しつけて陰刻するので、へらの動かし方に工人の特性（癖）が現れることがある。31号鏡では襞が比較的まっすぐに終わるのに対し、12号鏡の鋳型に修正を加えた工人は襞の終端をクルッと曲げているのだ［56頁：コラムⅠ-2-4「工人の「癖」と技術的必然性」参照］。

本書で示すのは、へらの終端をクルッと曲げるという工人個人に属する「癖」である。これは何ら生まれる必然性のない変化なのだ。つまり、原鏡または31号鏡の鋳型にへら押しを施した工人Aと、12号鏡の鋳型に修正を加えた工人Bは別人だということが言うことができる。さらに二人の作業の基準精度はほとんど同じ水準であることも確認できる。

図Ⅰ-2-8　黒塚12号鏡（左）と31号鏡（右）の第4神像の右膝の襞（へら押し修正痕）

(5) へらの先端角度

それをもう一段厳しく検証するために、同じ部位の襞の断面形を三次元計測機で計測を試みた。襞の断面形は使われたへらの先端角度を反映するのではないかと考えたのである。結果を図 I-2-9 に示す。ここではヘラの先端角度を再現するため計測密度［57 頁：コラム I-2-5「三次元計測の計測密度」参照］をより細かく条件設定して計測した。これによれば、へらの先端角度は 31 号鏡では 90 度から 100 度の間、12 号鏡では 115 度から 120 度の間である。つまりこの 2 面に使われたへらは先端形状に違いがあった。

工具は工人の技術技能をかたちにするものであり、彼の技術技能と表裏一体にある。つまり、工人にとって「技術技能＝工具」は彼の一家（族）を守る大切な道具でもある［コラム I-2-3「基準精度と工具」参照］。したがって、工具の形状は工人固有のものになり、工具の形状の違いは工人の違いを示す可能性が高い。

前述の襞の終端の曲げ方の違いを考え合わせれば、12 号鏡の襞を修正した工人は、原鏡または 31 号鏡を製作した工人とは別人であったと考えてよいだろう。12 号鏡と 31 号鏡は製作時期か製作地（工房）のいずれかが異なってい

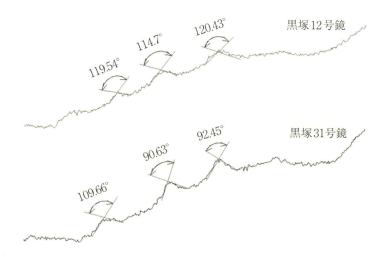

図 I-2-9　黒塚 12 号鏡と 31 号鏡の第 3 神像右袂襞の先端角度

た可能性が高い。同一古墳に同時に、製作時期または製作工房の異なると推定できる同笵(型)鏡が埋葬されていることが考古学的にいかなる意味を持つのだろうか。新たな三角縁神獣鏡の製作背景を整理することによって三角縁神獣鏡の新たな関係が浮かび上がる可能性がある。

(6) 仕上げ加工痕

次に鏡背面外区の鋸歯文の仕上げ加工痕を比較してみた(図Ⅰ-2-10・11)。

黒塚12号鏡には研削で仕上げ加工が行われ、同31号鏡では鋳放しのままである。このことから31号鏡が原鏡またはそれに近い鏡で、12号鏡は複製された鏡であることが改めて言える。オーバーハング鏡の発見[(2)]などによって三角縁神獣鏡は踏み返し法によって複製されたことが考えられるのだが、踏み返し法であれば、鏡背面に仕上げ加工痕がある12号鏡はそれが無い31号鏡の親鏡には決してなれないのだ。というのは、鋸歯文の形成は外周凸線または三角縁の裾部と鋸歯文の底辺となる凸線の間をへらで斜めに繋ぎ、鋸歯文の1辺とするのだが、その2辺は突出している(図Ⅰ-2-11矢印)。12号鏡のように鏡背面の仕上げ加工でその凸線が削り落とされてしまう(図Ⅰ-2-10)と踏み返した時に二度と凸線は現れない。他の部位のへら押しの様子を見ても、12号鏡の鋳型に対して乳や繋などを修正したと見られ、12号鏡が複製鏡であることは

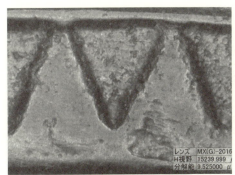

図Ⅰ-2-10　黒塚12号鏡の鋸歯文の仕上げ加工痕

図Ⅰ-2-11　黒塚31号鏡の鋸歯文
(仕上げ加工していない)

(2) 鈴木勉 2000「三角縁神獣鏡の製作技術を探る」、「オーバーハング鏡が投げかける問題」共に図録『大古墳展』所収、本書47頁参照

間違いない。

(7) 細部から見える鏡作り工房

以上のような細部の比較から同笵(型)鏡群内の黒塚12号鏡と同31号鏡についてどのような背景が考えられるのであろうか。

まずは鋳型である。この2面の鋳型はそれぞれ別々の鋳型であることがわかる。12号鏡に修正痕が数多く認められるからである。その修正には、31号鏡の製作工人とは別の工人が携わっているのだが、二人のへら押し技術はほぼ同じ水準の基準精度と考えられる。ここでいう基準精度とは三角縁神獣鏡の原鏡を作ることができる程度に同じ水準の技術で複製鏡の12号鏡が作られたということである。

肉眼による観察でも、黒塚12号鏡と同31号鏡に施された膝の襞などのへら押しピッチが、ホケノ山古墳画文帯神獣鏡のへらピッチと較べるととても粗いことがわかる。黒塚31号鏡では比較的細かいへら押しピッチのところでも10㎜に8から10本程度(1〜1.25㎜ピッチ、図Ⅰ-2-12・13)であり、ホケノ山古墳画文帯神獣鏡では10㎜の間に20本(0.5㎜ピッチ)である。1㎜を超えるへら押しピッチは三角縁神獣鏡の多くに共通する加工ピッチであり、画文帯神獣鏡の加工ピッチが0.5㎜前後であることと較べれば、三角縁神獣鏡と画文帯神獣鏡の工人の育成環境が異なるための基準精度の違いであると言える。

また、この三角縁神獣鏡製作に使われた鋳型は、その修正痕から生乾きの鋳

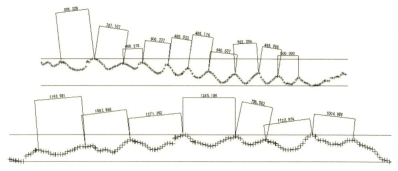

図Ⅰ-2-12　ホケノ山古墳出土画文帯神獣鏡(上)と
　　　　　　黒塚31号鏡のへら押しピッチの比較

図Ⅰ-2-13　ホケノ山古墳画文帯神獣鏡（左）と黒塚31号鏡の
　　　　　へら押しピッチ計測の断面位置（CG）

型にへら押しで修正が加えられたと考えることができる。つまりこの鋳型は土型であり、砂と粘土などを混ぜて鋳型を作る近現代の真土型に近い組成の鋳型が想定される。

　さらに、この2面が踏み返し鏡の関係にあるとすると、黒塚31号鏡は同12号鏡の親鏡となる可能性があり、逆に12号鏡は31号鏡の親鏡にはなれないことがわかる。また、その修正は、文様の出がクッキリしない複製鏡の鋳型に対して行われている。当時の工人の目には原鏡と複製鏡の鋳上がりの違いが認識できており、鋳込み前の鋳型製作時に修正を加えていたのである。また、鋳造後に文様の出がクッキリしない鏡の鏡背面には、ヤスリや砥石による仕上げ加工が施されている。鏡背面の仕上げ加工については、鋳上がりを見た工人が研磨加工や切削加工を施すか否かを判断していたのであろう。

2. 目21張氏作三神五獣鏡群の比較（黒塚16・18号鏡ほか）

　同様の手法によって、目21張氏作三神五獣鏡である①黒塚16号鏡、②同18号鏡（図Ⅰ-2-14）、③泉屋博古館M23号鏡、④同M24号鏡、⑤椿井大塚山M21鏡、⑥奥3号墳鏡（香川県）、⑦権現山51号墳M2鏡（兵庫県）の7面の鏡について考えてみたい。

(1) 乳の修正と仕上げ加工痕

　同じ部位の乳の高さや大きさがそれぞれの鏡で異なっていることがわかる

第Ⅰ部　三角縁神獣鏡・同笵(型)鏡論

図Ⅰ-2-14　目21 張氏作三神五獣鏡（黒塚18号鏡　直径22.6cm）
（三次元デジタル計測データを使ったCG）

（図Ⅰ-2-15）。乳の修正はごく普通に行われていたようだ。時にはその高さが
1.5倍を超えることもある（図Ⅰ-2-16）。文様がクッキリしている黒塚16号鏡
は鏡背面の仕上げ加工が施されない「鋳放し鏡」[3]であり、乳も改変されてい
ないと考えて良い。一方、神像や獣像など文様がクッキリしない黒塚18号鏡
では、乳の高さが他の鏡に比べて著しく高く、さらに鏡背面は砥石で仕上げ加
工されている「研削鏡」である。椿井大塚山M21鏡も乳の高さが著しく高く、

---

(3) 本書第Ⅲ部第一章「三角縁神獣鏡の仕上げ加工痕と製作地」において詳述した
　　鋳上がり後の仕上げ加工痕の分類である。

第二章　同笵(型)鏡論と三次元計測

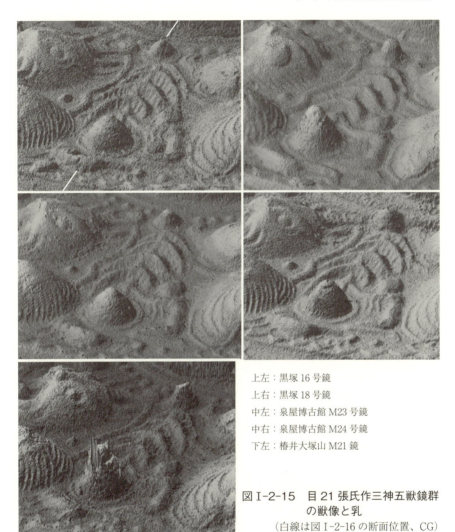

上左：黒塚16号鏡
上右：黒塚18号鏡
中左：泉屋博古館M23号鏡
中右：泉屋博古館M24号鏡
下左：椿井大塚山M21鏡

図 I-2-15　目21 張氏作三神五獣鏡群の獣像と乳
（白線は図 I-2-16 の断面位置、CG）

図 I-2-16　目21 張氏作三神五獣鏡群の乳断面図

45

第Ⅰ部 三角縁神獣鏡・同范(型)鏡論

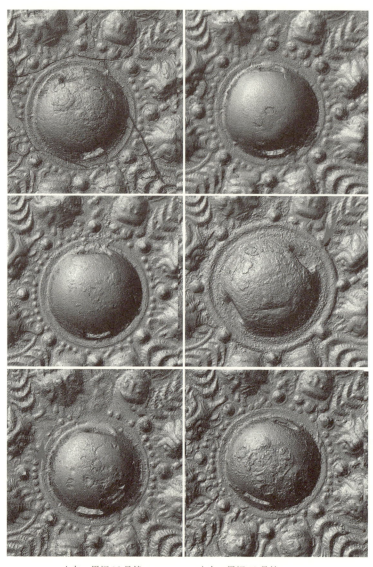

上左：黒塚 16 号鏡　　　上右：黒塚 18 号鏡
中左：泉屋博古館 M23 号鏡　中右：泉屋博古館 M24 号鏡
下左：椿井大塚山 M21 鏡　　下右：奥 3 号墳鏡

図Ⅰ-2-17　目21 張氏作三神五獣鏡群の鈕座の改変（CG）

鏡背面はヤスリで仕上げ加工された「切削鏡」である。泉屋博古館 M23 号鏡と同 24 号鏡は「研磨鏡」である。乳については、わずかであるがいずれの鏡でも改変が行われている。なお黒塚古墳が発掘された当時、橿原考古学研究所附属博物館に貸し出された権現山 51 号墳 M2 鏡は鋳上がりの良い鏡で、鏡背面の仕上げ加工が施されない「鋳放し鏡」であり、乳も大きな改変は行われていないことが分かっている。

　これを見ると、最も文様がクッキリしている黒塚 16 号鏡と権現山 51 号墳 M2 の 2 面だけが「鋳放し鏡」で、他の鏡は鋳上がりが悪く、いずれも切削・研削・研磨などの仕上げ加工が施されていることが分かる。

(2) 鈕座の修正

　泉屋博古館 M24 号鏡は、この鏡だけが鈕座を大きく改変し、同時にその周辺の小さな点文も消えている（図Ⅰ-2-17）。なお、泉屋博古館 M23 号鏡と同 M24 号鏡はいずれも流通古文化財であり、その改変修正が何時の段階で行われたか、詳細は不明である。

3. オーバーハング鏡の発見

(1) 三角縁神獣鏡のオーバーハング

　目 74 天王・日月・獣文帯四神四獣鏡 3 面（黒塚 2・27・33 号鏡、図Ⅰ-2-18）を光が垂直に降りてくる照明装置の付いた顕微鏡を使って観察していたとき、襞などの下に黒い影が出来ることに気付いた（図Ⅰ-2-19）。これは襞の先端部分が、その裾部よりせり出している（オーバーハング）か、あるいはその壁が限りなく垂直に近いことを示している［57 頁：コラムⅠ-2-6「オーバーハング」参照］。

　鋳型にせよ金型にせよ、二度以上使用する型はその中で成形された品物を外に出すために抜け勾配を作る。身近な物を挙げれば、ケーキの型やプリンの型には大きな抜け勾配が付いている。抜け勾配が無いと中のケーキやプリンを取り出すことが出来ないのだ。その抜け勾配は 2〜3 度の型もあり、15 度くらい付ける型もある。型と製品の摩擦係数によって抜け勾配の大きさが変わる。

第Ⅰ部 三角縁神獣鏡・同笵（型）鏡論

図 I-2-18　目 74 天王・日月・獣文帯四神四獣鏡（黒塚 27 号鏡　直径 23.4cm）
（三次元計測データを使った CG）

図 I-2-19　目 74 天王・日月・獣文帯四神四獣鏡（黒塚 27 号鏡）のオーバーハング

図 I-2-20　目 53 張是作四神四獣鏡・椿井大塚山 M06 鏡の獣像の足部分と黒塚 13 号鏡第 3 獣像の顔、眉部分のオーバーハング

鋳型と鏡のような品物は、高温で溶融された銅合金を流すため焼き付きを起こすことも想定され、鋳型を 2 回以上使う同笵法ではかなり大きな抜け勾配が必要である。

　図 I-2-20 は目 53 張是作四神四獣鏡の椿井大塚山 M06 鏡と黒塚 13 号鏡のオーバーハングであるが、様々な部位でオーバーハングが認められる。図 I-2-21 は目 68 天王日月・獣文帯四神四獣鏡（黒塚 9 号鏡）であるが、椿井大塚山 M34 鏡と黒塚 9 号鏡の第 1 獣像の同じ部位にそれぞれ異なる形状のオーバーハングが認められる（図 I-2-22）。この二面のどちらかを親鏡にして踏み返したと仮定した場合、親鏡から鋳型を剥がすことが出来ない。オーバーハング部が引っかかって鋳型が変形してしまうのだ。つまりこの二面を親鏡とした同笵法も同型法も成立しない。成立するとすれば、オーバーハングの無い別の親鏡があって、それを踏み返して鋳型を作り、さらにその鋳型にへら押しの修正を加えるといった製作工程を想定することになる。

（2）倭鏡のオーバーハング

　その後、奈良県新山古墳鼉龍鏡（図 I-2-23）の竜の鼻先に明瞭なオーバーハングがあり（図 I-2-24）、山口県柳井茶臼山古墳鼉龍鏡（図 I-2-25）の竜の鼻先とその胴体の鱗文に明瞭なオーバーハングがあることに気付いた（図 I-2-26）。検証する前はこうした明瞭なものさえ見落としていたのであるから、計測による検証の大切さが分かる事例である。オーバーハング鏡を含む同笵（型）

第Ⅰ部　三角縁神獣鏡・同笵(型)鏡論

図Ⅰ-2-21　目68 天王日月・獣文帯四神四獣鏡（黒塚9号鏡　直径23.3cm）
（三次元計測データを使ったCG）

図Ⅰ-2-22　椿井M34鏡（左）黒塚9号鏡の第1獣像後ろ脚のそれぞれが異なる
　　　　　形状のオーバーハング（目68 天王日月・獣文帯四神四獣鏡）

第二章　同笵（型）鏡論と三次元計測

図Ⅰ-2-23　新山古墳鼉龍鏡（直径27.2cm）
（三次元計測データを使ったCG）

図Ⅰ-2-24　新山古墳鼉竜鏡の竜の鼻のオーバーハング

第Ⅰ部 三角縁神獣鏡・同笵(型)鏡論

図Ⅰ-2-25　柳井茶臼山古墳鼉龍鏡（J-180　直径45.0cm）
（三次元計測データを使ったCG）

図Ⅰ-2-26　柳井茶臼山古墳鼉龍鏡（J-180）のオーバーハング部（矢印）

鏡群は、これまで研究者たちが考えてきた従来の同笵法・同型法の可能性を否定する。

(3) オーバーハング鏡を作った工人の意図

椿井大塚山古墳出土鏡と黒塚古墳出土鏡の中では、次の鏡でオーバーハングを確かめることができた。

目74 天王・日月・獣文帯四神四獣鏡3面（黒塚2・27〈図I-2-19〉・33号鏡）

目70 天王・日月・獣文帯四神四獣鏡2面（黒塚29・30号鏡）

目53 張是作四神四獣鏡3面（黒塚13、26号鏡、椿井大塚山M06鏡〉）

目52 陳是作四神四獣鏡1面（黒塚6号鏡）

目68 天王日月・獣文帯四神四獣鏡2面（黒塚9号鏡、椿井大塚山M34鏡〈図I-2-22〉）

目60 天・王・日・月・吉・獣文帯四神四獣鏡1面（黒塚15号鏡）

目37 吾作徐州銘四神四獣鏡2面（黒塚22号鏡、椿井大塚山M5鏡）

「どれだけオーバーハングしているか」とか、「厳密にオーバーハングしているか」などという議論が展開される可能性があるが、それは必ずしも重要な問題ではない。オーバーハングは製作工程上起きた一つの現象に過ぎないからだ。それよりも、その現象から推定される古代の工人の工程設計の意図を問うべきであろう。つまり、オーバーハングの問題は、オーバーハングの量がどれくらいあるかではなく、古代の工人たちが「抜け勾配」を意識していたかどうかなのだ。鋳型を壊さずに鋳物を取り出す（同笵法には必須な条件）ことを意図するとすれば大きめの抜け勾配をつけるからである。

さらに古代の工人がオーバーハング鏡を作ったということは、「鋳型が壊れるのは仕方がない」などと思ったのでは決してなく、「鋳型を壊して鏡を取り出す」という強い「意図」を持っていたことにほかならない。また、出来上がったオーバーハング鏡を原鏡として使って複製鏡を作ろうとすることはなかったとも解釈すべきである。原鏡がオーバーハングしていたら複製鏡の鋳型は必ず変形してしまうからだ。つまり、オーバーハング鏡は、原鏡にはオーバーハングのない鏡（?）を使い、それを踏み返して出来た鋳型にへら押しで修正をして鋳造されたと考えられるのである。

コラム I-2-1　実証性のはき違え

　最近は、遺物の精緻な調査と逆方向に考古学を進めようとする動きが見られる。その一例として広瀬和雄氏の文章を引用してみよう。

　「細かく細かくにたいして、広く広く歴史を見てみようという試行があってもいいだろう。困難な試みかもしれないが、分析と統合の繰り返し、体系的と個別的の往還としての考古学を、そろそろ意識的に試行してもよさそうだ。その場合実証的ではない、との批判が聞こえてきそうだが、そもそも実証とは「もの」を集めて分類した事実の整理と同義ではない。テーマに関する多くの事実が、論理的かつ整合的に説明できることを言う。前方後円墳が造営された時代を、一つの独立した時代ととらえ、前方後円墳を駆使して歴史を組み立てる試み、古墳時代のなかのより多くの要素を整合的に解釈する、それを通時的、通地域的な視座をもって解釈する」（広瀬和雄2011「体系的な古墳時代像を求めて」『季刊考古学』117号）。（傍点は筆者による）

　まるで物語を創り上げるように感じられる。はじめに語りたい物語ありきで、そこに遺物情報をはめ込んで説明する。使われる遺物情報は物語に都合の良い部分だけという結果は火を見るより明らかだ。そのような方法で構築された古代史像はどのような意味をもつのであろうか。遺物が語る「事実」こそ考古学の基本であり、いつもそこに帰って自分の立ち位置を確認し続ける必要があるだろう。広瀬氏の考えは、「実証」の語を自説に都合の良いように定義しようとしている点に大いに問題がある。考古学は科学であることを忘れてはならない。

コラム I-2-2　データを「見える」ようにする

　精密工学の先達の方からうかがった話である。戦時中三八式歩兵銃の命中率を上げるための研究をしていた先輩工学者が、弾の発射時の

銃身先端の挙動を見えるようにするために、それを撮影する必要に迫られた。その工学者は、ストロボ式の撮影装置を自分で開発し、見事に銃身先端が発射時に大きく揺れる様を写し出すことに成功した。後に彼は命中率の向上を成し遂げた、との話を思い出した。その研究者は、問題となる場面を「見える」ようにする装置を自分で開発することから始めたのだ。それが研究の第一歩なのだ。

コラムⅠ-2-3　基準精度と工具

　基準精度とは、筆者が「日本古代における技術移転試論Ⅰ－技術評価のための基礎概念と技術移転形態の分類―（金工技術を中心として）」（『橿原考古学研究所論集』13〈1998年5月〉所収）において、技術評価のための基礎概念の一つとして示したもので、次のように述べた。

　「基準精度は、大きくは業種によって異なり、小さくは技術者が育てられた工房によって異なる。これは技術者個人の先天的な能力に左右されるのではなく、後天的な教育と環境によって決定されると言っても過言ではないだろう。＜中略＞工人の成長期に「身に付く」もので、彼の技術の根幹をなすものである。」

　工具については、同じ文献で次のように述べた。

　「技術者は自分の工具を磨き上げながら同時に腕を上げていく。どちらが先でも後でもない。磨き上げられた工具があってはじめて腕（技術）が発揮でき、熟練した腕があって初めて工具が生きる。工具と腕は一体と言われる所以である。それゆえに、工具は技術者の命とも言われる。技術が自分と一族を守る大切な「武器」であった古代ではなおさらである。」

コラム I-2-4　工人の「癖」と技術的必然性

　例えば福永伸哉氏は三角縁神獣鏡の外区の鋸歯文に付随する「外周突線」を工人の「癖」として捉えた。現在の三角縁神獣鏡魏鏡説の基礎となった論考である。ところが外周突線は鋸歯文製作のための必須の文様要素であり、決して工人の「癖」ではないのだ。福永氏はその技術的必然性から生まれる外周突線を工人の「癖」としてしまったのである。外周突線は数多い鋸歯文を同じ高さに彫るためのガイドラインとして無くてはならない技術要素なのだ（図参照）。

　また、三角縁神獣鏡の場合、三角縁の外区との境目が外周突線の変わりを果たすことがある。鋸歯文の頂点を外区との境目に合わせるのだ。その場合、外周突線は不要である。

　なくてはならない技術要素を「癖」と考えてしまうのは誤りである。誤りは誤りを生んで大変なことになる。工人の「癖」は工人の個性を論ずるにはとても便利なものであるのだが、ものづくりの理解を欠くとこのようなことが起きる。

粘土に鋸歯文をへら押しするが、外周突線が無いと高さが揃わない

コラム I-2-5　三次元計測の計測密度

　筆者は文化財の三次元計測法の標準的な単位として「計測密度」と名付け、1平方mm内の三次元座標数をもってそれを表した。必要な計測密度は、人間の行為（作業）の痕跡を計測するために必要なデータの密集度となるから、古代から現代に至る人工物の極限的な細かさを求め、それを目指すことになろう。

　例えば古代エトルリアの細粒細金細工では0.2mm程度の直径の金粒が使われる。古代朝鮮半島の金粒が0.5から0.6mmであるから、その細かさは想像を絶するほどである。奈良県ホケノ山古墳画文帯神獣鏡には0.5mmピッチの神像の襞や獣像のたてがみが凸線で施文されている。その凸線の幅は0.2～0.3mmとなる。また、奈良県藤ノ木古墳出土龍文飾り金具では龍のたてがみ部分に10mmに約30本の毛彫りが施されている。ピッチでいえば0.33mmであるが、毛彫りの溝の幅は0.2mm前後となる。管見では古代東アジアでは最も印象に残る細かな加工ピッチであり、人間の行為(作業)の細かさの基準となる数値だと筆者は考えている。古代の工人の作業の細かさの限界に近い数値なのであろう。

　つまり、0.2mmの幅の溝や凸線の断面を表すには概ね10～20ポイントの計測データが求められよう。長さ1mm単位に換算すれば、50から100ポイント、1mm^{2}では2500～10000ポイントとなる。三角縁神獣鏡の三次元計測の計測密度は1mm^{2}では100～200ポイントであるから、理想的にはそれの25から50倍の計測密度が必要だと言える。

コラム I-2-6　オーバーハング

　オーバーハングとは元々は登山用語で「ひさしのように突き出た岩壁」を指すことばであり、自動車の分野では車体の支えであるタイヤ

から外側にかぶさるようにはみ出した車体部分を、この突き出た岸壁に見立てて言う。また、建築分野では、下階よりも上階が張り出し、スペースが広くなるように設計された形式を言う。これまで鏡研究分野において考えられてきた同笵法や同型法など鋳造法に関わる議論では大きな矛盾が生じる現象である。机上での論理が展開されがちな考古学の世界では、特に厳密な検証を行うことが求められる。筆者は検証に三次元計測機を用い、次の方法で計測した。

　レーザー式の三次元計測機では、レーザー光が遺物に対して垂直に降りてくるので、水平においた鏡のオーバーハング状態を検出することはできない。そこで、観察時に黒い影となった部分にもレーザー光が当たるように、古鏡を傾けて三次元計測を実施した。その計測後、データをCAD上で水平に戻す。図は戻した後のものである。これによってオーバーハングの状態を正確に復元することができる。このような検証によって、古鏡の観察は次の段階へ進む事が出来る。

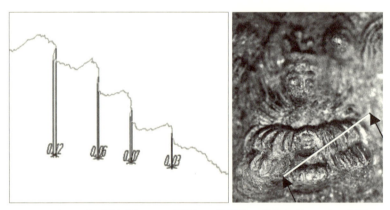

レーザー三次元計測機による黒塚27号鏡第1神像左袂45度の断面

第三章　神獣鏡の型式学的分類から技術的分類へ

　これまでの三角縁神獣鏡研究では、型式学的分類が用いられてきた。本書で用いている「目録番号」もその流れを汲むものである。型式学的分類から技術の流れを読み取ろうとするこれまでの研究には、根本的な問題がある。例えば、「四神四獣」や「三神三獣」などの分類や、「配置」、「表現」などの分類も技術に基づく事象の違いを示していない。それは、単なるデザイン上の選択肢の違いであったり、鏡の使用者側の好みの違いである。なぜなら同じ工人が「四神四獣」の鏡も「三神三獣」の鏡も、配置ＡもＢもＫも、表現①も②も③も作った可能性があるからである。つまり、そのような型式学的分類が技術の違いを表すものではないことに考古学者は気付く必要がある。ここで筆者は、三角縁神獣鏡などの神獣鏡について、型式学的分類から脱して、技術的分類を提案したいと考えるに至った。技術の流れを示すには、技術的分類を行うのが研究の第一歩であるからである。

1. 精妙・高度・疑似・稚拙薄肉彫り鏡

(1) 精妙薄肉彫り鏡

　オーバーハングは神像の袂の襞や、獣像の前後肢の線文様などの部分に多く見られる。これは、精妙な立体感を表現する技法ではなく、一見して文様を際立たせるための技法と考えられる。例えばホケノ山古墳や黒塚古墳や椿井大塚山古墳から出土した画文帯神獣鏡（図Ⅰ-2-27・28）では精妙薄肉彫り技術が駆使されているが、深くへら押しするような技法は全く見られない。そのようなことをしたら、精妙薄肉彫り技術が台無しになってしまうのだ。深くへら押しして文様を際立たせる技法は、精妙な立体感を表現する技法とは相容れない。
　精妙薄肉彫り技術で作られた神獣鏡を「精妙薄肉彫り鏡群」と呼ぶ。三角縁神獣鏡には精妙薄肉彫り鏡は無い。

図 I-2-27　ホケノ山古墳画文帯神獣鏡の精妙薄肉彫り技術

図 I-2-28　椿井大塚山古墳画文帯神獣鏡の精妙薄肉彫り技術

(2) 高度薄肉彫り鏡

　数ある三角縁神獣鏡の中に、画文帯神獣鏡のような精妙薄肉彫り神獣鏡群と技術的連関が強いと考えられる一群が認められる。目40吾作三神四獣鏡（黒塚10号鏡、芝ヶ原11号墳鏡〈京都〉）、目44天王日月・唐草文帯四神四獣鏡群（黒塚24号鏡〈図 I-2-29〉と椿井M03鏡、吉島古墳鏡〈兵庫〉ほか）、目3波文帯盤龍鏡群（黒塚17号鏡と椿井M35鏡〈図 I-2-30〉、黄金塚古墳鏡〈大阪〉ほか）、目43天王日月・獣文帯四神四獣鏡群（黒塚28号鏡、椿井大塚山M12鏡ほか）、目52陳是作四神四獣鏡（黒塚6号鏡）、目100-101神人龍虎画像鏡（黒塚8号鏡）、目9天王日月・獣文帯同向式神獣鏡（椿井M25鏡）などである。これらを「高度薄肉彫り鏡群」と呼ぶことにする。高度薄肉彫り鏡群は、例えば頬の

図 I-2-29 目44 天王日月・唐草文帯四神四獣鏡（黒塚24号鏡）の高度薄肉彫り技術

図 I-2-30 目03 波文帯盤龍鏡（椿井M35鏡）の獣像の高度薄肉彫り技術

膨らみや腰の筋肉、頬骨の張りなどを表現していて写実的である。

　三角縁神獣鏡の高度薄肉彫り鏡群の原鏡を製作した工人集団は、画文帯神獣鏡などの中国の伝統的な精妙薄肉彫り技術の影響を色濃く受けた人々であったであろう。しかし、高度薄肉彫り技術は一朝一夕に身につくものではない。殊に鏡のように小さな文様をへら押しするとすれば、専門工人としての技術は、伝統的な系譜の下にあってなおかつ長い修練がなければ習得できない水準のものと考えられよう。筆者は精妙薄肉彫り鏡から高度薄肉彫り鏡への技術移転を「直接継承型技術移転」と考えている［67頁：コラム I-3-1「技術移転論」参照］。「直接継承型技術移転」は師匠から弟子へあるいは息子へなど、生活の一部を共にして教え込まれるような伝承の型式を指す。古代の三角縁神獣鏡の工人はそうして獲得した高度薄肉彫り技術に誇りを持っていたに違いない。

(3) 疑似薄肉彫り鏡

　一方、黒塚 2、27、33、13、26、29、30、9号鏡、椿井 M06、M34 鏡などのオーバーハング鏡群を見てみると、頬の膨らみや、腰の筋肉、頬骨の張りなどを肉感的に表現しているものはほとんどないことが分かる。顔や袂は全く凹凸のない半卵形の丸みをつけ、線彫り（へら押し）で目鼻口を付けたに過ぎず、先の高度薄肉彫り鏡とは技術水準において大きな違いがある（図 I-2-31）。筆者はこれらの鏡を「疑似薄肉彫り鏡群」と呼ぶ。オーバーハングを形成するよ

第Ⅰ部　三角縁神獣鏡・同笵(型)鏡論

図Ⅰ-2-31　疑似薄肉彫り鏡群
目53張是作四神四獣鏡（黒塚13号鏡、左）、目70天王・日月・獣文帯四神四獣鏡（黒塚29号鏡、中）、目68天王日月・獣文帯四神四獣鏡（椿井M34鏡、右）、顔に立体的な表現が無く、半卵形をした神像の顔にへら押しで目鼻口を付けた。

うな深い襞を作って文様を際だたせるへら押し技術は、擬似薄肉彫り技術をカムフラージュするために考案されたものと考えられる。オーバーハングは擬似薄肉彫り技術とセットで実現される形態なのだ。

　疑似薄肉彫り鏡群を作った工人集団の出自については、高度薄肉彫り技術を持った工人集団とは系譜の異なる集団を考えるべきであろう。彼らは中国の画文帯神獣鏡などの精妙薄肉彫り工人の流れを汲む高度薄肉彫り工人から直接的な指導を受けずに、見よう見まねでその技術を真似て、遠目には高度薄肉彫り鏡群に負けないように見える疑似立体感を実現しようとしたものと考えて良さそうだ。私はそうした技術移転の形態を「形状模倣型技術移転」と呼び分類している。

(4) 稚拙薄肉彫り鏡

　さらに、疑似薄肉彫り鏡群より退化した技術で作られた三角縁神獣鏡がある。いわゆる仿製三角縁神獣鏡と分類されてきた一群である。もとより舶載三角縁神獣鏡と仿製三角縁神獣鏡は薄肉彫り技術の優劣を基準に言われてきたと思われる分類で、優れたものを中国製、劣ったものを列島製と考える伝統的な考古学的手法である。前述の擬似薄肉彫り技術で作られた三角縁神獣鏡より拙い技術で作られた三角縁神獣鏡を「稚拙薄肉彫り技術」「稚拙薄肉彫り鏡群」と分

類したい。

　これによって三角縁神獣鏡の源流にある画文帯神獣鏡などの精妙薄肉彫り鏡から高度薄肉彫り鏡、疑似薄肉彫り鏡、稚拙薄肉彫り鏡まで、技術的な落差の存在を認めることができよう。もとより、三角縁神獣鏡は非常に技術的な製品であり、その技術の流れは技術的分類により明らかになる。考古学で盛んに用いられる型式学的分類では少なくとも技術の流れを捉えることは難しい。

2. 疑似薄肉彫り鏡とオーバーハング

　一部の三角縁神獣鏡に見られる高度薄肉彫り技術の水準の高さは、見る人の目と鏡の距離を 20～30㎝ くらいに近づけて初めて価値がわかる技術であるから、鏡の用途が実用から祭祀器に変わり、鏡とそれを見る人の距離が遠くなった時、高度薄肉彫り技術はその使命を終えることになる。疑似薄肉彫り技術と深いへら押しの技術のセットがオーバーハング鏡を生み、高度薄肉彫り技術にとって替わったとすれば、鏡の用途が変化したと考えるべきであろう。深いへら押し技術で実現したオーバーハング鏡群の方が遠目には文様が際だって見えることも一つの現象であろう。三角縁神獣鏡が祭祀器として用いられるようになって、オーバーハング鏡群つまり疑似薄肉彫り鏡群が、高度薄肉彫り鏡群を駆逐した可能性もある。

3. 同一工人の手になる鏡

　図 I-2-32 は目 40 吾作三神四獣鏡（黒塚 10 号鏡）と目 44 天王日月・唐草文帯四神四獣鏡（黒塚 24 号鏡）の細部である。どちらも高度薄肉彫り鏡で、神像の顔の頬を膨らませ、目はへら押しで輪郭を描く。冠部は数の違いはあるが同じ表現である。また、もみあげは、全く同じ表現であり、鼻の頭を丸くするのも全く同じと言える。獣像（図 I-2-33）では、目を半球体に表現する点、瞼の表現、髭の表現、頭部の飾りの形、どれも全く同じと言える。その原鏡の製作は同一工人によるものと考えなければならないだろう。このように異なった型式の三角縁神獣鏡が同一工人によって作られていたことなど、製作法に関わる

図Ⅰ-2-32　目40 吾作三神四獣鏡（黒塚10号鏡：左）と目44 天王日月・唐草文帯四神四獣鏡（同24号鏡：右）の神像

図Ⅰ-2-33　目40 吾作三神四獣鏡（黒塚10号鏡：左）と目44 天王日月・唐草文帯四神四獣鏡（同24号鏡：右）の獣像

図Ⅰ-2-34　目40 吾作三神四獣鏡（黒塚10号鏡：左）と目44 天王日月・唐草文帯四神四獣鏡（同24号鏡：右）の外区外側鋸歯文

研究のためには技術的分類の確立が急務である。ちなみにこの2面はともに「鋳放し鏡」である（図 I-2-34）。

4. 異なる工人による修正
　（目 53 張是作四神四獣鏡：黒塚 13・26 号鏡と椿井 M06 鏡の場合）

　同笵（型）鏡群の中のへら押し修正技法を詳しく見よう。目 53 張是作四神四獣鏡（黒塚 13・26 号鏡と椿井 M06 鏡）は、鋳型に修正が加えられている部分があるが、第 4 神像左袂を見ると、椿井 M06 鏡では襞にヘラを入れていないが、黒塚 13 号鏡では第 4 神像左袂の側で鋳型が崩れており、それを補修せずに襞の部分にヘラを入れて修正している。また、黒塚 26 号鏡では、鋳型が崩れたところを直してヘラを入れて 1 本の凸線を作り、同時に左袂の襞を修正している（図 I-2-35）。黒塚鏡 2 面はヘラを深く入れて文様を際立たせようという工人の意図が明らかであり、椿井 M06 鏡では襞を深く入れることに執着しないでそれぞれの文様を細く鮮明にしようとする工人の意図や癖が見える。鏡作りの根本的な目的意識が異なっているのだ。

　黒塚鏡 2 面を修正した工人と椿井鏡を修正した工人は、時間的か空間的であるかは別にして、その距離は決して近くない。同じ工房内の同一工人とは考え

上左：黒塚 13 号鏡
上右：黒塚 26 号鏡
下右：椿井大塚山 M06 鏡

図 I-2-35　目 53 張是作四神四獣鏡 3 面の第 4 神像左袂の襞

られない。

　異なった型式の鏡同士でも同一工人の手になるものがあり、同笵(型)鏡同士でも原鏡と複製鏡では工人の手が異なるものがあることが見えてきた。今後は同じ工人かあるいは同じ工房内かについても研究が進むであろう。また、異なる工人の場合は、その距離や関係がどのようなものか、時間的に遠いのか、距離的地域的に遠いのか、技術移転の形態を論じる中で明らかにする事が出来るだろう。

コラム I-3-1 技術移転論

技術移転論について、筆者は1998年に最初の論文を発表した。続いて2006年『復元七支刀―古代東アジアの鉄・象嵌・文字』(雄山閣刊)において、「概説・技術移転論」を著した。そこで技術移転の分類を試み、下の表を示した。

そこでは技術移転をヒト介在群とモノ介在群に分け、さらにヒト介在群については送り側主導型、受け入れ側主導型、継承方式、双方協力方式に分け、それを細分して移住・難民型、派遣教育型、転業型、請来型、派遣学習型、直接継承型、プロジェクトチーム型、図版移動型、形状模倣型などに分類した。これによって移転する側と受け入れる側の力関係など細かな結びつきを明らかにすることが出来る。同じ技術移転でも、ヒト介在群・継承方式・直接継承型とモノ介在群・受け入れ主導方式・形状模倣型では、その移転の結果は大きく異なる。その型は、使用工具の比較、基準精度の計測などによって突き止めることが出来る。

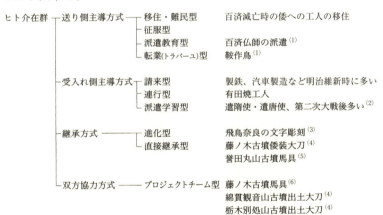

ヒト介在群 ─ 送り側主導方式 ─ 移住・難民型 百済滅亡時の倭への工人の移住
　　　　　　　　　　　　　　─ 征服型
　　　　　　　　　　　　　　─ 派遣教育型 百済仏師の派遣[1]
　　　　　　　　　　　　　　─ 転業(トラバーユ)型 鞍作鳥[1]

　　　　　　─ 受入れ側主導方式 ─ 請来型 製鉄、汽車製造など明治維新時に多い
　　　　　　　　　　　　　　　─ 連行型 有田焼工人
　　　　　　　　　　　　　　　─ 派遣学習型 遣隋使・遣唐使、第二次大戦後多い[2]

　　　　　　─ 継承方式 ─ 進化型 飛鳥奈良の文字彫刻[3]
　　　　　　　　　　　─ 直接継承型 藤ノ木古墳倭装大刀[4]
　　　　　　　　　　　　　　　誉田丸山古墳馬具[5]

　　　　　　─ 双方協力方式 ─ プロジェクトチーム型 藤ノ木古墳馬具[6]
　　　　　　　　　　　　　　　綿貫観音山古墳出土大刀[4]
　　　　　　　　　　　　　　　栃木別処山古墳出土大刀[4]

モノ介在群 ─ 受入れ側主導方式 ─ 図版移動型 宗紫石筆「獅子図」
　　　　　　　　　　　　　　─ 形状模倣型 藤ノ木古墳大刀銀線巻き[4]
　　　　　　　　　　　　　　　　　鉄砲の伝来
　　　　　　　　　　　　　　　　　西本願寺鐘銘の挺出文字[7]

(1) 大橋一章 1997『飛鳥の文明開化』吉川弘文館
(2) 小林昭 1993『「モノづくり」の哲学』工業調査会
(3) 鈴木勉 2004「上代金石文の刻銘技法に関する二三の問題」『風土と文化』第 5 号
(4) 鈴木勉 2000「藤ノ木古墳倭装大刀出現の技術史的意義―木彫金張り装の技術移転から 6 世紀の技術状況を考える―」『由良大和古代文化研究協会紀要』第 6 号
(5) 鈴木勉・松林正徳 1996「誉田丸山古墳出土鞍金具と 5 世紀の金工技術」『橿原考古学研究所紀要 考古学論攷』第 20 冊
(6) 勝部明生・鈴木勉 1998『古代の技―藤ノ木古墳の馬具は語る』吉川弘文館
(7) 鈴木勉 2013『造像銘・墓誌・鐘銘 美しい文字を求めて 金石文学入門Ⅱ 技術篇』雄山閣

第Ⅱ部　同笵(型)鏡論と復元研究

第Ⅰ部では、富岡謙蔵氏、梅原末治氏以来の「同笵（型）鏡論」を乗り越えるために新たな研究手法として「古鏡調査の立体三要素」と「技術的分類」を提起した。しかし、どうしても作ってみて確かめたい事項が増えていった。そのような時、福島県文化財センター白河館（通称まほろん）から協力の申し出があり、筆者は復元研究を実施することになった。

　作ってみれば分かることは沢山ある。そのことは当たり前のことだ。その結果「同笵（型）鏡論」の行方はどうなるのか。

　第Ⅱ部は、味わいの足りない文章になるかもしれないが、読者の方々にはなんとかお付き合いいただきたいと思う。編集子によれば、三角縁神獣鏡に興味を持つ方々はかなり粘り強い方が多いとのことである。特に図版とした写真資料はペンでは書ききれないほどの情報が詰まっている。これらの写真を読者ご自身の研究資料としてご活用いただければ幸いである。

第一章　同笵(型)鏡論を振り返る

1. 同笵(型)鏡論の進展
(1) 観察・推定法の弱点

　富岡謙蔵氏は古鏡の製作技法などをキーワードにする倣製・舶載の判別法4項目を挙げた。後の研究者のように「作りの悪さ」だけで倣製と舶載を分けるのではなく、基本的な判定基準に鏡背文様の本来の意味などにも言及していることに、富岡氏の判断の客観性と鏡作りへの理解度が示されている。技術と思想をしっかり分けて捉えようとしているのであるから、古代の鏡工人の心と技術を捉えることが出来る鋭い感受性を富岡は持っていたのであろう[1]。
　富岡氏が提出した判定基準は、その後の研究に大きな影響を与えた。氏の鑑識眼に基づいた断定的な判定法が、子から孫、孫から曾孫に伝わるように現代の研究者達の頭脳の中に生き続けていることは認めなければなるまい。しかしながら、その判定基準の元となる富岡氏の優れた観察力と洞察力を後代の人々が継承できたのかは疑問の残るところである。
　富岡氏の影響を最も強く受けた研究者の一人である梅原末治氏は、同笵(型)鏡が同じ鋳型から出たか否かを慎重に検討する必要性を強く訴え、以下のように述べる。

　　「…＜前略＞…こう云ふ同じ鏡笵から少くも二面の鏡が作られた事実が知られた際、自ら考へらるべき一つの点として如何にして一つの笵から同じ鏡がか様に作り出されるかの現実の問題がある可き筈である。」

とし、その為の観察法として、

　　「同式同大の理由のみでは実は同じ鏡笵から出たとはなしがたい。」「たまたま生じた笵の崩れや亀裂なども符節を合わせた如く同一なるを要す

---

(1)　富岡謙蔵 1920「畫像鏡考」『古鏡の研究』

る。」「型崩れや外区の帯文の重複した部分までも一致していること。」「是等の同じである点を一層確かめる為に拓本に依って調べて見たが、全く相重なって一分一厘の差異もない。」

などと述べ、できうる限りの精密さで、複数の同笵（型）鏡がどのように同じかを科学的に検討し、客観性の確保に力点を置くべきことを主張したのである[2]。それは、鑑識眼とも言うべき富岡氏の並はずれた判定能力に対抗するかのようにも感じられる。

　小林行雄氏は、『古代の技術』の中で、三角縁神獣鏡を含めた鋳鏡技法について詳しく解説し、諸説の正否について論評した[3]。また、一貫山銚子塚古墳出土同笵（型）鏡群の調査にあたっては同笵（型）鏡群の細部の異同を指摘し、それが一つの笵から複数の鏡を鋳造した証拠とした[4]。そうした技術的論究がある一方で、盛んに行われていた製作技法研究中心の銅鏡研究の状況を批判し、自身は技法研究に依らない手法で同笵鏡分配論を展開した[5]。しかし、同笵鏡分配論は、学界の同笵（型）鏡論への関心を一層高めることになるとともに、自身も、平行して技術に関する検討を続け、仿製三角縁神獣鏡の鋳型の詳しい検討などから、様々な鋳造法のあることの可能性について言及するようになった[6]。しかしながら小林氏は、それに先だって発表した「三角縁神獣鏡の研究」では型式分類に終始して、鋳造技術や鋳型については全く言及していない。つまり、小林氏自身が分類するところの、中国鏡（舶載三角縁神獣鏡）に関しては技術的な解析をしていないのである。不可思議なことである。勝部明生氏が指摘するように、小林氏は自らが中国製鏡とする舶載三角縁神獣鏡については石型を想定していたのであろうか[7]。

---

(2) 梅原末治 1944「上代鋳鏡に就いての一所見」『考古学雑誌』34-2
(3) 小林行雄 1962『古代の技術』塙書房
(4) 小林行雄 1952『福岡県糸島郡一貴山村銚子塚古墳研究』日本考古学協会古墳調査特別委員会
(5) 小林行雄 1961「同笵鏡考」『古墳時代の研究』青木書店
(6) 小林行雄 1976「仿製三角縁神獣鏡の研究」『古墳文化論考』平凡社、仿製三角縁神獣鏡の鋳型の項
(7) 勝部明生 1978「鏡の鋳造」『日本古代文化の探究・鏡』森浩一編、社会思想社

第一章　同笵（型）鏡論を振り返る

　樋口隆康氏は、同型法を主張し、鋳肌の違いなどから倣製と舶載を見分ける方法などを提起している[8]。
　西田守夫氏は、「三角縁神獣鏡の形式系譜諸説」[9]において、まえがきでは鋳造方法の検討や製作地の問題には敢えて踏み込まないとしたが、深い観察力によって技術移転の問題まで解析することになった。西田氏の論述の中には技術系譜論を展開する大きなヒントがたくさん詰まっており、その後の系譜研究に大きな影響を与えるはずであった。
　網干善教氏は、詳細な笵傷の観察から、小林氏の同笵鏡論を、

> 「ある一つの仮説的な前提を想定し、さらにその前提の上に仮説を積み重ねて、一つの結論を導き出している。そして、その結論が事実のように理解される。若しその前提が、例えば最初の「そうである」という前提が「そうでない」となればこの屋上屋を重ねた広遠な論理の結論は何も意味しないことになる場合もある。」

として、その論理的な過ちを指摘するとともに、

> 「小林氏は他の人の説について「魏の時代に、一個の原型から多数の鋳型をつくるという鋳造技術が、すでに実行されていたという証明はできていない」「魏の時代に、鏡のような大型の鋳型をつくるばあいにも採用されたという証明はできていない」（『古鏡』）と、ことごとく証明できていないことは前提にならないと主張される。しかし、自己の主張については数回にわたる朝貢に魏の鏡が含まれていた可能性は何ら証明できていないのに、この場合にはそれが前提となる。」

として小林説の基本的な問題を指摘し、氏の同笵鏡論の矛盾を突いた。同時に小林氏が中国製鏡と分類する鏡群を子細に観察して、踏み返し法や同型法を提案した[10]。

---

(8) 樋口隆康 1992『三角縁神獣鏡綜鑑』新潮社　231 頁
(9) 西田守夫 1971「三角縁神獣鏡の形式系譜諸説」『東京国立博物館紀要』第 6 号
(10) 網干善教 1975「三角縁神獣鏡についての二、三の問題—唐草文帯二神二獣鏡の同型鏡に関連して—」『橿原考古学研究所論集　創立三十五周年記念』吉川弘文館

一方、多くの製作技法が推定されて周囲の研究者には大変分かりにくい状況となっていったことも否定できない。そこで勝部明生氏は、製作技法の数々を整理し、絞り込もうと試みた[11]。鏡の鋳造という技術の物理的必然性と技術的必然性の検討から消去法を使って製作技法を絞り込もうとしたのである。勝部氏は、それまで一つないしは二つの製作技法に固執しがちな学界に対して様々な製作技法を想定した上で研究を進めなければならないことを示した。

岸本直文氏は、同笵（型）鏡論から離れて、鏡の型式毎の文様の表現方法の違いを抽出し、それをもって技術系譜の整理を行った[12]。その後岸本氏は同笵（型）鏡論に戻り、緻密な笵傷（の結果である鏡背面の凸線）の調査から同笵（型）鏡鋳造順序の推定と、ロウを使った同型法による技法の推定を行った[13]。

八賀晋氏は、笵傷の進行、修正の痕跡、寸法測定によって鋳造順序や踏み返し法採用の有無などについて研究を進め、舶載鏡は同型法、仿製鏡は同笵法で作られたと主張した[14]。

藤丸詔八郎氏は、緻密な笵傷の調査によって同笵法の検証を試みた。当初は同笵法を追認する結果を得ていたが、調査を進めるに従って、同笵法だけでは説明がつかない事例が存在することを突き止め、同笵法や踏み返し法を含めた様々な製作技法の想定が必要であることを指摘するに至った[15]。

以上の研究は、勝部氏の研究を除いてどれも同笵（型）鏡の詳しい観察から製作技法を推定する手法、つまり観察・推定法をとっているのであるが、この手法は冒頭に挙げた富岡氏や梅原氏の研究手法に準じていると言える。

---

(11) 前掲注（7）
(12) 岸本直文 1989「三角縁神獣鏡製作の工人群」『史林』72-5
(13) 岸本直文 1991「三角縁神獣鏡の製作技術についての一試論」『権現山 51 号墳—兵庫県揖保郡御津町—』『権現山 51 号墳』刊行会、岸本直文 1996「雪野山古墳副葬鏡群の諸問題」『雪野山古墳の研究　考察篇』
(14) 八賀晋 1984「仿製三角縁神獣鏡の研究」『京都国立博物館学叢』6、八賀晋 1990「鏡をつくる」『古代史復元 7　古墳時代の工芸』白石太一郎編、講談社
(15) 藤丸詔八郎 1997「三角縁神獣鏡の製作技術について―同笵鏡番号 60 鏡群の場合―」、藤丸詔八郎 1998「三角縁神獣鏡の製作技術について―同笵鏡番号 19 鏡群の場合―」、藤丸詔八郎 2000「三角縁神獣鏡の製作技術について（予察）―製作工程に「踏み返し」が介在する同笵（型）鏡群の場合―」

(2) 技術論をどう取り込むか

　とは言え、観察・推定法には大きな問題があることを忘れてはならない。観察結果という「事実」が研究者の頭脳の中で推定という「仮想」に位相を変えてしまうことである。仮想はその上に積み重ねが出来ないという論理上の大きな問題がある。したがって、製作技術に関わるものを論拠としようとした富岡以後の鏡の研究者達は、仮想にすぎない推定を事実に限りなく近付けるために、近世以来の伝統的な鏡つくりに精通した技術者や金属工学研究者の「発言」、後には一般的な銅鋳物の工学的データなどを積極的に引用する手法を採ることになる。観察・推定法論者の特徴の一つであると言えよう。

　例えば梅原末治氏は、技術者荒木宏氏の言として「砂笵の分析に依って推定せられたところの砂笵に蠟をながして作ったものを銅に置き代へることに依って同形品を多数作り得る技術の存在を以て、之を解するに恰好のものとなしたのであった。」「處が鋳造技術の實際からすると、もと出来上った作品を母型として、更に笵を作って行く所謂踏返し法があり、また一般砂笵の場合には笵の製作に當って焼締りを考慮して、所期よりも若干大きく作るのを常とすると云ふ。」などと、鋳造技術者の言を取り上げた[16]。

　また、小林行雄氏は「型傷は増える」という考えをどこからか手に入れて、同笵法論成立の最大の根拠としたが、その依拠するところを示したことを筆者は知らない[17]。本当に型傷が増える鋳物製品は「同笵法」によるものなのだろうか？小林氏は技術畑出身の自分自身の「判断」を最大の論拠にしようとしたのかもしれない。しかし一方で、鋳造技術の細部について、他者の説は批判するが自らの判断の根拠を示すことはなかった。例えば、踏み返しの始まりについては専門的な鋳造作家である香取秀真氏の推定を引用したり、正倉院鏡の技術の復元については同じく鈴木信一氏や内藤春治氏の論を挙げてその正否を指摘しつつ彼らの言を取捨選択して取り上げたり、他者の説を激しく批判することなどによって自身の論拠の補強を計ったと言えようか[18]。

---

(16)　梅原末治 1946「本邦古墳出土の同笵鏡に就いての一二の考察」『史林』30-3
(17)　前掲注（4）

樋口隆康氏は現代の鏡作り師である山本鳳龍氏らの言として「同笵の製作は不可能」であることを紹介した[19]。

八賀晋氏は、「一般的にはその収縮率は原型の大きさより数％縮小するといわれている。」と記していて、あたかも工学の一般知識を引用したかのように見えるが、「一般青銅鋳物」の収縮率は「鋳物尺」から見れば1.2％前後のことであって、数％などという一般常識を筆者は知らない。数％という表現は、八賀氏自身の計測値に意味を持たせるため、すなわち「九面の鏡の各部の寸法の同一性」を裏付けるための表現ではなかろうか[20]。八賀説は三角縁神獣鏡魏鏡説をとる研究者がしばしば引用するが、その研究の基礎となる計測法や一般論の引用の方法に問題があり、その正否について全く判断を表明しない。そうした考古学者の態度が考古学の推定精度を低くし、信頼性を失わせるような事態を引き起こしている。

また、ロウ製原型の使用を主張した岸本直文氏らは、「ひとつの鋳型で鋳造を繰り返すいわゆる同笵鏡の製作は一般に困難であると言われており」[21]と現代鋳鏡技術の一般論を根拠にしたり、工学部出身である村上隆氏らの「推定」を報告書の末尾に載せるという手法でその論拠を示すようにしたりもした[22]［89頁：コラムⅡ-1-1「ロウ型の可能性」参照］。三角縁神獣鏡研究という考古学の先端的な論考に技術の一般論をその根拠として用いることには大きな問題があり、さらに、技術者の発言や一般論を何の検証もせずに論拠としてしまうことは、その後の論の展開に大きな疑問を抱かせる。

あるいは小林氏、八賀氏、岸本氏や藤丸氏が採用した「笵（型）傷は成長する」や、八賀氏、岸本氏、藤丸氏らが提示する「鋳造順序」を裏付けるために推定した「同笵を繰り返すと文様が次第に不鮮明になる」などの見解は、今となってはどこからその知識が得られたのかさえ分明でない。これらの指摘は小

---

(18) 前掲注（3）
(19) 前掲注（8）、231頁
(20) 前掲注（14）
(21) 前掲注（13）岸本1996
(22) 村上隆・沢田正昭 1996「雪野山古墳出土「黹出銘三角縁四神四獣鏡」と米国スミソニアン研究機構フリアー・ギャラリー所蔵の兄弟鏡との科学的比較研究」『雪野山古墳の研究　考察篇』

第一章　同笵（型）鏡論を振り返る

林説を補強するためだけに考案されたものと考えられる。その論拠が実験や実例を以て示されない限り、無意味である。それらの見解は、彼らがヒヤリングした（であろう）技術者の発言を何の検証もせずに都合良い点だけを採用してしまい、考古学界で一人歩きをさせてしまった可能性がある。

　引用された技術者の発言や一般論は原則的に誤りはないのかもしれない。それにも拘わらず、そうした発言や一般論を根拠にした論考同士が矛盾し合うのはなぜであろうか。

　技術者の発言や判断は、ものづくりの研究のあらゆる場面においてそうであるように、全ての事実が「ある一定の条件下では」という前段の「条件語」が付くことに注意する必要がある。例えば「近世からの伝統を持つ今の自分たち（鋳物師）が採用している鏡づくりの手法では」という条件下では「同笵法は不可能」であり、「錫15％の一般青銅の鋳造では」という条件下では「製品の寸法は原型の寸法から1.2％前後収縮する（ことがある）」などといったことである。前者の場合は、私たちは古代の鏡作りの技法について研究しているのだが、そのことに近世以降の鋳造技術を取り上げること自体に問題がある。私たちの観察結果から推定する鋳造技術と近世以降の伝統的な鋳造技術を比べれば、近世の方が時間的には古代に近いが技術的に近いとは限らないことに留意すべきだ。近世以降の鋳造技術は古代のことなど全く視野に入れずに改良改善を繰り返してきたものであり、私たちの観察は古代の遺物に基づいて推定しているものだからである。また、後者の場合は、銅と錫の合金、所謂「錫青銅」においては、錫の割合とその性質の変化は決して比例的なものではない。時に微細な割合の変化が性質の大幅な変化をもたらすことがある。また、収縮率は鋳型の収縮をゼロと仮定したときの原型と製品の寸法差から算出したものであるし、収縮率の実際は湯の流れる方向によって大きく変化することも知らなければならない。鏡の寸法比較をするのにそうした諸要素を無視して比較することは無意味である。

　また、論理の逆転ということもあるようだ。小林行雄氏が指摘した「同一の笵傷がある鏡は同一の鋳型から生まれたもの」という考え方は、おそらくは「同一の鋳型から生まれたとすれば」「複数の鏡は笵傷を原因とする同一の突起を持つ（ことがある）」という条件付きの技術的認識について、まず「（ことが

77

ある）」という条件語の一部を忘れて採用し、続いて条件語と結果を逆転して利用してしまったために生まれたものと考えられるのである。このことは誰もが知っている「必要条件」と「十分条件」の扱い方の問題であろう。例えば、「頭をぶつけるとたんこぶができるが、たんこぶができるのは頭をぶつけたときだけではない」ということである。いつのまにか「たんこぶ」＝「頭をぶつけた」という理解が広がってしまう。こうした誤解は考古学といえども学術論文の中ではあってはならないことである。

　「条件語」は忘れられやすくもあり、ときには条件と認識・判断が逆転してしまうこともある。それは技術者の側にも大きな責任があると言えるかもしれない。技術者同士の情報交換であれば決して省略することはないことであっても、考古学者に話す場合は条件が難しいものであったりすると、説明が長くなりがちであるため、技術者は面倒な気持ちになったり、考古学者におもねる気持ちになって「条件語」を省いてしまうことがあるからである。最も大事な「条件語」を抜きにして、技術者と鏡研究者の間のコミュニケーションが行われるのである。そのようにして技術情報は考古学者にしばしば誤解されてしまう。

　また、技術者の言が研究成果でないところにも問題が生じる原因があったのかもしれない。ものづくりに関わる研究成果であれば、必ずその実験条件や方法が示され、同時にその結果が及ぼす範囲も論文内で限定される。ところが宙に飛んだ技術者の言は、それを聴く側の理解が及ぶものや都合の良いものだけが着地でき、他の部分は消えて無くなってしまいがちである。誰が言ったのかすらも解らなくなることがしばしばであるし、もちろん発言しただけの技術者に何の責任も発生しない。

　そうした問題点を克服するために、各地で技術者を交えたいくつかの再現実験や復元研究が行われてきた。

(3) 復元研究の大切さ

　実験考古学を提唱して数々の銅製品の鋳造に挑戦した中口裕氏は、鈴鏡や多鈕細文鏡の同笵鏡各１面を作り、その可能性が高いことを示すとともに、初鋳鏡（同笵法の１面目）と後鋳鏡（同２面目）の特徴などを示した[23]。貴重な実験であったにもかかわらず、これを引用する考古学研究者はほとんどいない。

久野邦雄氏、久野雄一郎氏は錫含有率の異なる鏡を8種鋳造し、仕上がりの色、割れやすさ、鏡面研磨などについて検証実験を行い、非実用ではなかったかとの推定をした[24]。

　小林昭氏らは、技術者の立場から鋳造と鏡面研磨に関する古式法の復元に取り組んだ。復元鋳造した鏡と画文帯環状乳神獣鏡の鏡面加工に成果を挙げた[25]。

　橿原考古学研究所附属博物館では、真土を使った鏡の製作実験を行い、工程の復元を行った[26]。

　近つ飛鳥博物館では、人物画像鏡の踏み返し法による鋳造実験を行い、その工程の復元を試みた[27]。

　奈良国立文化財研究所飛鳥資料館では、海獣葡萄鏡の踏み返し法による鋳造実験を行い、踏み返し法の特徴を抽出し、予想以上の転写率であったという[28]。

　遠藤喜代志氏らの北九州鋳金研究会は、三角縁神獣鏡の復元製作を行った。鏡1面の製作を目指したために、同笵法や同型法の検証には至らなかったものの、数々の基本的な技法研究に大きな成果を上げるとともに、いくつかの問題を提起した。ことに反りの問題について「鋳造凝固で反りはきつくなる」という先行研究と「常識」に疑問を投げかけた[29]。

　三船温尚氏らの二上山鋳造研究会は、銅鏡の再現実験を継続的に実施している。これまで曖昧な状態に終始していた様々な課題に新しい知見を提供している。鏡の収縮が通説よりも小さいこと、収縮という現象に及ぼす鋳型の熱膨張の影響、踏み返し法による鏡背の傷の変化などについては、特に有用なデータ

---

(23) 中口裕 1974『銅の考古学』（再版）、雄山閣、中口裕 1982『実験考古学』雄山閣

(24) 久野邦雄・久野雄一郎 1982「銅鏡は黄金色　三角縁神獣鏡を復元」読売新聞 1982年12月15日報道

(25) 小林昭・河西敏雄・薦田みよ子・柴崎栄吉 1983「金属古鏡製作についての一考察」『埼玉大学紀要　工学部』第17号

(26) 橿原考古学研究所附属博物館 1991「鏡を鋳造する」『特別展　魔鏡／光の考古学』

(27) 地村邦夫 1998「鏡をつくる」『近つ飛鳥工房人とかたち　過去・未来』大阪府立近つ飛鳥博物館

(28) 奈良国立文化財研究所飛鳥資料館 1999「同型鏡の鋳造技法」『鏡を作る―海獣葡萄鏡を中心として―』

(29) 遠藤喜代志 1997「銅鏡の復原制作」『文明のクロスロード Museum Kyushu』56号

を示した。今回の復元実験との関連が最も深く、筆者は基礎資料として活用した[30]。

　飯島義雄氏と小池浩平氏は、踏み返し鏡を製作し、それを三次元計測機と顕微鏡アタッチメントを使って精密計測した。全体的に1％前後収縮し、部分的には拡大も見られると報告した。鋳型の縮小と青銅の凝固収縮に分けてデータが示されればと惜しまれるが、その成果は大きい[31]。

　以上のように復元実験は、これまで数多く行われてきた。惜しむらくは二、三の報告を除いて、獲得したデータが公開されないことである。出来上がった鏡を展示したり、出来上がったこと自体で満足するだけでは、大変な手間と費用をかけた作業が生かされない。学問的蓄積がなされないからだ。遠藤氏らや三船氏らが提供した実験的な基礎データは、筆者らの実験計画にも生かされている。研究成果の積み上げが確実にでき、その恩恵は後学によって生かされる。今後の復元研究の方向を示すものである。

2. 同笵（型）鏡論の課題

(1) 未解決の問題

　これまでの三角縁神獣鏡同笵（型）鏡論に関わる先学の研究には、未解決の問題が山積している。いくつかを示すと、

①同笵法が可能であるか否か。可能であるとすればどういう条件で何枚まで可能か？
②鋳造過程で鏡は収縮するか否か、どれくらい収縮するか、何が原因で収縮するか？
③笵傷はどの段階でできるか？

---

(30) 清水康二・三船温尚 1999「鏡の鋳造実験―踏み返し鏡の諸問題―」『由良大和古代文化研究協会・研究紀要』4、清水康二・三船温尚・清水克朗 1998「鏡の熱処理実験―面反りについて（その1）―」『古代学研究』144、清水康二・三船温尚・清水克朗 1999「鏡と笵から探る山字文鏡の鋳造方法」『泉屋博古館紀要』14
(31) 飯島義雄・小池浩平 2000「古墳時代銅鏡の製作方法の検討―獣帯鏡のいわゆる「同型鏡」を基にして―」『群馬県立歴史博物館紀要』第21号

④笵傷は成長するのか？
⑤三角縁神獣鏡の内区の薄さ（1〜2mm）は鋳造可能か？
⑥湯引けで文様は不鮮明になるのか？
⑦反りはどの段階で生まれるのか？

　提起されている問題は多く、観察が細密化すればするほど増える一方である。これまでに提起された問題のほとんどが水掛け論に終始してしまうからではないだろうか。議論を進めるためには、鏡の鋳造に関する実験的基礎データを積み上げるしかないのではないだろうか。
　製作技術研究を棚上げにし、型式学のみで研究を進めるというのは大きな問題を残す。型式学単独では所詮系譜を述べるに留まらざるを得ないからだ。型式学は層位学や技術史学と併せ用いて初めて有効となる方法である。なぜか型式学的研究方法を採る人たちは、それで製作地を論ずることが出来るかのように考えているようだが、実は系譜論までなのだ。製作地は製作痕跡の探索と製作技術研究の過程で明らかになってくる。
　製作技術研究では、実験的基礎データの信頼性を高めるために、ある程度の面数の鏡を復元製作することが必要であるが、限られた予算の中ではそれは容易なことではない。だからといって机上の空論を繰り返していては考古学の考古学たる基本を失ってしまう。データの信頼性は、実験条件を絞ることで一歩ずつでも進むことが可能になる。前途は遙かに遠いといえども、まずは一歩から始めなければ、と思う。

（2）立体観察で生じた新たな疑問点

　黒塚古墳から34面の鏡が発見されて以来、筆者は立体的観察や計測を行う機会に恵まれた。その結果、数え切れないほどの「疑問」が新たに発生していた。先学が既に指摘してきた「現象」や「問題」も数多く確認する一方で、新たな「現象」にも気付いた。例を挙げてみよう[32]。

①舶載・仿製を通じて、鋳型のひびに起因すると想定される鏡背面の無数の細い凸線は？
②鏡背面をぐるっと一周する凸線は？

③鋳型の崩れに起因するであろう突起もある？
④オーバーハング鏡は鋳型から抜けるか？
⑤オーバーハング鏡で同型法が可能か？
⑥神像の鼻の高さの違いは？
⑦内区の地肌（鋳肌か？）の違いは？
⑧凸線頂部の凹線は？
⑨鏡背面の研削・研磨痕は？
⑩研削痕は踏み返しの工程で転写されるか？
⑪三角縁の高さの乱れと鏡背文様の崩れとは関係があるか？
⑫湯口の近くには鬆ができやすいが、その周辺の文様が乱れやすいか？

　復元研究でこれらのいくつかに答えが見つかればと思う。いずれにしても小さな現象ばかりであるので、従来のような「伝統的鋳鏡師への丸投げ復元研究」では追究することは出来ないはずである。私は細部にこだわる実験条件を設ける必要があると考えた。

3. 復元研究のあり方

(1) 観察・推定法から検証ループ法へ

　本章冒頭の「観察・推定法の弱点」の項で示したように、これまでの金属古鏡の製作技術研究の多くは観察・推定法によって行われてきた。製品の製作技術研究は、現代の生産現場では日常的に行われている作業であり、おそらくは古代からずっと毎日のように世界中の生産現場で行われてきたはずである。言葉をかえれば、それを工夫と言い、改善という。このことはものづくりの現場ばかりでなく、日常生活の場面でも普通に行われている。町に美味しい料理

---

(32) 鈴木勉・今津節生 1999「レーザーを使った三角縁神獣鏡の精密計測」『大和の前期古墳　黒塚古墳調査概報』奈良県立橿原考古学研究所編、学生社
鈴木勉 2000「オーバーハング鏡が投げかける問題」『大古墳展』東京新聞社
鈴木勉 2001「最先端技術があかす三角縁神獣鏡のナゾ」『復元！三角縁神獣鏡』財団法人福島県文化振興事業団福島県文化財センター白河館発行

を出す店があれば、食べて味わい、その料理法を観察して（味わって）推定し、家へ帰って作ってみる。それが店の味に劣っていれば、今一度店へ行って食し、再び家へ帰って料理する。人間の暮らしはすべからくそうしたサイクルによって日々改良が加えられている。鏡の研究者に限らず多くの考古学の専門家の間で、通常の日常生活の中で普通に行われている「作って試す」という方法が採用されないのはどうしてなのであろうか。不思議でならない。

　生産現場で行っている生産技術の研究は、
　　＜観察→推定→実験→検証（観察）→推定→再実験→……＞
という際限ないループ状の作業工程で行われる。これを「検証ループ法」と呼んでおく。

　ところが、長い歴史を持つ鏡研究で行われてきた観察・推定法は、検証ループ法の最初の２作業工程を精細に繰り返すことであった。鏡の研究者は、それをより精細により対象面数を増やすことなどで、研究の精度を上げようとしてきた。近年、土器製作や金工などの分野では実験考古学や復元研究と称して、検証ループ法が実施されるようになったが、鏡の製作技術に関する検証ループ法の研究事例は本章１の(3)項で紹介したようにその数はとても少ない。

　鋳造は、数ある金工技術の中でも、最も危険を伴う作業である。湯口から流し込んだ1000℃前後の溶銅が逆噴射して宙に飛び散り、自分の頭に降りかかってくる「水蒸気爆発」という大失敗を筆者自身も経験している。大きな鋳造現場では鋳型が割れて湯が流れ出し、死者が出るほどの惨事となった例も過去にはある。近年発掘される鋳造遺構で時たま見ることが出来るピット（作業用の大きな穴）は、多くの場合は、鋳型が割れるなどの事故で湯が流れ出す惨事を防ぐ目的で作られたものであろう。

　また、現代では鋳造産業は大きな装置が必要な所謂「装置産業」の部類に入る。試そうとしても設備から準備しなければならないので、誰でもが簡単にできるといった類のものではない。仮に鋳造工房に復元を依頼したとしても、様々な装置を使用するため安価に済ませることは難しい。いずれにしても、鋳造現場は鏡研究者にとってはかなり遠い存在ではあったであろう。それが検証ループ法の実施を難しいものとしていたのではないだろうか。

　しかし、ものづくりには、「作ってみなければわからない」ことが多いこと

も周知の事実である［90頁：コラムⅡ-1-2「大刀柄頭の検証ループ法」参照］。不可能だと予想していたことが案に相違して簡単にできてしまったり、全く予想できなかった困難が突然現れたりする。

　筆者らの場合も、観察を繰り返す中で復元実験して確かめたい事柄が日に日に膨らんでいった。観察で得た「現象」は、実際の鏡製作工程で本当に起こるのであろうか。それを確かめるには鏡を作ってみないといけないのではないだろうか。先学の努力によって鏡の研究は「作って確かめる」段階に達していたとも言えようか。これまでに発見された様々な「現象」の全てを検証できるわけではないが、一つ一つ時間をかけて確かめて行く実験が今こそ求められているのであろう。

(2) かたちか技術か

　福島県の会津大塚山古墳から東北唯一の三角縁神獣鏡である唐草文帯三神二獣鏡が出土している。この鏡には同笵（型）鏡が1面存在する。岡山県鶴山丸山古墳出土鏡である。福島県教育委員会の予算で行う本復元研究の最終的な目標をこの唐草文帯三神二獣鏡2面の原寸大での復元においているが、三角縁神獣鏡研究にとっては、それと同様の重要さで、先に挙げた検証すべき課題がある。

　復元研究は遺物の形態（有形）からスタートして無形の技術の復元を試みるのであって、鏡の形態を写し取ることが目的ではない。形態という結果を重視するあまりに、ややもすると現代の鋳造技術の一部を使ってでも作り上げてしまいかねないが、現代の技術を使って古代鏡を製作することに歴史学的意味があるとは思えない。そのため、復元研究においては、出来上がりの形態への強すぎる執着は望ましいことではない。

　また、鏡の形態の復元を第一義とするのか、鏡の技術の復元を第一義とするのかという問題も重要である。そもそも技術は技術者の身体や頭脳に染みこんだ無形のものである。無形の技術が結果として製品という形態をもったものとして現出する。しかし、製品の形態が無形の技術の全てを表しているとは言い難い。

(3) 技術を隠す技術の存在

製品を外側から見ると、ほとんどその加工痕跡を見ることができない。最も身近にある家電製品や自動車など現代の工業製品はことごとくそうだ。現代の工業製品だけでなく、大きな梵鐘や大刀の類も作り方を見ようとすれば裏側に隠れた加工痕跡を探そうとする。ものづくりに精通した人ならば当然品物の裏側に残された加工痕を見ようとするのだが、ものづくりをしたことがない人はそれすらもしようとはしない。自らの痕跡を隠すことも技術の内であり、技術が高度になればなるほどその隠す技術も精緻を極める。それがかたちから技術を復元することを一層難しくさせる。ものづくりに生きる人々はそうして自分たちの暮らしを守ってきたのだ［91頁：コラムⅡ-1-3「技術を隠す技術」参照］。

(4) 技術の四次元性

無形の技術を捉えることに難しさがあるのだが、何故に難しいのかと言えば、まずは技術の四次元性を挙げなければならない。例えば挽き型を回して鋳型を作る作業を見れば、左手で挽き型の回転中心となる軸を下方向へ力を掛けて押さえつつ、右手で挽き型を回す。その時、工人の目は鋳型の湿り具合やなめらかさを観察している。左手も右手も観察の結果を反映すべく何が起きてもすぐ対処できるように準備を怠らない。そして両足は、両手と目の動きを安定させるためにほどよく踏ん張っている。その全てが時間の経過の中で連動し、動き続けていて、それらの全ての関係性こそが「技術」なのだ。したがって、そこに漂う緊張感やそこに至るまでの長い時間を掛けた準備と段取り（環境の整備）、気候との整合など、工人を取り巻く全ての事象が技術を構成することになる。このように技術は動き続けるもの、つまり時間を内包しているのだ。であるが故に、立体物を表す三次元に時間の概念を加えて、筆者はそれを技術の四次元性と呼んでいる［92頁：コラムⅡ-1-4「技法と技術」参照］。

(5) 失敗も大切

失敗は製品の上には現れない。だからといって技術者が失敗しなかったわけではない。技術者は失敗を公表することはほとんどないし、積極的に公表

するものでなかっただけのことである。失敗は技術者の財産となり、次によりよい製品を作り出すための糧となる。研究のためには多くの失敗をすることが望ましいとさえ言える。復元研究は無形の技術を復元するのであるから、技術の限界を知るために敢えて失敗が見込まれる実験をも行うべきであろう。

(6) 実験と要素技術

　古代の技術の復元を目指して、製品の全てを一度に復元しようとすることは技術研究の方法として正しくない。製作技術は、多くの要素技術に分解することが可能である。多くの要素技術を抽出し、その中から一つの要素技術を選び取り、それに絞って解析することが求められる。そのためには、他の全ての要素技術を一定として実験を行うのだ。従ってむやみに復元の作業に入るのではなく、それぞれの工程で、どの要素技術について実験をするのかという目的を明らかにして条件を定め、実験を繰り返す。そうしてデータを増やすことによって、推定の精度を上げることができるようになる。ただしそれには定めた条件を報告書内に明記する必要がある。そうすることによって、その実験がどこまで古代の作業条件に則ったものかを他の研究者が理解することができ、研究者間のデータの共有が可能になる。1面の鏡を作るということに実験の目的を定めたり、伝統的な鏡作りの技術者に製作の条件までも全て任せるような復元の方法では、古代の鏡の技術はほとんど解明できない。さらに言えば、技術者に聞いた話を論文の中で論拠として使うという考古学の態度はやめなければならないのは当然のことだ。

(7) 伝統的な技術は古代の技術に近いか

　復元研究や実験考古学が行ってきた技術者の選定方法について問題とすべき点がもう一つある。それは、考古学研究者が、いわゆる「伝統技術」を持った人に製作を安易に依頼してしまう傾向があることである。
　現代に伝わる伝統技術の多くは江戸時代に盛行した技術である場合が多い。その伝統技術は、時間的には古代の技術に近い技術であるけれども、内容的に近いという可能性は決して大きくない。技術が継続的発展的に進化するといった誤った技術史観に立つために、江戸時代の技術の方が現代の技術よりも古代

の技術に近いと考えがちになる。このことは厳しく修正されなければならない。復元研究では伝統的な技術を有している技術者だから依頼するといったことは避け、遺物から発せられる情報を優先して考えることができる技術者を選定すべきである。

4. 原鏡と複製鏡の製作技術

いわゆる同笵(型)鏡が多いのが三角縁神獣鏡の大きな特徴の一つである。ここでは、解析しやすくするために、原鏡（最初の1面）の製作技術と、その後の複製鏡の製作技術に分けて考えてみたい。

(1) 原鏡製作技術

三角縁神獣鏡のような立体的な文様を持つ製品は、反転を繰り返して最終製品に辿り着く。つまり凸状態（陽）で施文する場合と凹の状態（陰）で施文する場合がある。原鏡の製作技術については、衣の襞、目、眉、羽根などの文様は凸線で表現されていることから、凹の状態でへらなどを使って鋳型に押し込む「へら押し」作業での施文が想定される。また、神像の頬の膨らみや骨格を表現する一部の「薄肉彫り鏡」などは、顔全体を鋳型に凹の状態で「へら押し」する方法（陰）と硬い木や金属で凸型を作り（陽）、それを生乾きの鋳型に押し込む「型押し」の方法の二つが想定可能である。また、頬の膨らみや骨格などを全く表現できないために顔などがのっぺりとした卵状になっている神像がある（三角縁神獣鏡ではこうした表現技法が圧倒的に多い）。この群の鏡は眉と鼻を一文字で表現し、目と口を線彫りの楕円で表現する。これらを「疑似薄肉彫り鏡」「稚拙薄肉彫り鏡」として分類している（本書第Ⅰ部第三章）が、これらは硬い木や金属で凸型を作って鋳型に押し込む「型押し」で顔や胴体を作り、凹の状態で目や口の部分をへら押しする方法がとられたと考えられる。神像や獣像の全体を一つの型でつくるのではなく、顔だけの型、膝だけの型などを作り、各部位ごとに生乾きの鋳型に押し込む方法であろう。

(2) 複製鏡製作技術

一方、複製鏡製作技術については、上記の金属鏡などを原型として沢山の鋳型を作る同型法や踏み返し法、あるいは一度使った鋳型を幾度も使用する同范法などの「たくさんつくる技術」が想定されているが、技術的には先に挙げた原鏡製作技術と区別して考えるべきである。また、これまでの筆者らの観察結果では、范傷や修正の一方的な増大ばかりではないことなどが確かめられており、1組の鋳型だけで5面以上の鏡を鋳造したとは想定しがたく、鋳型が何回か作り直されていると考えなければ説明できない事象が多数存在している。つまり、これまでのように、この一群は同范法で作られたとか、同型法で作られたなどと一概に言えず、色々な技法が状況に応じて使われ多数の同范（型）鏡が作られた可能性が想定されるのである。同型法であるにせよ踏み返し法であるにせよ、原鏡に真土・粘土などを押しつけて鋳型をつくる工程が複製鏡を作る過程でどこかしらに存在していたことは言えるだろう。

(3) 復元の方法

以上のことを勘案した上で、本復元研究では、原型を用いた複製鏡製作技術に絞って実験を行うことにした。原型として、出土鏡を型取りしたレプリカを基にして硬質プラスチックで50％に縮小製作した1/2原型と、出土鏡と同じ大きさの原寸大原型を用意した。

コラムⅡ-1-1　ロウ型の可能性？

　岸本直文氏は「ひとつの鋳型で鋳造を繰り返すいわゆる同笵鏡の製作は一般に困難であると言われており」(岸本直文 1996「雪野山古墳副葬鏡群の諸問題」『雪野山古墳の研究　考察篇』95 頁)として同笵法を否定し、「少なくとも、「舶載」三角縁神獣鏡の同一文様鏡群を同笵とみることは、鋳型全体の傷みは著しくないので考えがたい。とすれば、先にみた補修痕のあり方などが原笵の傷の進行を反映するのだとすれば、1 面ごとに文様の転写が行われて原型が用意され、それを使って二次笵が製作されたということになる。こうした作業を行なう上でもっとも適した材料は蠟であろう。」とロウ型の使用を提案した。その報告書の末尾には、村上隆氏らのロウ型説を乗せている。村上氏らは、環状乳状図形の欠損を「鋳型製作段階で、凸に突き出た乳の形の調整のため、例えば、真ん中を乳の形に凹に窪ませた木製（？）あるいは陶製（？）の治具を回転させた時に、この治具の最外周の回転でとなりの環状乳状図形の一部をひっかけて潰してしまったと考えられないだろうか。もし、この仮定に基づくと、文様の型の調整時に、文様部は表面に凸の状態でなければならず、この鏡の最終型は蠟を使って製作された、いわゆる蠟型の想定が可能になることになろう。」(村上隆・沢田正昭 1996「「三角縁神獣鏡」兄弟鏡の比較研究」『雪野山古墳の研究　考察篇』489 頁)としている。しかし、この判断は全く逆の判断をすべきで、環状乳状図形が凹の時に乳の形の成形のために乳形の原型を押し込むことで、周囲の土が環状乳状図形の方へ寄せられ、結果的に環状乳状図形が変形したものと考えるべきである。それも鋳型が柔らか

い時に行った乳の修正に起因する。これらのことは粘土を使った再現実験で容易に確認できる（図）。従って、村上氏らが示したこの事例は、ロウ型法によって作られたことを示すものではなく、同型法または踏み返し法によって作られたことを裏付けるものとなる。

コラムⅡ-1-2　大刀環頭の検証ループ法

　2010年韓国から工芸文化研究所に留学したキムドヨン氏は、玉田M6号墳出土龍鳳文環頭大刀の環頭部分の製作技術について再現実験を行った。それまでの研究では大刀の環頭は、原型を作り、それに土を被せて鋳型を作って鋳造する、という方法が考えられてきた。比較的単純な鋳造技法である。しかし、その技法では説明できない痕跡があった。

　玉田M6号墳龍鳳文環頭大刀には図のような縦方向の「型割り線（パーティングライン）」があった。鋳型は土で作るが、原型は木や金属やロウが考えられていた。土は脆性材料で展延性がないため、通常パーティングラインは原型から鋳型を剥がす時にできる線で、上型と下型の境目にできる。しかし、縦方向のパーティングラインはそれでは説明できないのだ（図の矢印部分）。そこでキムドヨン氏と筆者は考えた。原型を作るための一次原型の存在である。つまり、一次原型を木や金属で作っておいて、その一次原型を覆うように一次鋳型を作る。一次鋳型は「塑性」があって、一次原型にオーバーハングがあっても一次鋳型を変形させながら一次原型を取り出すことができるような素材で作る。現代

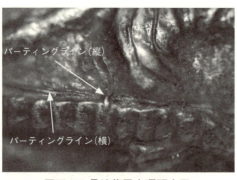

玉田M6号墳龍鳳文環頭大刀

であればシリコンゴムが使われるのだが、わが国では昭和の初めころまでは寒天が使われていた。例外的ではあるが、現代でも食品サンプルを作る業界では寒天製の鋳型が使われることもある。古代において寒天の使用痕跡はないが、文献的には日本では奈良時代まで遡ることが出来る。再現実験では「寒天」と決めつけることはことは出来ないが、それと同等の「弾性」をもつ素材を考えておきたい。ここでいうところのロウ型も、現代であれば蜂蜜などから取った蜜蠟が考えられるが、古代のことを考えたときには、蜜蠟と同質の素材と考えるのと同じだ。一次原型から一次鋳型を作り、その一次鋳型から二次原型を作るという方法は、ものづくりの世界では普通に行われてきた方法である。そこでキムドヨン氏と筆者は金属製の一次原型から寒天製の鋳型を作り、寒天製の鋳型へろうを流して二次原型を作った。さらにその二次原型に土をかぶせて二次鋳型を作った。それを乾燥し焼成して環頭を鋳造した。観察・推定法をとっている韓国の李漢祥氏はこの成果を認めようとしていない。しかし、観察・推定法の信頼性は著しく低く、検証ループ法と同じ次元で議論できるものではない（鈴木勉 2014「朝鮮三国時代の彫金技術 その12「大伽耶龍鳳文環頭大刀の外環製作方法と復元実験」に対する李漢祥教授への反論」『文化財と技術』第6号参照）。

コラムⅡ-1-3　技術を隠す技術

　「仕上げが良い」「綺麗な仕上げ」「端正な出来映え」などと技術を褒める言葉は数多くあるが、よく吟味してみると、それらはいずれも製作技術を隠す技術を言っているようだ。本来技術は見えて良いものだと思うのだが、意外にも隠すことが多い。例えば、縫い物や編み物では糸のつなぎ目や文様のつなぎ目などは良い品物ほど見えないところに隠されている。それもごく当然のように、である。藤ノ木古墳出土馬具の鞍金具にも修理痕跡があるのだが、それは表面からは全く見

第Ⅱ部　同笵（型）鏡論と復元研究

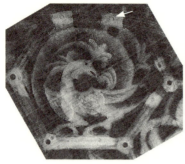
図A　藤ノ木古墳出土鞍金具の沈頭鋲の痕（矢印）

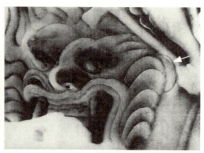
図B　藤ノ木古墳出土把手下海金具の鋳掛けの痕（矢印）

えない。X線写真の鳳凰の足の先や羽の外側に沈頭鋲の痕が写っていて驚いた（図Aの矢印）。また、同じ鞍金具の把手下海金具の鬼神の斧を持つ左手の近くに鋳掛けの痕（図Bの矢印）があるのだが、この二つの補修痕はX線写真を見て初めて気付いた。いずれも綺麗な表面仕上げ技術と鍍金技術によって隠されている。三角縁神獣鏡では、鋳上がりの悪い鏡背面に限って研削や研磨で仕上げ加工されている。これなども「隠す技術」であり、通常の観察ではまず気付かない。

　加工の痕跡は、そのままだと使用者の手を傷つけたりすることも多く、それを仕上げ加工することは必ずしも「隠す技術」ではないのだとの見解もあるだろう。たとえそうであるとしても、結果として加工痕跡が見えないように工夫されてしまっていることは認められよう。それを「隠す技術」と呼んでおく。

　ここではこれまで筆者と一緒に復元研究をしてきた彫金師松林正徳氏の言を紹介しよう。

　　「職人はみんな技術を隠すんだよ。それは日々失敗の痕を隠すんだが、素人には絶対に分からないように隠すんだ。それは簡単なことだ。しかし、同業者には簡単にに分かってしまうんだ。」

　古代の工人が隠そうとした技術を考古学者が観察・推定法で当ててしまおうなんて。

コラム Ⅱ-1-4　技法と技術

　小林行雄氏の名著に『古代の技術』『続・古代の技術』がある。考古学ではバイブル的な評価を得ている。この本の表題には「技術」という言葉が使われているのだが、中を読んでみると「技術」の語はほとんど使われていない。使われているのは「技法」である。例えば「漆工の技法」「線象嵌の技法」などである。小林氏自身が技法と技術の違いについて深く認識していたとは考えにくいが、実際に語る場合は「技法」を多く用い、本の表題には「技術」を使っている。この著書は文献によって論を進め、考古遺物の観察で補完するという論法を取っている。したがって、幅広い技術の中で、文字に変換できる部分だけを文章で表現し、それを「技法」と呼んでいる。まさに偶然であるのかあるいは無意識的に使われたのか、今となっては分からないが、小林氏は技術の中の文字に出来る部分だけを取り上げているのだから「技法」の語が相応しく的確だ。例えば金鍍金については「金の粉を水銀に溶かしてアマルガムを作り、それを脱脂した銅板に一様に塗り、加熱して水銀を飛ばす。金の粒状のものが銅板の表面に付いた状態になるので、それを鋼製や貴石製のへらで磨く」となる。これは「技法」を記したに過ぎない。技術の中で文字に置き換えることができる部分だけを変換したのだ。技術全体となれば、どのように金を水銀に溶かすのか、どのようにアマルガムを一様に塗りつけることが出来るのか、どのように加熱すれば水銀だけを飛ばすことが出来るのか、へらはどのように使えば金を輝かせることができるのか、などなど、文字にすることはとても難しい。このように技術というのは、文字や文章に変換できるほど単純なものではない。文字や文章が逐次的であるのに対し、技術は同時的であり、映像的であり、さらに感触をも含めた人間の五感を使った行為である。その技術を文字や文章で表現しようというのであるから人間は難しい道に踏み込んでしまったということになろう。

第二章　復元研究の準備

1. 復元研究の条件を設定する

(1) 実験の条件

本復元実験では、以下の条件を設定した。

① 鋳型には古代に取得できる可能性のある材料を用いる。
② 製作工程や段取りについては、近現代に伝わる伝統的鏡作りの技術にこだわらない。
③ 金属材料については、銅・錫・鉛の主要3成分の割合を極力古代青銅鏡に近いものとするが、全実験を通じ同じ成分、同じ配合割合とする。
④ 金属材料の微量成分は鋳造の出来上がりに大きく影響することが予測されるが、「可能性」を検証するという目的を設定し、実験では混入しないこととした。

　銅合金の鋳造技術にとって、銅以外の金属をどれくらい混ぜるかということは大きな問題である。金属はわずかな配合割合の変化で性質が大きく変化することがあるからである。しかし、古代の金属素材を手に入れることは現代ではとても難しいことで、殊に微量成分を適切に配合するのは不可能に近い。そうした不安定要素を実験に持ち込むことによって、得られたデータの信頼性が薄れることも問題であろう。先に述べたように、「実験」としての安定したデータを得るために、本実験では敢えて同一成分で通すべきだと考えた。

　出土鏡の成分分析は、各地で行われているが、そのデータの誤差や、古代の鏡作りの際の配合精度のブレなどを考慮すると、あくまで平均的な値を用いるべきであろう。そこで、本実験では樋口隆康氏が採用した山崎一雄氏らの成果[1]を利用し、重量比で銅72％、錫23％、鉛5％とした。

---

(1) 山崎一雄・室住正世・馬淵久夫　1992「椿井大塚山出土鏡の化学成分と鉛同位体比」『三角縁神獣鏡綜鑑』樋口隆康著　新潮社、所収

(2) 鋳造技術者の選定と取り決め

　第一章3の(7)で述べたように、鋳造技術者の選定は重要である。実験条件も方法もお任せの「伝統的鋳鏡師への丸投げ復元研究」や、近現代の伝統的鋳造技術にとらわれた手法では、第一章2の(2)「立体観察で生じた新たな疑問点」の項で挙げた様々な疑問に答えることが出来ないからである。そこで、筆者はこれまでに数々の鋳造復元実験を行い、並々ならぬ成果を世に出している高岡短期大学(当時)三船温尚氏に今回の復元研究の主旨をお話しし、鋳造技術者の推薦をお願いした。三船氏が紹介して下さったのは、ご自身の教え子で、茨城県桜川市真壁町で㈱小田部鋳造を率いている小田部庄太郎氏である。㈱小田部鋳造は13世紀の操業と伝えられる800年の伝統を誇る関東有数の鋳物師集団で、梵鐘鋳造を主たる生業としてきた。「小田部の梵鐘」は音色の良さと鋳放しの鋳肌の美しさで知られている。音色もさることながら、鋳造後の鋳肌は全く仕上げ加工を施さないにもかかわらず美しい。これは、鋳造後の鋳型と製品の鋳離れがよいことを意味する。何回かの打合せによって、筆者は小田部氏が適任という考えに至った。それは話し合いを通じて小田部氏に復元研究の意図を理解していただいたことによる。そして、次のように取り決めた。

①復元実験は、鈴木が製作した企画書に従って行うが、初期の実験の結果により以後の実験方法を変更することがある。
②復元実験の条件は鈴木の指示により㈱小田部鋳造が決定する。
③㈱小田部鋳造は、本鋳造が成功するよう鈴木に対し技術協力を惜しまない。
④本鋳造復元はあくまでも実験であり、その結果の成否の責を㈱小田部鋳造は負わない。
⑤表Ⅱ-2-1三角縁神獣鏡鋳造復元実験企画書(96頁)の研究3において、実物大の会津大塚山古墳出土鏡および鶴山丸山古墳出土鏡の復元製作を行うが、㈱小田部鋳造は、両出土鏡と鋳造結果品との相似性の責任を負わない。

　以上の取り決めは、決して消極的な姿勢に基づくものではない。逆に、根元的に様々な問題を問うためにどうしても必要な条件と考えたのである。

第Ⅱ部　同笵（型）鏡論と復元研究

表Ⅱ-2-1　三角縁神獣鏡鋳造復元実験企画書

1 研究の目的

三角縁神獣鏡の製作技法の研究では、様々な技術的根拠から技法の絞り込みが行われている。
例えば、

1. 同笵法が可能であるか否か。可能であるとすればどういう条件で何枚まで可能か。
2. 鋳造過程で収縮するか否か？あるいはどれくらい収縮するか？何が原因で収縮するか？
3. 湯口の近くには巣ができやすいか否か。文様が乱れやすいか否か。
4. オーバーハングの原型で鋳型から抜けるか。
5. オーバーハングの原型で同笵法が可能か。
6. 笵傷はどの段階でできるか。
7. 笵傷は成長するのか。
8. 湯引けで文様は不鮮明になるのか
9. 反りはどの段階で生まれるのか。
10. 研磨痕は踏み返しの工程で転写されるか。

(a) などなど、提起されている問題は多い。しかし、どれもほとんど実験が行われていないために水掛け論に終始している。
(b) そうした状況を打開するために、同笵・同型鏡論に不足している実験の基礎データを作り上げる。
(c) データの信頼性を高めるために、復元実験で作られるある程度の鏡の面数が必要である。

2 何を実験するか？

研究1

同笵は可能か？(1/2サイズで)			
1 土の粒度と配合を変える		21型	鋳型の素材如何で複数枚の鋳造が可能か？
2 焼成温度を変える		6型	焼成条件で複数枚の鋳造が可能か？
3 滑石製鋳型を作り鋳込んでみる（実施せず）		4型	滑石製鋳型で0.5mmピッチの鋳造が可能か？
		計31型	

研究2

同型と踏み返し法では、どれだけ変化するか？(1/2サイズで)				
原鏡支給				
1 子鏡をつくる		2種各3面	6面	鋳型をへらで修正する
2 孫鏡をつくる		6種各3面	18面	鋳型をへらで修正する
3 曾孫鏡をつくる		6種各3面	18面	鋳型をへらで修正する
観察箇所	寸法の変化	反り		
		収縮率		親から曾孫に至るまでに、どれくらいの変化が観察されるか
		文様の高さの変化		
	形状の変化	オーバーハング		
		文様の歪み		
		文様のダレ		
			計42面	

研究3

原寸大で鏡をつくる			
1 研究1,2の成果から、鋳造法を決定する			
2 鋳造		4面	
観察箇所	鬆(す)の出来具合を観る		
	文様の乱れを観る		
		計4面	

原鏡に似ているか否か、あるいは鮮明に文様が鋳出されているか否か、などということについて、それを鋳造技術者の責任としては、思い切った実験ができなくなってしまう恐れがある。思い切った実験を行うために、小田部氏も福島県文化課も鈴木も、結果たる復元鏡の出来不出来を問わないこととしたのである。それに加えて、実験条件の指示と決定は、あくまで鈴木の責任で行うこととした。小田部氏は復元研究の意図をよく理解して下さり、鈴木の指示に従うとしながらも、技術的アドバイスと潜在的な技術力の提供を惜しまないという、技術者としては見事なばかりに謙虚な姿勢をとって下さることになった。こうした実験に対する取り組み方を含め、三船氏には継続的に技術的指導をいただくこととした。

2. 復元研究の目的

(1) 目的を限定する

第一章3の(6)「実験と要素技術」で述べたように、古代の鋳造方法の全てを一気に明らかにしようとする目的では技術の復元研究は良い結果を生まない。例え一部でも事象を確実に明らかにすることが肝要だと考える。そのために出来るだけ多くの条件を一定とし、可変の実験条件を絞り、その小さな事象に関しては「確か」と言われる結果を導きたいと考えたのである。実験を始めるに当たって次のような目的を設定した。

①同笵法は可能か？
②踏み返し法ではどれだけ変化するか？
③原寸大で三角縁神獣鏡をつくる。
④同笵法が可能であれば、どのように変化するか？
　(詳しくは表Ⅱ-2-1参照)

(2) 同笵法は可能か？（技術評価の社会的水準と歴史的水準）

最も基本的な問題として挙げたのは、「同笵法は可能か？」という命題であるが、長い三角縁神獣鏡研究の歴史において、最も大きな議論になると同時に研究者を大いに悩ませた問題でもあった。それに対して同型法の可能性につい

ては疑問を提起する必要はないだろう。原型（木型や金型）を作って沢山の製品を鋳造する方法はいつの時代も行われてきたからである。

同笵法については、その可能性自体に疑問が投げかけられて来た。同笵法が可能だとする研究者達は、同笵法であるという前提で鏡を観察し、それらしき特徴を並べ立てて同笵法説を補強しようとした。一方、同笵法は不可能だとする研究者達は、同笵法の特徴になる可能性のある鏡背面の突起や傷の変化について詳しく論究しようとしない傾向にあった。そのためか、同笵法の特徴だと主張される突起や傷の変化が本当に同笵法によって現出するものかどうかという検証が、どちらの側からも行われることがなかった。唯一、中口裕氏の同笵実験の成果があるが、これについては考古学者たちはなぜか引用してこなかった。

「同笵法は可能か？」という命題は、「どういう条件なら可能といえるか」という問題を抱えている。仮に「仿製鏡のレベルなら可能」であるとか、「平板な作りの鏡なら可能」だ、などという条件もあろうが、こうした条件は技術レベルの問題であるから、条件の設定の仕方として適切なものではない。技術レベルの問題のほとんどは工人（鋳物師）個人の技量に依存するからである。「工夫ができる鋳物師」であれば悉く可能になるし、「工夫をしない鋳物師」であればほとんどが不可能になってしまうのだ。したがって、鋳物師の技量に依存する技術の可能性について言えば、そのほとんどを可能だと思料しておくべきである。古代の工人のたゆまぬ工夫が様々な技術を可能にしている事実を私たちは知っている。

では、可能性という命題についてはいかなるアプローチの手法があるのであろうか？

古代の技術評価の基礎概念として、かつて筆者は「技術移転論」において「技術の評価基準」を取り上げ「社会的水準」と「歴史的水準」を峻別して使用すべきであることを提起した[2]。前者は例えば「精緻な作り」、「きれいな仕上げ」、「丹念な作り」などであることを評価する概念である。これは当時の社

---

(2) 鈴木勉 1998「日本古代における技術移転試論Ⅰ—技術評価のための基礎概念と技術移転形態の分類—（金工技術を中心として）」『橿原考古学研究所論集』13、鈴木勉 2006「概説・技術移転論」『復元七支刀—古代東アジアの鉄・象嵌・文字—』雄山閣

会における当該の製品の価値を推定したり、工人の社会的立場を推定することなどに役立つ。一方後者は「鍍金が出来るようになった」、「金属を削ることが出来た」、「製鉄が始まった」、「新しい素材で鋳型を作った」などといったことなどを評価する概念である。これは技術の進化・変化を捉えたり、技術移動を捉えようとする場合に有効である。本復元研究の「同笵法は可能か？」という命題は、後者の歴史的水準を以て検討すべきである。先に挙げた工人個人の技量に依存するような社会的水準の検討は無意味なものである。社会的水準と歴史的水準を混同しては、技術を取り上げる問題は一向に解決しないので注意が必要だ。

もし、同笵法が可能である時には、一つの鋳型から数面の同笵鏡を作り、同笵法にのみ起こる現象を明らかにする。これは、同型法との比較によって進めることができるであろう。

(3) 踏み返し法での変化

それがどのような素材で作られているにせよ、はじめに原鏡があって、それを親鏡として何面かの子鏡を作り、また、その子鏡らを使って何面かの孫鏡を作り、またその孫鏡を使って曾孫鏡を作る。そこには図Ⅱ-2-1のような順で鏡の形態が繰り返し転写される。それぞれの工程で僅かながら形態は必ず変化する。そこで鋳型や鏡にどのような変化が起きているのかを確かめようとする試みである。

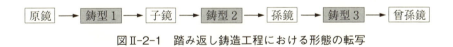

図Ⅱ-2-1　踏み返し鋳造工程における形態の転写

観察箇所としては次のような項目が想定される。
＜寸法の変化＞に関わる要素
 a. 反り
 b. 収縮率
 c. 文様の高さの変化
＜形状の変化＞に関わる要素

a. オーバーハング
　　　b. 文様の歪み
　　　c. 文様の鮮明度

(4) 原寸大で復元

　研究の最後に1/2鏡の復元研究の成果に基づいて、鋳型製作法、鋳造法を決定し、原寸大で復元製作する。1/2鏡に比べて、原寸大鏡は、$2^3=8$倍の質量となり、1/2鏡の実験では想定しきれないトラブルに見舞われる可能性があるし、1/2鏡では現れない現象が現れる可能性を否定できない。そこで、本復元研究の最終段階を原寸大鏡の復元製作とした。

3. 原型と鋳型の準備

(1) 原型の製作

　今回の復元実験の目的を複製鏡の製作技法に絞ったことから、原型には硬質プラスチック製のもの（1/2に縮小）を使用することにした（図Ⅱ-2-2）。原型の製作に当たっては、橿原考古学研究所から黒塚古墳出土29号鏡のレプリカ（エポキシ樹脂製）を借用し、それを石膏とエポキシ樹脂で数回型取り反転し、立体彫刻機で1/2に縮小した。黒塚29号鏡は、筆者が「疑似薄肉彫り鏡」として分類している凹凸の顕著な鏡である（本書第Ⅰ部第二章「3.オーバーハング鏡の発見」参照）。黒塚29号鏡にはオーバーハングも認められるが、原型としたものはレプリカから作ったエポキシモデルを立体彫刻機で1/2に縮小製作したものでオーバーハングは全くない。しかし、原型の抜け勾配［105頁：コラムⅡ-2-1「抜け勾配」参照］やオーバーハングと、鋳型の崩れ（変形）との因果関係は本復元研究の重要な課題であるので、原型の4ヶ所に特別な形状を付加した。それはピラミッド形の4つの突起で、図Ⅱ-2-3は抜け勾配がある四角柱を三段積み重ねた形、図Ⅱ-2-4は同じく抜け勾配がある円柱を三段積み重ねた形、図Ⅱ-2-5は抜け勾配が無い四角柱を三段積み重ねた形、図Ⅱ-2-6は逆勾配がある四角柱を三段積み重ねた形である。それらの頂部には十字形を陰刻した。また、内区と外区の境にはしご状短冊の板を張り付けた（図Ⅱ2 7）。

第二章　復元研究の準備

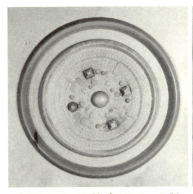

図Ⅱ-2-2　硬質プラスチック製1/2原型

図Ⅱ-2-3　抜け勾配がある四角柱

図Ⅱ-2-4　抜け勾配がある円柱

図Ⅱ-2-5　抜け勾配が無い四角柱

図Ⅱ-2-6　逆勾配がある四角柱

図Ⅱ-2-7　はしご状短冊

どちらも、鋳造後の精密計測の測定基準点とするためである（表Ⅱ-4-1参照）。

(2) 鋳型の製作

第1回の鋳造に向けて、次のように鋳型の組成と作り方を考えた（第2回以降は第三章に述べる）。

硬質プラスチック製の1/2原型に、真土（まね）と粘土［106頁：コラムⅡ-2-2「真土と粘土と気孔」参照］を混合して練り合わせた土（本稿ではこれを「土」という）を押しつけて作ることとした。真土は、粉砕機を使って何時間も叩いて細かくした。それを60目の篩［106頁：コラムⅡ-2-3「篩の目、砥粒のメッシュ」参照］でふるい、その目を通ったもの（篩下という）だけを使うこととした。それに粘土を混ぜて土を作る。その配合割合は、3種類を考えた。真土10：粘土2、同じく10：4、10：8である。

通常粘土の割合が多ければ多いほど、鋳型が丈夫になると同時に鋳型の肌が細かくなる。しかし、鋳込み時に発生するガスが抜けるための砂粒のすき間（気孔）がなくなるのでガスが湯（溶けた青銅）の流れを邪魔することになる。鋳造が成功すれば鮮明な文様の鏡が出来上がるのであるが、成功の確率は低い。逆に、真土や砂の割合が多ければ、砂粒のすき間（気孔）が大きくなってガスが抜けやすくなり、成功の確率は上がるが、文様の鮮明度は劣ることになる。

それぞれの配合割合で複数組の鋳型を作ることとした。土と原型を剥がしやすくするために、原型にあらかじめ薄く油を塗っておき、そこへよく混練した土を被せていく。その作業は被せるというより、押しつけるという表現の方が合う。かなり強い力で押しつけるのであるが、それでも力が足りないので、突き棒を使って土を押し込み、立体的な文様のスミまで土が入るようにする（図Ⅱ-2-8・9）。それを剥がし（図Ⅱ-2-10・11）、日陰の平坦なところに置いて長い期間（1〜3ヶ月位）をかけて自然乾燥させる。

土（鋳型）を原型から剥がす場合、原型に抜け勾配があったところは、土が変形することなく原型をはがすことができた（図Ⅱ-2-12）が、抜け勾配が無い場合（図Ⅱ-2-13）や、逆勾配がある場合（図Ⅱ-2-14）は、文様の細部で土が変形していることがわかる。

原型を剥がすときに土が押しのけられて穴の端部に盛り上がりが見える（図

第二章　復元研究の準備

図Ⅱ-2-8　土を押し込む

図Ⅱ-2-9　突き棒で突く

図Ⅱ-2-10　鋳型と原型を剥がす

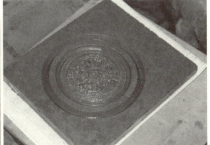

図Ⅱ-2-11　原型と剥がされた鋳型

図Ⅱ-2-12　抜け勾配のがある円柱穴

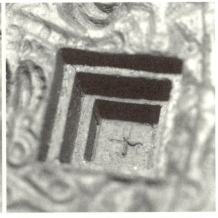

図Ⅱ-2-13　抜け勾配が無い四角柱穴

第Ⅱ部　同笵(型)鏡論と復元研究

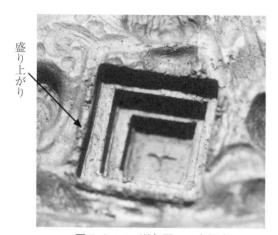

盛り上がり

図Ⅱ-2-14　逆勾配の四角柱穴

Ⅱ-2-14)。オーバーハングしていた土が穴の端部へ移動したのであろう。

　このようにして2000年5月から鋳型作りを始め、試行錯誤して鋳型を14組製作し、一ヶ月程度自然乾燥した。新たに発注した甑炉[こしきろ][108頁：コラムⅡ-2-4「金属を溶かす」参照]の納入を待って、漸く鋳込みに辿り着いたのは、半年以上後の2001年1月19日のことであった。

コラム II-2-1　抜け勾配

　最も身近な抜け勾配の例は、キッチンのどこかにあるプリンの型（容器）である。プリンも液体を流し込んで固めて形を作る鋳造と同じ原理で作られるのだが、食べようとしてプリンが容器から抜けないで困ったことがあるのではないだろうか。プッチンプリンは江崎グリコ㈱の商品で、1972年に発売された。プラスチック容器（図）の底にある突起を折ると空気穴ができて、そこから空気が入り込み、プリンがスルリと出てくる。このスルリと出てくるのが抜け勾配のおかげなのだ。この勾配が逆であったり、垂直であったりすると、底から空気が入ることができてもプリンはなかなかスルリとは出てこない。

　抜け勾配は何度が適正であるかは、製品と型の摩擦係数や、製品の収縮度や高さ、型の側面の磨き具合などによって変わる。真土製鋳型と青銅鏡ではその摩擦係数が高いので、プラスチックの容器とプリンのようにスルリと出てくるようなことは望めない。

　試しに身の周りにある容器の類を見てみてほしい。ペットボトルのキャップ、砂糖の容器、携帯電話のボディ、電話機などなどどれも抜け勾配がついている。そのほとんどが金型で作られているからだ。金型の抜け勾配が製品の側面に転写されている。

折れた突起

プッチンプリン

コラムⅡ-2-2　真土と粘土と気孔

　真土とは、一度使った鋳型を壊して、工房の床に敷いておくと、鋳物師らの足で踏まれて細かくなる。それを篩にかけて、粗真土、中真土、肌真土などに分ける。粗真土に砂を混練して、埴汁を混ぜる。埴汁は粘土を水で溶いて薄い汁状に作る。

　つまり真土は何度も使った鋳型の粉で、その拡大写真（図）を見ると砂と粘土の混合物で気孔を含んでいることがわかる。この気孔が鋳造時のガス抜けの良否を決める。

真土の拡大写真

コラムⅡ-2-3　篩の目、砥粒のメッシュ

　本書では、砥石や鋳型の土の細かさの話が出てくる。どちらも砂粒の細かさを表すのだが、砂粒など細かいものは篩によって分けられてきた。竹製の笊や、金属製の網を篩に使うため、篩の目の細かさによって砂粒の大きさを表すことが多い。日本の伝統的な「篩の目」であったり、西洋の伝統的な網の目であったり、時には砂粒自体の大きさを寸法で表すこともある。そこでそれぞれの「目」についてまとめてみた。

　ここで見る「60目の篩」とは、日本の伝統的な鋳物工場で使われている「砂粒の細かさ」を表す単位で、「60目」とは1寸（約30.3mm）の長さの間に60本の金属線（この場合は鉄線）を入れた網を作り、そこを通過した砂粒（篩下）を示す。通常、篩に使う鉄線は大体同じ太

さなので、目の数だけ言えば篩の目の大きさは決まってくるという考えだ。それでも最近は太さの異なる鉄線が使われることが増え、目の数が鉄線と鉄線の間隔を表すと考えることが難しくなり、「目開き」という「mm」や「μm」の単位がしばしば使われるようになった。「目開き」とは、鉄線と鉄線で囲まれた空間の大きさを表すので、鉄線の太さで空間の大きさが変わってしまうことがなくなる。

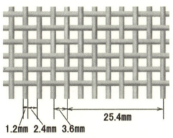

メッシュと目開きの関係
7メッシュで線径1.2㎜、目開き2.4㎜の場合（三共金網製作所HPより）

　上記をまとめると、以下のようになる。
　日本の篩の目「60目」とは、1寸（30.3㎜）の間を60本の鉄線を配して網を作って篩とし、そこを通過した砂粒の大きさをいう。
　メッシュ60とは、1インチ（約25.4㎜）の間を60本の鉄線を配して網を作って篩とし、そこを通過した砂粒の大きさをいう。つまり「70目」は「メッシュ60」とほぼ同じである。
　目開きとは篩の鉄線と鉄線の間隔を㎜（ミリメートル）または㎛（ミクロンメートル）で表す。例えば「目開き250㎛」と表記する。これは60メッシュに相当する。
　砥石の粒度は、メッシュで表す。時には「番手」とも呼び、120番、600番（もしくは#120、#600）という表記をする。400番以上の砥粒は篩では分粒できないため、水力、風力などが使われる。水で分粒するのを「すいひ」と呼び「水簸」「水飛」「水干」とも表記する。風で分粒するのを「ふうひ」または「ふうし」と呼び「風簸」「風篩」と表記する。
　実際の砥粒の大きさは計算上の粒度とは異なる場合もある。

コラムⅡ-2-4　金属を溶かす

金属は常温では固体、温度が高いと液体に変化する。その温度の境目を融点という。例えば純銅の融点は1083℃、純鉄は1539℃、金は1063℃、銀は961℃である。低融点金属では、鉛が328℃、錫は232℃、亜鉛は419℃、ほかに水銀は－38.9℃である。

現在のJIS（日本工業規格）では「普通青銅」は銅と錫の合金で、他の成分を加えたものを「特殊青銅」と分類している。機械的性質は、錫の割合が32％程度で最もかたさが大きくなり、伸びは錫の割合が20％を超えると0に近づく。つまり、展延性がなくなる。最も丈夫になる（引っ張り強さが大きくなる）のは、錫の割合が16～17％程度のことで、それを超えると急激に脆くなる。

一方、融点は、錫の割合が10％程度で1000℃前後、20％で880℃前後、25.5％で798℃、30.6％で755℃、58.6％で640℃である。通常はこれに鉛が加わ

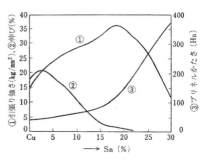

すず青銅の機械的性質とSn％の関係.
図A　青銅の機械的性質

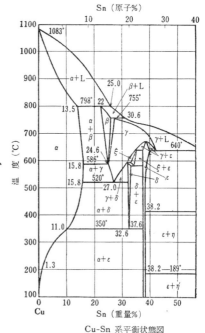

Cu-Sn系平衡状態図
図B　青銅の状態図

（図A・B共に武井英雄1977『金属材料学』理工学社より転載）

るので、もう少し融点は下がる。

　鋳造は、融点より高い温度で鋳込むことは当然のことであるが、出来るだけ融点に近い温度で鋳込むと金属の酸化やガスの発生、鋳型の損傷が抑えられる。

　青銅を溶かすには、甑炉（こしきろ）（図Ⅱ-3-5）を使うことが多い。甑炉とは小型のキューポラのことで、通常キューポラは筒状の炉に、炭をある高さまで積み、その上に銅、錫、鉛を加えて、下部の羽口から空気を送って炭を燃焼させ、その熱によって銅、錫、鉛を溶解する。溶けた青銅（溶湯）は、一旦とりべに取り出し、再び炉の上から注いで溶湯の温度を上げることを繰り返す。所定の温度まで上がったら、いよいよ鋳込みである。

第三章　鋳込み

　鋳込みは、2001年の1月19日、4月4日、6月4日の3日で合計8回を数えた。全部で1/2鏡56面、原寸大鏡7面を得た。以下に順を追って述べる。なお当初の計画は、その都度の実験結果によって修正された。

1. 第1～3回の鋳造実験

表Ⅱ-3-1　第1～3回の鋳造実験に使用した鋳型の組成一覧（全て一層式）

番号	鋳型の名称	鋳型の素材（真土と粘土の混合比率） 肌側	鋳型の素材（真土と粘土の混合比率） 本体	離型剤
1	A	60目篩下（粘土なし）	30目篩下真土＋粘土（10：2）	黒鉛
2	B	60目篩下（粘土なし）	30目篩下真土＋粘土（10：2）	黒鉛
3	PA	60目篩下真土＋粘土（10：4）		なし
4	PB	60目篩下真土＋粘土（10：4）		松煙
5	PC	60目篩下真土＋粘土（10：4）		黒鉛
6	PD	60目篩下真土＋粘土（10：4）		油煙
7	QA	60目篩下真土＋粘土（10：8）		松煙
8	QB	60目篩下真土＋粘土（10：8）		黒鉛
9	QC	60目篩下真土＋粘土（10：8）		黒鉛
10	QD	60目篩下真土＋粘土（10：8）		油煙
11	RA	60目篩下真土＋粘土（10：2）		黒鉛
12	RB	60目篩下真土＋粘土（10：2）		松煙
13	RC	60目篩下真土＋粘土（10：2）		黒鉛
14	RD	60目篩下真土＋粘土（10：2）		油煙

［132頁：コラムⅡ-3-1「試料の名称の付け方」参照］

（1）第1回の鋳造（2001年1月19日実施、出来るだけ細かい真土を使う）

①鋳込み

　乾燥を終えた14組の鋳型は焼成され、すでに黄土色から煉瓦色に変化していた。鋳込み当日朝から鋳型を再加熱した。予熱と乾燥が目的である（図Ⅱ-3-1）。予熱された鋳型の温度は、手で触れた感じでは50～70℃程度と思われた。

第三章　鋳込み

図Ⅱ-3-1　乾燥中の鋳型群

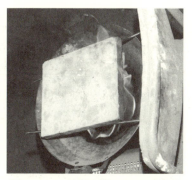

図Ⅱ-3-2　油煙を着けている鋳型

図Ⅱ-3-3　黒鉛を塗って乾燥中の鋳型

表Ⅱ-3-2　金属の配合割合

金属成分	銅	13.0 kg	72.2%
	錫	4.1 kg	22.8%
	鉛	0.9 kg	5.0%

図Ⅱ-3-5　甑炉

　また、鋳造後の型離れが容易になるように、鋳型に油煙、松煙、黒鉛の三種の離型剤を用いた（図Ⅱ-3-2・3）。油煙と松煙は、油や松ヤニを燃やして発生する煙に鋳型を当てた。黒鉛は水に溶いて筆で塗布した。
　銅・錫・鉛の計量を終え（図Ⅱ-3-4、表Ⅱ-3-2）、真新しい甑炉に火が入ったのは、午後１時頃のことである（図Ⅱ-3-5）。第１回の鋳造に用いた鋳型は、A、B、QA、QB、QC、RA、RB、RCの８組である（表Ⅱ-3-1参照）。甑炉から溶湯を取り出し、それを甑炉上部の投入口へ戻す。これを何度も繰り返す（図Ⅱ

図Ⅱ-3-4　銅、錫、鉛の計量（左から）

図Ⅱ-3-6　とりべに取る

図Ⅱ-3-7　湯を甑炉へ戻す

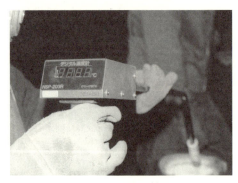

図Ⅱ-3-8　湯の検温

図Ⅱ-3-9　鋳込み

第三章　鋳込み

図Ⅱ-3-10　鋳型の中で泡が立っているところ

図Ⅱ-3-11　鋳型の取り外し

図Ⅱ-3-12　剥がれた鋳型

図Ⅱ-3-13　簡単に取り出すことが出来た鏡と鋳型

-3-6・7)。温度を上げることと銅・錫・鉛の均質化が目的である。最後に甑炉の溶湯取り出し口からとりべに取った溶湯の温度は1226℃であった（図Ⅱ-3-8)。大きな声が発せられていよいよ鋳込みである。小田部氏はとりべに取った溶湯を鋳型の湯口から一気に流し込んだ（図Ⅱ-3-9)。

　鋳込み時に、ブクブクと泡が立つ現象がQA、QB、QC、RA、RB、RCの6型で見られた（図Ⅱ-3-10)。残り2型（A、B）では泡が立たなかった。

②鏡の取り出しと出来上がり
　鋳込み後数十分を経過すると、鋳型の温度が軍手をはめた手で触れることができる程度に下がったので、小田部氏は鋳型を開けにかかった（図Ⅱ-3-11)。
　鋳型は案に相違して簡単に開けることができた。一部の鋳型は開けるとポロリと復元鏡が剥がれ落ちるというほど型離れが良いものもあった。どの鏡も鋳

113

第Ⅱ部　同笵(型)鏡論と復元研究

図Ⅱ-3-14　QA9鏡　　　　　　　　　図Ⅱ-3-15　QC9鏡の神像部分
(QB1、QC9、RA9、RB1、RC9については、QA9とほぼ同じような鋳上がりであったため、写真を省略した。)

図Ⅱ-3-16　A1鏡　　　　　　　　　　図Ⅱ-3-17　B1鏡

型に食いつくことはなかった(図Ⅱ-3-12・13)。しかし、出来上がった鏡8面の内、鋳込み時に泡が立った6面は、文様がのっぺらぼうのようであった(図Ⅱ-3-14・15)[132頁：コラムⅡ-3-2「のっぺらぼう」参照]。泡が立たなかった鋳型A、Bから生まれた2面の鏡は鮮明な出来映えとは言い難いが、それでも細かい夔の文様が出ており、「鋳造できた」と筆者らは判断した。鋳型Aか

ら出た1面目の鏡をA1鏡とし（図Ⅱ-3-16）、鋳型Bから出た1面目の鏡をB1鏡（図Ⅱ-3-17）とした。しかしながら、鋳物師の小田部氏はこれでは成功したとは言えないとした。

6面の失敗例の原因には様々な要素が考えられるが、鋳込み時に泡が立ったものが全て失敗したことから考えると、鋳型の乾燥が不十分か、鋳型の予熱が不十分かのどちらかではないかと考えた。

③第1回鋳造後の鋳型

簡単に鏡を鋳型から取り出すことが出来たので、鋳型の損傷は最小限であった。殊に鋳型QA、QB、QC、RA、RB、RCは真土と粘土の混合比率の違いはあるものの、いずれも細かい真土を使っているため、鋳型の強度が高く、また、細部に湯が流れ込むことができなかったためか、それだけ細部の損傷が少なかったといえよう（図Ⅱ-3-18・19）。鋳型A、Bは、粘土を混入しない細かい真土を肌側に薄く振りかけただけで、乾燥工程で大分風化し、細部が崩れたため、A1鏡、B1鏡とも文様が少し不鮮明になった（図Ⅱ-3-20）。それでも全ての鋳型がそのままもう一度使用可能な状態であった。細部の補修を行えば第1回目の鋳造前の状態に戻すことが可能と考えられたが、本実験では鋳型の損傷の拡大化を観察することが目的の一つであるので、敢えて補修せずに次回の鋳込みに使用することにした。

図Ⅱ-3-18　鋳型QAの細部

図Ⅱ-3-19　鋳型QAの細部

(2) 第2回の鋳造
（2001年1月19日実施、鋳型の乾燥が不足したか？）

① 鋳込み

第1回の鋳造実験では、文様が鮮明に出なかった。鋳型の乾燥が足りないのではないかとの考えから、第2回の鋳込みは、鋳型を再度加熱して温度を

図Ⅱ-3-20　A1 鏡部分　文様が少し不鮮明になった

上げてしっかり乾燥させることとした。使用した鋳型は、PA、PB、PC、PD、QD、RD の合計6型である。

甑炉からとりべに取った湯の温度は 1232℃ であった。そのまま一気に6型を鋳込んだのであるが、第1回目と同様に、どの鋳型からも泡が立った。

② 鏡の取り出しと出来上がり

鋳込み後鋳型を開けると、前回と同じように簡単に鏡を取り出すことが出来た。しかし、6面全ての鏡の文様がのっぺらぼうのようであった。

失敗の原因は、鋳型の乾燥がまだ足りないか、あるいは鋳型の素材（真土や粘土）に問題があるかのどちらかであろうと考えた。小田部氏によれば、一度鋳込みされた鋳型は高熱の溶湯で十分に乾燥されるので、2度目の鋳込みでは成功する可能性があるとのことであった。そこで、同日第3回目の鋳込みに挑戦することになった。鋳型 A、B を含む一度使った鋳型6組を再使用することにした。鋳型 A、B については、出来映えに鋳物師としての不満が残るとはいえ、鋳造の可能性を探る目的の実験としては、第1回目の鋳造で成功したと言えるので、この鋳型を再使用するということは「同笵法」の可能性に挑戦することになる。

（3）第3回の鋳造（2001年1月19日実施、同笵法に挑戦）

① 鋳込み

第1回と第2回の鋳造に使用した鋳型の内、QB、RB、A、Bの4組とPA、PCの2組の合計6組を使用した。

甑炉からとりべに取った湯の温度は1234℃であった。一度に6型を鋳込んだのであるが、PA、PC、QB、RBの4組の鋳型からは泡が立ち、A,Bの鋳型からは第1回目に続いて今回も泡が立たなかった。

② 鏡の取り出しと出来上がり

鋳込み後鋳型を開けると、前回、前々回と同じように簡単に鏡を取り出すことが出来た。しかし、泡が立ったPA、PC、QB、RBの4組はどれも鏡の文様がのっぺらぼうのようであった。A、Bの鋳型は第1回目と同じような鮮明度の鏡を作ることができた。それぞれ、A2鏡（図Ⅱ-3-21）、B2鏡（図Ⅱ-3-22）とした。

図Ⅱ-3-21　A2鏡（同笵鏡）

図Ⅱ-3-22　B2鏡（同笵鏡）

③ 第3回鋳造後の鋳型

今回も簡単に鏡を鋳型から取り出すことが出来た。鋳型Aは一部損傷した。しかし鋳型が割れなかったので、補修すれば再利用が可能である。

(4) 第1～3回の鋳造実験の結果と考察

a. 結果
3回の鋳込みによって得られた結果から以下のことが言える。

① 60目篩下の真土を鋳型全体に使ったものは、真土と粘土の混合比率（10：8、10：4、10：2）にかかわらず、全て文様が出ず、鋳造は失敗に終わったと言える。
② 30目篩下の真土を鋳型全体に使った鋳型A、B（肌側に薄く60目篩下の真土を振りかけて使用）だけが、文様の細部まで鋳出すことができた。実験的には鋳造は成功したと言える。
③ 鋳型A、Bは、どちらも2回目の使用に耐え、2面目の鏡の鋳造、つまり同笵法の実現に成功した。
④ 鋳型A、Bから鋳造した鏡は、文様の鮮明度という点において、鋳物師レベルの眼では、不満な出来とされたが、実験的には「可能性」は十分に確認できた。
⑤ 三角縁神獣鏡の大きな特徴の一つに「鋳型のひびに起因する微細な突線」を挙げることができるが、本鋳造実験では2つの鋳型に、かすかなひびを確認しただけで、それが鏡に転写されて生成するはずの突線は認識できなかった。
⑥ 離型剤として油煙、松煙、黒鉛を使用したが、どの場合もきれいに離型でき、離型剤の良否・優劣を認めることは出来なかった。

b. 同笵法の可能性
以上のことから、当初の掲げた3つの目的の内、「同笵法は可能か？」という命題には、明らかな結果を得ることができた。1/2サイズであることや、文様の鮮明度に対する疑義が呈せられるであろうが、それは、技能の社会的水準（第2章2の(2)に詳述）に属するものであって、どちらも「可能性」を否定することは出来ない。なぜなら、原寸大で出来ないことも、文様の鮮明さが不足することも、どちらも鋳物師の個人的技量に起因するからである。ここにおいて「同笵法は可能である」ことが明らかになった。

c. ひびが出来る鋳型の構造

次に注目すべき課題は、鋳型にひびが発生しなかったことである。ひびに起因する突線は、三角縁神獣鏡と他の鏡を峻別することさえできる舶載・仿製を含むほとんどすべての三角縁神獣鏡最大の特徴であると言える（第Ⅲ部第二章6「二層式鋳型の技術」参照）。全てではないが、ほとんどの三角縁神獣鏡に見られるひびに起因する突線または凹線が発生しなかったということは、今回の実験で作った鋳型が、突線や凹線を持つ三角縁神獣鏡の鋳型と、素材や構造などにおいて根本的な違いがあるということになる。そこで、次の鋳込み実験では構造が異なる鋳型を作ることにした。

今回の鋳型の製作過程で、それぞれの鋳型の乾燥後の収縮率を計測した（表Ⅱ-4-3）。それによれば、真土と粘土の混合比率を10：8あるいは10：4としたものと、10：2としたものでは、粘土の割合が多いほど鋳型の収縮が大きいことが明らかになった［133頁：コラムⅡ-3-3「鋳型の収縮とひび」参照］。また、60目篩下を鋳型全体に使ったものと、30目篩下を使ったものでは、60目篩下の方が収縮が大きいことも明らかになった。

そこで筆者は、構造の異なる二種類の土を使って鋳型を二層構造にすることを思いついた。細かい真土を肌側に使い、粗い真土を基板として使うことによって、鋳型の表面に「ひび」が発生するのではないかと考えた。

d. 文様の不鮮明さへの対処方法

鋳込み時に泡が吹くことが現象として確認出来ており、その原因として、鋳型のガス抜けが悪い（鋳型の土が密になりすぎている）と考え、もっと荒い真土を使うことや、真土の中に麻ひもを切断して混入することが提案された。

以上のような考察から、次の鋳造実験を計画することになった。

2. 第4〜6回の鋳造実験

(1) 新たな鋳型の構造と製作（第1〜3回の実験結果を承けて）

2001年1月19日に実施した第1〜3回の鋳造実験の成果から、次のように

鋳型を製作した。

① 一層式と二層式の鋳型を作る。
② 粉砕工程を省略した60目篩下の真土を使用（小田部氏考案）。
③ 麻の繊維を混入した真土を使う（三船温尚氏考案）。

a. 二層式鋳型

二層式鋳型は、まず細かい真土で作った土を原型に押しつけ、次に荒い真土で作った土を充填して製作した。ところがこれを自然乾燥させたところ、大きく湾曲してしまった（図Ⅱ-3-23）。細かい真土の側に湾曲したのである。細かい真土を使った鋳型は収縮率が大きく、そちらを内側にして湾曲したと考えられた。温度で伸び率の異なる金属板を貼り合わせて作るバイメタルが湾曲するのと同じ原理である。そこで小田部氏らは、次のような構造の鋳型のアイデアを出してくださった［134頁：コラムⅡ-3-4「一層式鋳型と二層式鋳型」参照］。

① 真土と粘土を混合して、鋳型とほぼ同じ大きさの煉瓦状板を作り、乾燥しあらかじめ焼成しておく。
② 原型に土を押しつけた鋳型を剥がし、焼成した煉瓦状板に貼り付ける。
③ 一緒に乾燥する。

この方法で製作した鋳型を乾燥したところ、図Ⅱ-3-24・25のように、鋳型は湾曲しなかった。しかし、ひびが無数に発生した。煉瓦状板は一度焼成してあるので、ほとんど収縮せず、②貼り付けた鋳型部分だけが収縮しようとした

図Ⅱ-3-23　バイメタルのように湾曲した二層式鋳型

図Ⅱ-3-24　湾曲しない二層式鋳型

第三章　鋳込み

図Ⅱ-3-25　ひびが入った二層式鋳型の表面（鋳型U、V）

ために、そこにひびが発生したのであろう。

b. 粉砕工程を省略した真土の使用

　同じ60目篩下でも、粉砕器で長時間粉砕した真土は、微細な真土の割合が多くなる。微細な真土が気孔を埋めてしまうために、ガス抜きが悪くなったのではないかと考えたのである。そこで、荒割りした真土をそのまま60目の篩にかけ、篩下を粘土と混ぜて土とした。こうすることによって微細な真土の割合を減じた。

c. 麻の繊維を混入した土を使う

　この方法は、小田部氏の恩師である富山大学（現在）三船温尚氏からアドバイスをいただいたものである。麻縄を細かく裁断して真土と粘土に混入し、焼成すると、麻の繊維が焼失して微細な気孔が数多くでき、ガス抜きがよくなるという原理である。鋳型全体を麻混入土で作った鋳型と、内側には麻を入れない真土、外側に麻混入の真土を使った鋳型などを作った。

表Ⅱ-3-3 第4～6回の鋳造用に製作した鋳型

鋳型の名称	鋳型の素材など	備 考
C	全て60目篩下真土（不粉砕）	一層式
D		
E		
F	表面のみ薄く（厚さ1～2mm程度）60目篩下真土を充填し、裏から60目篩下麻入り真土を充填	一層式
G		
H	表面のみ薄く（厚さ1～2mm程度）60目篩下真土を充填し、裏から30目篩下麻なし真土を充填	一層式
S		
T		
I	表面のみ薄く（厚さ1～2mm程度）60目篩下真土を充填し、裏から20目篩下麻なし真土を充填	一層式
J		
K	全て60目篩下麻入り真土	一層式
L		
U	内側に60目篩下真土、外側に煉瓦状板60目篩下麻入り真土を充填	二層式
V	内側に60目篩下真土、外側に煉瓦状板60目篩下麻入り真土を充填	二層式
W	表面のみ薄く（厚さ1～2mm程度）60目篩下真土を充填し、裏から30目篩下麻なし真土を充填	一層式
X		
A2A	A2鏡の踏み返し	一層式
A2B	A2鏡の踏み返し	
A2C	A2鏡の踏み返し	

（注）A2鏡とは、第3回の鋳造で得た2面目の同笵鏡であり、それを踏み返して作った鋳型がA2A、A2B、A2Cである。

以上のようにして、合計19組の鋳型を製作した。鮮明な文様の表出を目的として多種の構造の鋳型を用意したのである（表Ⅱ-3-3）。

(2) 第4回の鋳造(2001年4月4日実施、湯温を下げ、ガス抜けを改良)

第1～3回の鋳造では1230℃を超える湯温で鋳込みを行い文様がほとんど出なかったことから、湯温を下げることとした。鋳型の素材については、真土の粒度、麻繊維の混入などの対策を行い、ガス抜けを改良することにした。

第4回の鋳造は、表Ⅱ-3-3のE、J、Tの3つの鋳型を使用した。E、Jは黒

塚29号鏡の1/2原型、Tは会津大塚山鏡の1/2原型からそれぞれ作ったもので、いずれも一層式鋳型である。鋳込み温度は1010℃であった。銅・錫・鉛の配合割合は前3回と同じである。

前3回と同じように、とりべに取った溶湯を一気に流し込んだところ、いずれも泡が立たなかった。鋳造後数十分経過して鋳型を開けたのであるが、今回も容易に鏡を取り出すことが出来た。文様も原型に近い水準の鮮明さで作ることができた。しかし、EとJの鋳型は外区部分が大きく損傷した。内側の部分が大きく剥がれ落ちたのである。しかし、どちらも内区にはほとんど損傷がなかったので、修正せずにそのまま第5回の鋳造に使うこととした。

(3) 第5回の鋳造（2001年4月4日実施、同笵鏡を再び作る）

第4回の鋳造が3型とも成功したので、そのまま通算5回目の鋳込みにかかった。使用した鋳型は、D、G、S、I、L、E、J、Tの8型であった。いずれも一層式鋳型であるE、J、Tは第4回の鋳造で使った鋳型で、同笵2面目の鋳造になる。鋳込み温度は1060℃であった。銅・錫・鉛の配合割合は前4回と同じである。

どの鋳型でも鋳込み時に泡が立つことはなく、文様も鮮明に出すことができた。

鋳型E、J、Tからそれぞれ2面目の同笵鏡が生まれた。それぞれの鋳型から生まれた同笵鏡を、E1鏡、E2鏡、J1鏡、J2鏡、T1鏡、T2鏡と名付けた。「1」は1面目の、「2」は2面目の同笵鏡を表す数字である（図Ⅱ-3-26～31）。

(4) 第6回の鋳造（2001年4月4日実施　同笵法の再検証）

続いて第6回の鋳込みにかかった。用意した19型の残り11型（C、F、H、K、U、V、W、X、A2A、A2B、A2C）と、第1回～第3回で2面ずつの同笵鏡を生み出したA、Bの2型、文様が出なかったPA、PC、QB、RCの4型、合計17型に鋳込みをした。なお鋳型A2A、A2B、A2Cは、第1回～第3回の鋳造実験において、鋳型Aから生まれた2面の同笵鏡のうち、2面目のA2鏡を原鏡として踏み返して作った鋳型である。

鋳込み温度については、温度計の故障により計測出来なかったが、1000℃前

第Ⅱ部　同笵(型)鏡論と復元研究

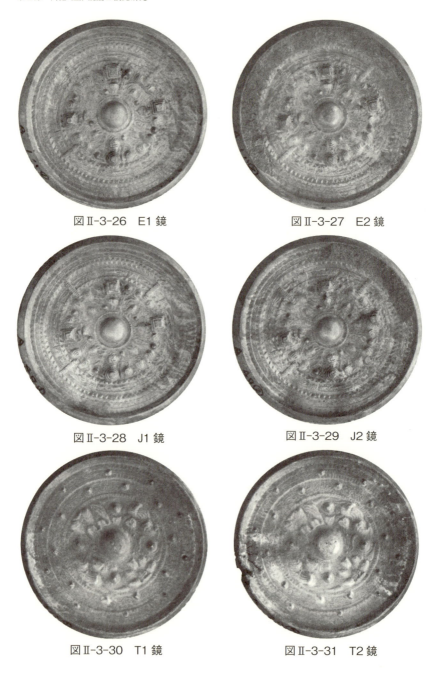

図Ⅱ-3-26　E1鏡

図Ⅱ-3-27　E2鏡

図Ⅱ-3-28　J1鏡

図Ⅱ-3-29　J2鏡

図Ⅱ-3-30　T1鏡

図Ⅱ-3-31　T2鏡

図Ⅱ-3-32　A3鏡（3枚目の同笵鏡）　　　図Ⅱ-3-33　B3鏡（3枚目の同笵鏡）

後であるとの小田部氏の判断に依った。銅・錫・鉛の配合割合は前5回と同じである。

　第1回～第3回の鋳造で、泡が立って文様が出なかったPA、PC、QB、RCの4型は今回も泡が立って、同じように文様が出なかった。それ以外の鋳型は全て鮮明な文様を出すことができた。A,Bの鋳型から生まれた3枚目の同笵鏡をそれぞれA3鏡（図Ⅱ-3-32）、B3鏡（図Ⅱ-3-33）と名付けた。

（5）第4～6回の鋳造実験の結果と考察

a. 結果

　第4～6回の鋳造によって得られた結果については、以下のことを挙げることが出来る。

① 第1～3回の鋳造で使用した鋳型は粉砕器で細かくした真土の60目篩下を使い（鋳型A、Bを除く）、第4～6回の鋳造で使用した鋳型のうち9型は、粉砕器を使わない真土の60目篩下を使った。第1～3回の鋳造では全て失敗し（鋳込み時の湯温は1220～1230℃程度）、第4～6回の鋳造では、全て成功した（鋳込み時の湯温は1000℃程度）。
② 30目篩下や20目篩下の真土を使用したり、麻繊維を混入してガス抜きの効率を上げた鋳型7型ではどれも成功した。
③ 粗い真土を使った鋳型は脆く、壊れやすかった。

第Ⅱ部　同笵（型）鏡論と復元研究

図Ⅱ-3-34　U1鏡（二層式鋳型による）　　図Ⅱ-3-35　V1鏡（二層式鋳型による）

④第1〜3回の鋳造で文様が出なかった4型を使用し、湯温を200℃以上下げて鋳込みを行ってみたが、いずれも失敗に終わった。
⑤鋳型A、Bは、どちらも3回目の使用に耐え、3面目の同笵鏡の鋳造に成功した（図Ⅱ-3-32・33）。
⑥この他、3つの鋳型で同笵鏡の鋳造に成功した（鋳型E、J、T）。
⑦二層式の構造にした鋳型U、Vでは、鋳型の乾燥工程で大きなひびが入り、鋳込みの結果、鏡の表面にそのひびに起因する突線が生じた。U1鏡、V1鏡参照（図Ⅱ-3-34・35）。
⑧鋳型A2A、A2Bから生まれた鏡は、それぞれA2A9鏡、A2B9鏡と名付けた。いずれも踏み返し鏡である。硬質プラスチック製の1/2原型を「親鏡」とすれば、A2鏡は「子鏡」であり、A2A9鏡、A2B9鏡は「孫鏡」となる。

b. 真土の粒度とガス抜きと文様の鮮明度の検討

　第1〜3回と第6回鋳造で用いた粉砕器を通した真土を使って作った鋳型については、鋳物工場内で出来る範囲の実験を重ねたが、どれも成功に至らなかった。現象は、鋳込み時に泡が立つこと、結果は、文様がほとんど出なかったことである。この段階では、鋳型に気孔がなく、鋳込み時に発生するガスが気孔を通して抜けることが出来ず、湯が文様細部まで回らなかったと考えた。

c. 原寸大鏡鋳造のための鋳型材料の推定

合計6回の鋳込みの結果から、鋳型の堅牢さと文様の鮮明さの両方を追求するためには、鋳型の材料に粉砕器を通さない60目篩下の真土を使うことが良いとの感触を得た。次に行なう原寸大の鏡の鋳造の可能性が見えたと言える。

d. 同笵法の可能性

第1～3回の鋳造実験によって、同笵法の「可能性」については疑いのない結果を得ることができたが、文様の鮮明さにおいては、不満足な結果であった。また、第4～6回の鋳造の結果から、文様の鮮明さにおいても実験的には可能性を感じられる結果が得られたので、ここで、同笵法の「可能性」については再検証することが出来たと言える。

e. ひび鏡と突線

突線の再現に成功した。一層式の鋳型ではほとんど出なかった突線が、二層式鋳型にしたことで舶載・仿製を含むほとんどすべての三角縁神獣鏡に見られる突線と同様の形態のものをほぼ同様の頻度で再現することができた。次回の鋳造実験で、このひび鏡の同笵鏡の製作を試み、同笵法・同型法それぞれの突線の特徴について研究することにした。

3. 第7、8回の鋳造実験

(1) 原寸大鏡の鋳型の構造

合計6回の1/2サイズの鋳造実験ではほぼ成功したものの、原寸大鏡は、1/2鏡に比べ、約8倍の体積を持つため、鋳型の堅牢さにそれ以上のものが要求される。堅牢さを要求すれば鋳型のガス抜きはそれだけ難しくなる。そのため、一層式と二層式の2種類の構造の鋳型を作ることとした。真土と粘土の混合比率は10：2（体積比）としたが、埴汁（粘土を溶いた水）を少し加えながら土の硬さを調節したので、粘土が少し多めになった。

図Ⅱ-3-36　鋳型 ZU（二層式）　　図Ⅱ-3-37　鋳型 ZU の部分（二層式）

a. 一層式鋳型

粉砕器を通さない真土の 60 目篩下と粘土で ZA、ZB、ZC、ZD の 4 型を製作した。乾燥と焼成で ZA、ZB ではひびが発生しなかったが、ZC では 5 本のひびが、ZD では 1 本のひびが確認できた。

b. 二層式鋳型

粉砕器を通さない真土（30 目篩下）と粘土で煉瓦状板を作り焼成する。そこへ、60 目篩下の真土と粘土で作った鋳型を貼り付ける。こうして二層式鋳型 ZU（図Ⅱ-3-36・37）、ZV、ZW を製作した。いずれも乾燥と焼成でひびが入った。

（2）第 7 回の鋳造（2001 年 6 月 4 日実施、原寸大で作る）

原寸大の一層式 3 型 ZA、ZB、ZD と、二層式 3 型 ZU、ZV、ZW を使用し、鋳込みを行った（図Ⅱ-3-38）。鋳込み時の湯温は 1032℃であった。銅・錫・鉛の配合割合は前 6 回と同じである。どれも泡が立たず、細部まで湯が行きわたり成功した。

それぞれの鋳型から生まれた鏡を、ZA9 鏡（図Ⅱ-3-39）、ZB9 鏡、ZD1 鏡（図Ⅱ-3-40）、ZU9 鏡、ZV9 鏡、ZW9 鏡と名付けた。

（3）第 8 回の鋳造（2001 年 6 月 4 日実施、原寸大で同笵法に挑戦）

1/2 鏡の鋳型、U1A、U1B、V1A、V1B、U、V、W、T、B、A2A9A、A2A9B の 11 型と、原寸大鏡の鋳型のうち特に損傷の少なかった ZD を使い、再度鋳造

第三章　鋳込み

図Ⅱ-3-38　原寸大鋳型への鋳込み（左二層式、右一層式）

図Ⅱ-3-39　ZA9鏡

図Ⅱ-3-40　ZD1鏡

図Ⅱ-3-41　ZD2鏡

した。

　鋳型U1A、U1B、V1A、V1Bはそれぞれ、第4～6回の鋳造実験において、鋳型U、Vから生まれたU1鏡、V1鏡の2面の鏡を原鏡として踏み返して作った鋳型である。

　鋳型A2A9A、A2A9Bは、第4～6回でA2鏡（2枚目の同笵鏡）を原鏡と

して踏み返して得たA2A9鏡を原鏡として再び踏み返して製作した鋳型である。

鋳型U、V、Wは2度目の使用、鋳型Tは3度目の使用、鋳型Bは4度目の使用となる。それぞれ2、3、4面目の同笵鏡の鋳造ということになる。

鋳込みはどれも成功した。鋳込み時の湯温は1052℃であった。銅・錫・鉛の配合割合は前7回と同じである。どれも泡も立たず、細部まで湯が行きわたり成功した。原寸大鏡の鋳型ZDから生まれた2面目の同笵鏡をZD2鏡（図Ⅱ-3-41）と名付けた。

(4) 第7、8回の鋳造実験の結果と考察

第7、8回の2回の鋳造によって得られた結果としては以下のことを挙げることが出来る。

①原寸大の三角縁神獣鏡の鋳造実験に成功した。
②同じく原寸大の三角縁神獣鏡の同笵鏡の製作に成功した。
③原寸大の三角縁神獣鏡の二層式鋳型の製作と鋳込みに成功し、突線の発生を確かめることができた。
④1/2鏡の鋳型Bについて、4面までの同笵鏡の鋳造に成功した（B4鏡、図Ⅱ-3-42）。鋳型Bは4面の鋳造に耐え、損傷も少ない。5、6回目の使用に耐える見込みである。
⑤ひび鏡の同笵鏡と同型鏡（U1鏡、U2鏡、V1鏡、V2鏡）、踏み返し鏡（U1A9鏡、U1B9鏡、V1A9鏡、V1B9鏡）の鋳造に成功した。
⑥鋳型U1A、U1B、V1A、V1Bから生まれた鏡は、それぞれU1A9鏡、U1B9鏡、V1A9鏡、V1B9鏡と名付けた。硬質プラスチック製の1/2原型を「親鏡」とすれば、V1鏡、U1鏡は「子鏡」であり、U1A9鏡、U1B9鏡、V1A9鏡、

図Ⅱ-3-42　B4鏡

V1B9鏡は「孫鏡」となる。

⑦鋳型A2A9A、A2A9Bから生まれた鏡は、それぞれA2A9A9鏡、A2A9B9鏡と名付けた。硬質プラスチック製の1/2原型を「親鏡」とすれば、A2鏡は「子鏡」であり、A2A9鏡は「孫鏡」、A2A9A9鏡、A2A9B9鏡は「曾孫鏡」となる。

以上通算8回の鋳造実験により大変多くの資料を得ることができた。当初予定していたよりも多くの成果を得たが、一歩先の課題も与えられた。以下にまとめて、成果を抽出し、復元鏡の同笵・同型関係図と三次元計測結果(160～161頁：図Ⅱ-4-29)と1/2復元鏡と鋳型の計測表(1)および(2)(162～165頁：表Ⅱ-4-3)に示す。

第Ⅱ部　同笵（型）鏡論と復元研究

> ### コラムⅡ-3-1　試料の名称の付け方
>
> 　実験や研究のためにたくさんの試料が作られるが、ただ単に順番に付ければ良いというものでもない。実験実施者がすぐにその経過を思い出せるように付けるのが望ましい。本研究では、鋳型46型、復元鏡63面の試料を得た。名称付けの経緯は以下の通りである。
>
> 　復元製作した鋳型にはすべてアルファベットの文字をもって名付けた。A〜RDの鋳型は、黒塚29号鏡の1/2レプリカを原型として土（真土と粘土を混練したもの）を押しつけて作った。S〜Xの鋳型は、会津大塚山古墳出土三角縁神獣鏡の1/2レプリカを原型として作った。アルファベットの後ろに数字が付くものは、当該の鋳型を使って鋳造された鏡である。そのうち、9が付くものは、当該の鋳型から1面しか鋳造しなかったことを表し、1〜4の数字が付くものは、当該の鋳型で鋳造された同笵鏡で、それぞれの鋳造順を表す。
>
> 例）B2鏡…鋳型Bで鋳造された同笵鏡のうち、2番目に鋳造された鏡
> 　　C9鏡…鋳型Cで鋳造された唯一の鏡で、同笵鏡は無いことを表す
>
> 　また、A9A、A9Bのように、数字の後にまたアルファベットが付くものは、A9鏡を原型として踏み返して作ったA9AとA9Bの2組の鋳型を表す。その鋳型で作った鏡がA9A9鏡やA9B9鏡である。
>
> 　つまり、末尾がアルファベットであれば鋳型を表し、数字であれば鏡である。以後これに準じた。

> ### コラムⅡ-3-2　のっぺらぼう
>
> 　のっぺらぼうとは、顔があるけれども、目や鼻や口がないことだが、鏡の文様はどうしてのっぺらぼうになるのだろう。鋳型には文様が彫り込まれているのだから、溶けた金属が隅まで行き渡ればのっぺらぼうには決してならない。つまり、溶湯が隅々まで行き渡っていないこ

とを示しているのだ。同じ条件の溶湯を流し入れた別の鋳型では湯口から泡が出ずに、しっかり文様が鋳出された。隅々まで溶湯が行き渡ったのであろう。同じ条件の溶湯とは、同じ配合割合で、同じ温度で、鋳込みの湯口までは全く同じだということだ。鋳型の真土の僅かな違いが原因で湯口から泡が吹き出したことになる。同じ条件の溶湯なのだから、全ての鋳型の中ではガスが発生しているのだろう。ところが、QA、QB、QC、RA、RB、RCの鋳型はいずれも60目篩下真土＋粘土を、10：8で混合したものと、10：2で混合したものの2種である。粘土の多少に関わらず湯口からガスが吹き出しているのだから、その原因は60目篩下真土を使ったことにある。60目篩下真土とは、何日もかけて自動粉砕機で細かく粉砕した真土を60目の篩にかけ、その篩を通ったもの全てのことである。つまり、微粉砕された真土から60目までの真土の混合品である。鋳型の中で発生したガスが鋳型の内部の表面からほとんど抜け出すことなく、すべて湯口に出てきてしまったのではないかと思われる。鋳型の内部の壁は細かい真土でびっしり埋まっていてガスの抜け口がなくなっていたのだろう。ガスが出た鋳型には、鋳型の大切な要素である空気の孔「気孔」が無かったのだ。

コラムⅡ-3-3　鋳型の収縮とひび

　鋳型の構造は図のように、砂粒と砂粒を粘土で繋ぎ、あちこちに気孔が存在するようになっている。図の左は粘土が多いもの、右は粘土が少ないものである。粘土は粒子がごく小さい砂なので、水分を多く含んでいる。従って乾燥すると水分であった部分が消失するのでその分体積が減少し、鋳型は収縮する。砂粒の部分はほとんど水分を持っていないので、乾燥しても体積が減らない。つまり収縮しないのだ。だから粘土が少なく砂粒が多い鋳型は収縮しにくく、粘土が多く砂粒が少ない鋳型は収縮しやすい。

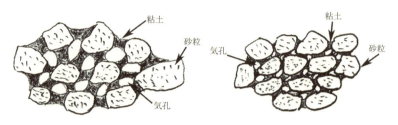

粘土が多い鋳型の構造（模式図）　　粘土が少ない鋳型の構造（模式図）

　砂と粘土を混合した真土製鋳型は、乾燥すると必ず収縮する。鋳型全体を同じ成分で作ることを一層式鋳型といい、全体的に収縮する。しかし、真土を使った鋳型では型枠を使うことが多く、これを二層式鋳型という。古代の型枠は土で出来ていて一度焼き固めている。土は一度焼き固めてあるとそれ以上膨張もしないし収縮もしない。二層式鋳型では型枠に真土型を貼り付けて鋳型を作るのだが、まったく収縮しない型枠に貼り付けられた真土型は乾燥によって収縮しようとする。その収縮は型枠に拘束されているので全体の寸法は収縮しない。部分部分に収縮するのでそれはひびとなって現れる。

コラムⅡ-3-4　一層式鋳型と二層式鋳型

　一層式鋳型とは鋳型全体を一度に製作する。一層式鋳型には例えば粘土製の陶製鋳型（陶范、陶模法）が想定される。河南省などからは西周前期の青銅器製作用の陶范が出土している（杉原たく哉『いま見ても新しい古代中国の造形』小学館刊 2001）。上海博物館などで行われている殷周青銅器の復元研究などでは、一層式の粘土製の陶製鋳型（陶范）が想定され、復元に成功している。二層式鋳型とは、土製、木製などの型枠があり、その内側に真土または砂と粘土の混合物が内型として貼り付けられるという構造が想定される。乾燥は型枠に真土を張り付けたまま行われる。内側の鋳型は乾燥によって収縮するが、

外型は、土製の場合はあらかじめ焼成されているのでほとんど収縮しない。木製型枠の場合も木の繊維方向の収縮は抑えられるため、内型が大きく収縮し、その時内型のみにひびが発生する。奈良県唐古・鍵遺跡から出土した銅鐸の外型などがそれに類するものである。二層式構造の鋳型はすでに列島内に存在していたのである。

第四章　考　察

1. 同笵法の可能性について

　今回の復元実験では、真土と粘土という古代にも存在したであろう素材を使うという条件下で考えられるだけの様々な技法を試みた。近現代に多く用いられている挽き型を使って鋳型を作る挽き型法を敢えて採ることをせず、原型に真土と粘土を混練したものを押しつける所謂同型法や踏み返し法に類する技法で鋳型を製作したのであるが、それは、第1章末尾に述べたように、今回の研究を複製鏡製作技術に絞ったからである。このことは同笵法の可能性を検討するには十分であったと考えている。結果は8組20面の同笵鏡が出来た。「同笵法は可能」であることが実験によって証明されたことになる。
　とは言え、可能であるからといって、三角縁神獣鏡が同笵法で作られたということではないことを強調しておかなくてはならない。三角縁神獣鏡の調査研究のなかで、「同笵法」も視野に入れて検討すべきであることがわかったにすぎない。

2. 観察・推定法と検証ループ法

　第一章で述べたように、これまでの鏡の製作技法研究は「観察・推定法」によって行われてきた。今後もこの方法が重要な位置を占めるのだろうか。その推定精度（信頼度）は極めて低いと言わざるを得ない。そのため、三角縁神獣鏡研究並びに同笵（型）鏡論は、本書に示したとおり約60年停滞したままとなった。かなりの数の論考が信頼に足る内容を持っていないため、水掛け論に終始してしまったのである。その過ちを繰り返さないためにどうしても「作って確かめる」作業を省略するわけにはいかない。「作って確かめる」のは、小さなことからでも大丈夫だ。同笵鏡の実験などは、一般家庭の台所でも実施できる低融点合金を使った鋳造でもかなりのことは判明する。銅板を曲げるのも、

銅線を作るのも、透彫りをするのも書斎の机の上で十分実施可能である。ただ考古学者達が踏み出さないだけなのだ。自らの学問分野の研究の推定精度（信頼度）を高めるために、「作って確かめる」作業を日常化した研究室となって欲しい。

　もちろん、筆者が行った三角縁神獣鏡復元研究成果の活用も考えて欲しい。本研究の成果品は、福島県文化財センター白河館に保管されている。是非ともご活用いただきたい［175頁：コラムⅡ-4-1「検証ループ法の推奨」参照］。

3. 抜け勾配と鋳型の欠損の関係を検証する
［第二章3の(1)を参照］

(1) 抜け勾配がある場合

　今回の実験のために用意した黒塚古墳29号鏡の1/2原型に、鋳型の変化を観察しやすくするために4つの突起を作った（表Ⅱ-4-1）。この突起の形状によって鋳型の細部がどのように変化するのか明示的に検証することは重要である。

表Ⅱ-4-1　黒塚29号鏡1/2原型の鏡背面に作った突起の各部寸法の実測値（mm）

突起の名称	上端	下端	高さ	勾配	勾配の角度°
抜け勾配がある円柱	3.5	4.3	1.4	0.29	15.9
抜け勾配がある四角柱	2.7	3.7	1.4	0.38	20.5
抜け勾配が無い四角柱	3.9	4.0	1.4	0.05	3.1
逆勾配がある四角柱	3.9	3.7	1.2	− 0.08	− 4.6

バーニヤキャリパによる測定

　抜け勾配がある円柱の場合は、鋳型の欠損が最小限に抑えられている（図Ⅱ-4-1・2）。図Ⅱ-4-2に示した鋳型Bは、実験的に粗い真土を使い、特に肌真土には粘土を混入しなかったため、とても脆い。それでも欠損が極めて少ないことから、抜け勾配をつけることが同范法にとって大変重要な技術要素であることが分かる。

　それでも、子鏡で出来た突起は、同范鏡であればほとんどの場合孫鏡や曾孫鏡にも現れると言える。となれば、仮に傷Aを持つ鏡AAと傷Bを持つ鏡BBがあるとすれば、鏡AAには傷Bが無く、鏡BBには傷Aが無いとなれ

ば、鏡 AA と鏡 BB は同笵鏡同士ではないと言える。これは、図Ⅱ-4-1 の矢印部分と、図Ⅱ-4-2 の矢印部分の傷（細い矢印部分）を比べれば明らかであろう。同型鏡の場合は、原型（鏡）から鋳型を剥がす時に鋳型が様々な形に変形したことが見える（図Ⅱ-4-3）。踏み返しの場合は、鋳型の欠損が拡大する様が確認できる（図Ⅱ-4-4）。

（2）抜け勾配が無い（勾配 3.1 度）の場合

次に、抜け勾配が無い場合を見てみよう（図Ⅱ-4-5）。鋳型 B から生まれた同笵鏡である B1 鏡の四角柱を見ると、B1 鏡鋳造前の鋳型 B に小さな欠損があったことが推定できる。この欠損は、原型と土を剥がす段階で土（鋳型）が欠損したものであろうが、土がまだ軟らかく弾性がある時なので、大きな欠損は避けられたものと考えられる。しかし、B2 鏡の抜け勾配が無い四角柱を見ると、B2 鏡鋳造前の鋳型 B は欠損が激しかったことが見て取れる。これは、B1 鏡鋳造時に、鋳型 B の小さな欠損部に入り込んだ湯が引っかかり、鋳型 B の欠損が拡大したのであろう。同じように B3 鏡、B4 鏡でも鋳型の欠損が拡大していることがわかる。B1 鏡、B2 鏡、B3 鏡の取り出しの時に欠損が拡大していったものと考えられる。一方、同型法では突起が拡大していくという変化は無く、踏み返し法では、突起が丸みを帯びるが、拡大するということはない（図Ⅱ-4-6・7）。

（3）逆勾配（オーバーハング）がある場合

顕著に鋳型の欠損が現れるのが、原型に逆勾配（オーバーハング）がある場合である。原型を鋳型 B から剥がすときにできる小さな傷が、B1 鏡に小さな突起を作り、B1 鏡を取り出すときに突起が鋳型 B の欠損を拡大させる。その欠損は、B2 鏡において現われ、B2 鏡の拡大した突起が、鋳型 B の欠損を再び拡大する。その欠損は B3 鏡に現れ、それが鋳型 B の欠損を三たび拡大する。最初は僅かなオーバーハングあるいは小さな欠損が、同笵法を重ねることで加速度的に拡大していく様が見て取れる（図Ⅱ-4-8）。

このことは、E1 鏡、E2 鏡と J1 鏡、J2 鏡の 2 組の同笵鏡の欠損の拡大にも明らかに現れている（図Ⅱ-4-9）。

第四章　考察

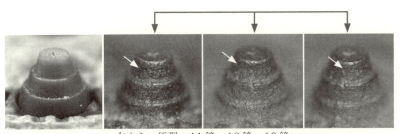

左から　原型、A1鏡、A2鏡、A3鏡
図Ⅱ-4-1　抜け勾配がある円柱の変化の様子（同笵鏡の場合1）

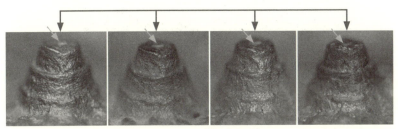

左から　B1鏡、B2鏡、B3鏡、B4鏡（原型は図Ⅱ-4-1のものと同じ）
図Ⅱ-4-2　抜け勾配がある円柱の変化の様子（同笵鏡の場合2）

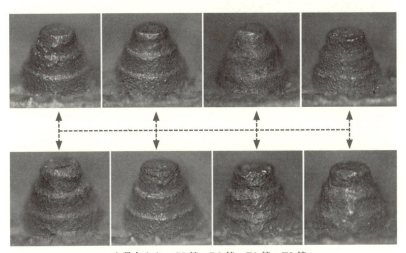

上段左から　C9鏡、D9鏡、E1鏡、F9鏡
下段左から　G9鏡、H9鏡、I9鏡、J1鏡
図Ⅱ-4-3　抜け勾配がある円柱の変化の様子（同型鏡の場合）

――――――　同笵関係にある　----------　同型関係にある

139

第Ⅱ部　同笵（型）鏡論と復元研究

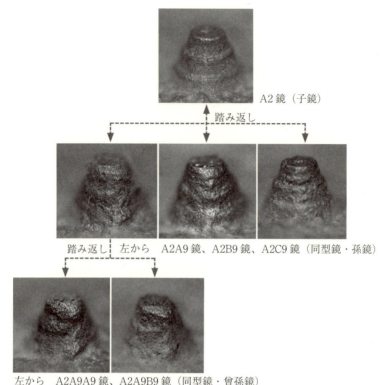

図Ⅱ-4-4　抜け勾配がある円柱の変化の様子（踏み返し鏡の場合）

（4）抜け勾配とオーバーハング

　突起の変化の状況は、同笵法にとって、オーバーハングや鋳型の欠損が、どれほど大きなリスクになるかを示していると言える。仮に鋳造技術者が、最初から同笵法、つまり鋳型を複数回使うことを考えていたとすれば、抜け勾配を確実に作ることに大きな努力を払わずにはいないだろう。抜け勾配が無い鋳型や、オーバーハングがある鋳型を避けることは同笵法鋳造技術の基本と考えるべきであろう。従って、抜け勾配が無かったり、オーバーハングになった鏡があれば、それを作った技術者は最初から鋳型を2度使おうとは考えていなかったと推定できるのである。

第四章　考　察

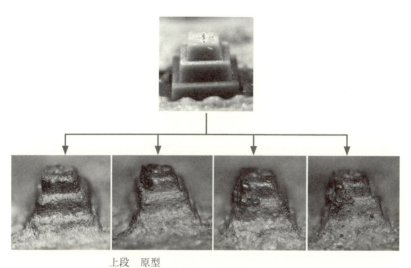

上段　原型
下段左から　B1鏡、B2鏡、B3鏡、B4鏡
図Ⅱ-4-5　抜け勾配が無い四角柱の変化の様子（同笵鏡の場合）

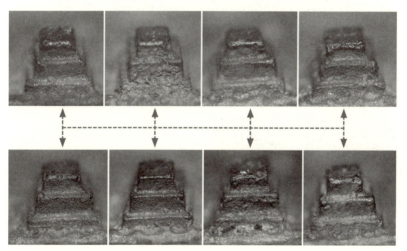

上段左から　C9鏡、D9鏡、E1鏡、F9鏡
下段左から　G9鏡、H9鏡、I9鏡、J1鏡
図Ⅱ-4-6　抜け勾配が無い四角柱の変化の様子（同型鏡の場合）

141

第Ⅱ部　同笵（型）鏡論と復元研究

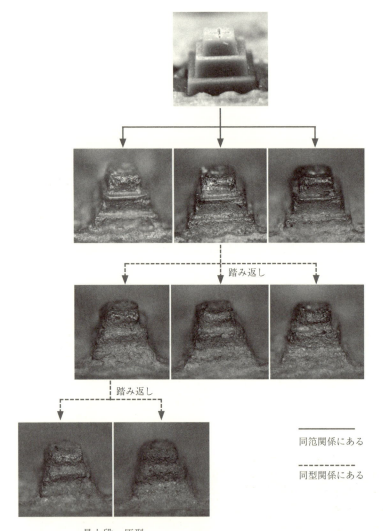

最上段　原型
上段左から　A1鏡、A2鏡、A3鏡（同笵鏡・子鏡）
中段左から　A2A9鏡、A2B9鏡、A2C9鏡（同型鏡・孫鏡）
下段左から　A2A9A9鏡、A2A9B9鏡（同型鏡・曾孫鏡）

図Ⅱ-4-7　抜け勾配が無い四角柱の変化の様子（踏み返し鏡の場合）

第四章　考　察

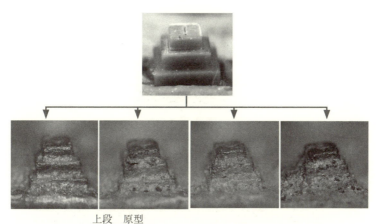

上段　原型
下段左から　B1鏡、B2鏡、B3鏡、B4鏡
図Ⅱ-4-8　逆勾配がある四角柱の変化の様子（同笵鏡の場合1）

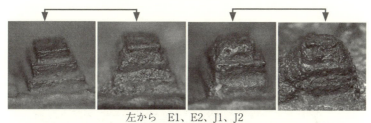

左から　E1、E2、J1、J2
図Ⅱ-4-9　逆勾配がある四角柱の変化の様子（同笵鏡の場合2）

上段左から　C9鏡、D9鏡、E1鏡、F9鏡
下段左から　G9鏡、H9鏡、I9鏡、J1鏡
図Ⅱ-4-10　逆勾配がある四角柱の変化の様子（同型鏡の場合）

第Ⅱ部　同笵（型）鏡論と復元研究

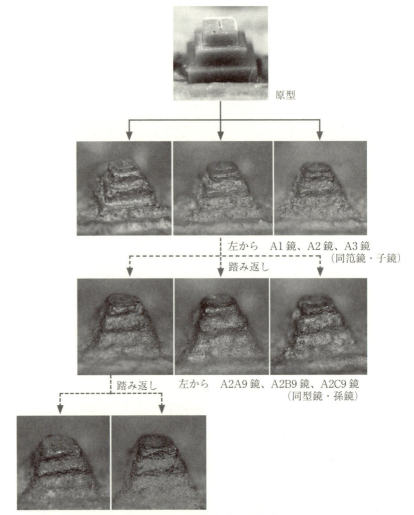

図Ⅱ-4-11　逆勾配がある四角柱の変化の様子（踏み返し鏡の場合）

第四章 考察

4. 同笵法と同型法における文様の鮮明度の変化を検証する―鋳造するたびに鋳型はすり減るのか？―

　同笵法で面数を重ねた時の文様の鮮明度はいかなる変化の様相を示すのであろうか。実験で得たいくつかの事例を紹介する。図Ⅱ-4-12の神像は、鋳型Bから生まれた4面の同笵鏡、B1鏡、B2鏡、B3鏡、B4鏡のものである。鮮明な像が出ているとは言い難いが、その変化の様子は読みとれる。殊に鋳型Bは肌真土に粘土を含まない真土を使っているのでその表面は脆くて崩れやすい。そのため、変化の様相が顕著に現れる。神像の腰下のはしご段短冊（図Ⅱ-4-12）を見ると、B1鏡、B2鏡、B3鏡、B4鏡と鋳込みを重ねることで、文様が不鮮明になっているが、神像の左膝の襞文様を見ると、B3鏡、B4鏡の方が僅かにエッジが立って見える。

　しかし、同じ同笵鏡のA1鏡、A2鏡、A3鏡の鋸歯文を見ると（図Ⅱ-4-16）、文様の鮮明度は、A1鏡よりも後で鋳込んだA2鏡の方が上であると言える。鋳型Aも鋳型Bと同様に肌真土に粘土が含まれないので、崩れやすい鋳型であるのだが、それにも拘わらず、後で鋳込んだA2鏡の方が鮮明であることから何が想定されるのであろうか。この現象は、図Ⅱ-4-2の抜け勾配がある円柱のエッジの鋭さの変化にも見ることができる。そこでは、B1鏡の突起のエッジよりもB2鏡、B3鏡の突起のエッジの方が鋭いのである。それらの理由は、単純に先に鋳造したA1鏡よりもA2鏡の法が湯流れが良く、同じくB1鏡よりもB2鏡やB3鏡の方が湯流れが良かったためであろう。つまり、文様の鮮明度の変化は必ずしも鋳造順序を表さないことが解るのである（図Ⅱ-4-12）[176頁：コラムⅡ-4-2「文様の鮮明度と鋳造順序」参照]。

　鋳型は真土と砂と粘土を混練し、焼成して作られるので、一度や二度の鋳込みで文様の細部のエッジがすり減るとは限らない。図Ⅱ-4-14・15のT1鏡、T2鏡、T3鏡の獣像の襞を見れば、その鮮明度に変化が有るとは言えない。2度や3度の鋳造では鋳型がすり減らない例である。

　そうした鋳型のすり減りよりも、その度に変化する鋳造条件に左右される湯流れの良否が、文様の鮮明度に影響することが大きいことが本実験で確認され

第Ⅱ部　同笵（型）鏡論と復元研究

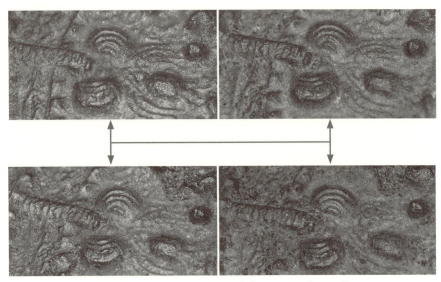

上段左から　B1鏡、B2鏡　下段左から　B3鏡、B4鏡
図Ⅱ-4-12　神像と梯子段状短冊の鮮明度の変化の様子（同笵鏡の場合）

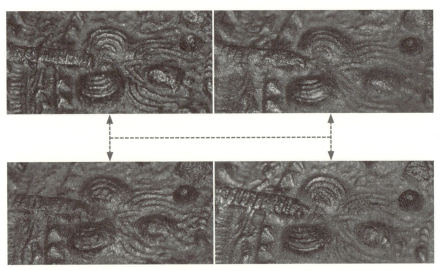

上段左から　A1鏡、C9鏡　下段左から　E1鏡、F9鏡
図Ⅱ-4-13　神像と梯子段状短冊の鮮明度の変化の様子（同型鏡の場合）

第四章　考察

左から　T1鏡、T2鏡、T3鏡
図Ⅱ-4-14　獣像後ろ足の襞文様の鮮明度の変化の様子（同笵鏡の場合）

左から　T1鏡、T2鏡、T3鏡
図Ⅱ-4-15　獣像前足の襞文様の鮮明度の変化の様子（同笵鏡の場合）

た。このことは同型法の実験結果で顕著に現れる（図Ⅱ-4-13）。

5. 鋳型の欠損に起因する突起はどう変化するか？

　図Ⅱ-4-16の鋳型Aから生まれた同笵鏡A2鏡、A3鏡の外区と三角縁の間に、鋳型の欠損に起因する突起が数ヶ所認められる。A1鏡の取り出しの時に生じた鋳型Aの欠損部に湯が流れ込んでA2鏡の突起が生まれ、そのA2鏡の取り出しの時に、鋳型Aの欠損が拡大し、そこに湯が流れ込んでA3鏡が生まれたことが解る。鋳型の欠損が加速度的に拡大して行く様が見て取れる。
　図Ⅱ-4-17の同型鏡群を見れば、鋳型Aに生じた欠損による突起が見られないのは、鋳型が異なるのであるから当然の結果である。
　次に、A2鏡を踏み返した鋳型A2A、A2B、A2Cから生まれたA2A9鏡、A2B9鏡、A2C9鏡、さらにA2A9鏡を再度踏み返した鋳型A2A9AとA2A9Bから生まれたA2A9A9鏡とA2A9B9鏡を図Ⅱ-4-18に示す。A2鏡に見られる鋳型の欠損に起因する突起に注目すると、図Ⅱ-4-16の同笵鏡と図Ⅱ-4-17の同型鏡と図Ⅱ-4-18の踏み返し鏡で欠損の継承の仕方の違いが解る。図Ⅱ-4-16の

左から　A1鏡、A2鏡、A3鏡
図Ⅱ-4-16　鋸歯文の鮮明度の変化の様子（同笵鏡の場合）

左から　B1鏡、C9鏡、D9鏡
図Ⅱ-4-17　鋸歯文の鮮明度の変化の様子（同型鏡の場合）

ように同笵法では欠損は加速度的に拡大するが、図Ⅱ-4-17の同型法では欠損は生じず、図Ⅱ-4-18の踏み返し法では、欠損はほとんど拡大せず、僅かに突起が丸みを帯びる。曾孫鏡となれば、突起の丸みは一層増してなだらかな丘の様な形態となる。

また、突起が丸みを増す事実は、文様の鮮明度が落ちることと同義である。先に述べたように、同笵法では鋳造面数を重ねることと鮮明度の劣化は直接的な関係にないことが解っている。鮮明度の変化（劣化）は、むしろ踏み返し法の可能性を強くする。

6.「鋳型のひびは成長する」か？ ―二層式鋳型の着想―

　鏡背面に認められる突線が鋳型のひびの転写によるものという前提で、突線の長短が鋳造順序を表すという考え方がある。それが三角縁神獣鏡が同笵法によって作られたことの証拠になると考えられることもある。それに基づいて三角縁神獣鏡に時間軸を与えようとする研究であろう。先に述べたように、突線は三角縁神獣鏡の大きな特徴の一つである。しかし、そのひびは、どのように

第四章　考　察

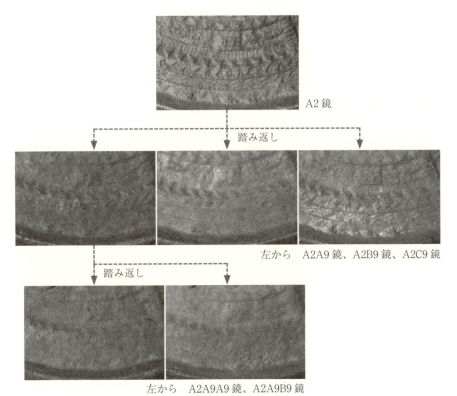

左から　A2A9鏡、A2B9鏡、A2C9鏡

左から　A2A9A9鏡、A2A9B9鏡
図Ⅱ-4-18　鋸歯文の鮮明度の変化の様子（踏み返し鏡の場合）

発生し、いかなるメカニズムで突線となり、どういう過程を経て成長するのであろうか？

(1) 二層式鋳型の乾燥工程でひびが発生

　一層式の鋳型では細かいひびはわずかに認められたが、鋳込み後突線を生むような大きなひびの発生は少なかった。しかし、鋳込み後鏡を取り出すときに割れてしまった鋳型がいくつもあったことに注意すべきである。一層式の鋳型では、ひびの発生がかなり高い確率で鋳型の破壊を招くということを意味するのである。仮に小さな細いひびが入りながら鋳型が破壊されずに残ったとしても、そこに溶湯が注ぎ込まれると一気に温度が上がり鋳型はわずかに膨張し、温度が下がると縮小する。温度の上下による鋳型の膨張・縮小によってひびは

第Ⅱ部　同笵(型)鏡論と復元研究

図Ⅱ-4-19　鋳型Uのひび1　　　図Ⅱ-4-20　鋳型Uのひび2

拡大を免れないのであるが、脆性材料である鋳型では、ひびの拡大・縮小が直接的に鋳型の破壊に繋がっていることを意味するのではないだろうか。

二層式鋳型は、あらかじめ焼成しておいた煉瓦状板の上に、踏み返したばかりの水分をたっぷり含んだ鋳型を貼り付ける。その鋳型は乾燥する工程で収縮しようとするが、下の煉瓦状板に収縮を阻まれ、仕方なく鋳型に無数のひびがはいることになる。そのように作った鋳型は、想定通りにひびが無数に入り、且つ割れないで使用に耐える強度を持っていた（図Ⅱ-4-19・20）。

(2) 鋳込み工程でひびが発生

二層式鋳型に高温の溶湯を流し込み、冷めた鋳型から鏡を取り出すと、そこには鋳型のひびが転写された突線が生まれていた。また、鋳造前後の鋳型と鏡を注意して観察すると、鋳造前の鋳型には認めることが出来なかったひびが新たに存在し、鏡にはそれが転写されて突線となっているものがあった。つまり、ひびは乾燥工程だけでなく、鋳込みの瞬間にも発生するのである。

(3) 突線の発生と鋳型の欠損

ひびを転写して鏡背面に生まれた復元鏡の突線は、これを拡大してみると、各地から出土している三角縁神獣鏡に見られる突線とは少し様相が異なる。出土鏡の突線に比べると、高さがあるのである。これは筆者の予想を超える高さであった。しかし、鋳型をよく見れば、ひびが入っているということは、地面に割れ目が入っているのと同じであるから、ひびは表面に留まることは決してなく、その隙間はどこまでも深いことが多い。従って、流れ込んだ湯は、鋳込

みの際の湯の圧力や表面張力、ガス抜きの良否次第でどこまでも入り込む。その結果、突線は私たちの予想を超える高さに出来上がるのだ。

　高い突線は、鏡の取り出し時に鋳型に大きな影響を与えることも明らかになった。鋳型のひびは、まっすぐに形成されるのではなく、三次元的にうねうねと鋳型の中を走り。溶湯もそれに従って鋳型の奥に複雑に入り込み突線（バリ）となる。その状態にある鋳型から冷えた鏡を取り出そうとすれば、突線（バリ）は周囲の土を一緒に持ってきて鋳型の一部が欠損する。それも小さなものではない。予想を超える大きな欠損となった。

(4) 鋳型のひびは成長するか？

　実験で得た同笵鏡を鋳造順序通りに並べてみても、突線が鋳造順序に従って長くなるという現象は認められない。実験で得た同笵鏡の中には、後で鋳造した鏡の方が突線は短くなることさえある（図Ⅱ-4-21・22）。なにゆえに短くなるのであろうか。

　実験では、鋳型のひび自体の長さが成長するということがほとんどなかった。つまり、一層式鋳型の場合はひびが成長すると鋳型が破壊し、二層式鋳型ではほとんど成長しなかった。「ひびが鋳造を重ねる毎に長くなる」という仮説自体に疑問を呈さなければならない結果となった。鋳型のひびの長さが余り変わらないのであれば、仮説とは逆に、先に鋳造した鏡が湯の流れが良い場合には突線は長く現れ、後に鋳造しても湯の流れが悪ければ突線は短く現れる。突線の長さはひびの長さを反映するとは言えず、従って突線の長さは同笵法における鋳造順序を表さないと考えなければならない。

　このことは、私たちの身近にある土製品、すなわち遺跡から出土する土器、現代の植木鉢、茶碗などを考えればすぐに理解できる。これらに、転写されて突線が生じるような大きなひびが入った時に、割れないで使い続けることは全く不可能と言える。一層式の鋳型では、小さなひびの成長拡大は、鋳型の破壊に直接的に繋がるのである。つまり、ひびが成長しないのではない。ひびが成長しようとするときには、ほとんどの場合、一層式の鋳型は破壊されてしまうと理解すべきである。

第Ⅱ部　同范（型）鏡論と復元研究

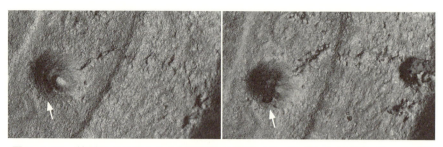

図Ⅱ-4-21　鋳型 U から作られた同范鏡の 1 面目（左・U1 鏡）と 2 面目（右・U2 鏡）
（突線が短くなる事例）

図Ⅱ-4-22　鋳型 U から作られた同范鏡の 1 面目（左・U1 鏡）と 2 面目（右・U2 鏡）
（突線が短くなる事例）

（5）鋳型のひびと同范法の可能性

　ところが、先に述べたように、鋳型のひびには溶湯が流れ込み、鋳型は少なからず必ず欠損する。一度欠損した鋳型は、鋳込みを重ねれば重ねるほど欠損が加速度的に拡大する。一度欠損した鋳型は、あちこちにオーバーハングが発生し、溶湯がそこに入り込むので、鋳型からの取り出し時に再び大きなダメージを受け（図Ⅱ-4-23~28）、欠損が拡大する。補修なくしては使用に耐えなくなるのである。もし、鋳物師がその鋳型を何回も使いたいと考えれば、鋳造後の鋳型の破壊を避けるために、発生したひびを全て補修してから使うようにするであろう。乾燥工程などでひびが生じた鋳型をあまり補修せずに使えば、溶湯は深くひびに入り込み、高い凸線が生ずることになる。

　図Ⅱ-4-23～26 に同范法と踏み返し法の場合の変化の様子の違いを示した。出土鏡の観察の資料としてお使いいただきたい。

第四章　考察

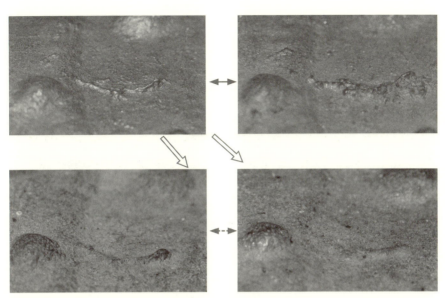

図Ⅱ-4-23　鋳型U（二層式）から作られた同笵鏡（上段左・U1鏡、上段右・U2鏡）とU1鏡を踏み返した鏡（下段左・U1A9鏡、下段右・U1B9鏡）(1)

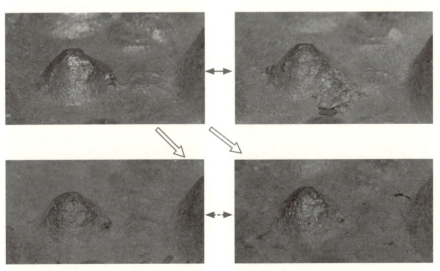

図Ⅱ-4-24　鋳型U（二層式）から作られた同笵鏡（上段左・U1鏡、上段右・U2鏡）とU1鏡を踏み返した鏡（下段左・U1A9鏡、下段右　U1B9鏡）(2)

第Ⅱ部　同笵(型)鏡論と復元研究

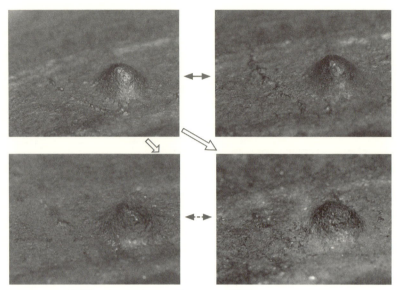

図Ⅱ-4-25　鋳型U（二層式）から作られた同笵鏡（上段左・U1鏡、上段右・U2鏡）とU1鏡を踏み返した鏡（下段左・U1A9鏡、下段右・U1B9鏡）(3)

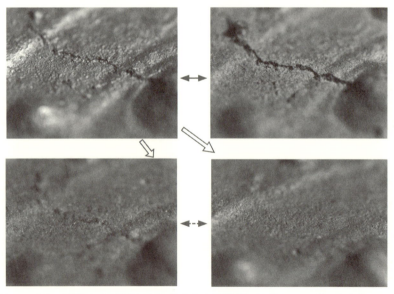

図Ⅱ-4-26　鋳型V（二層式）から作られた同笵鏡（上段左・V1鏡、上段右・V2鏡）とV1鏡を踏み返した鏡（下段左・V1A9鏡、下段右・V1B9鏡）(1)

第四章　考　察

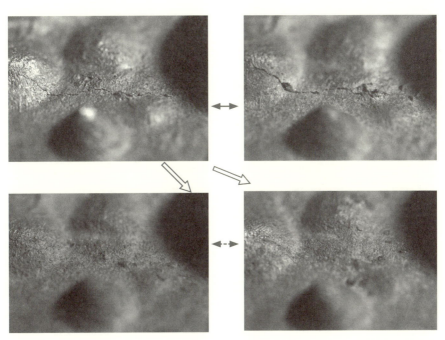

図Ⅱ-4-27　鋳型Ｖ（二層式）から作られた同笵鏡（上段左・V1鏡、上段右・V2鏡）とV1鏡を踏み返した鏡（下段左・V1A9鏡、下段右・V1B9鏡）(2)

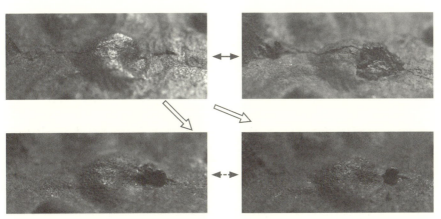

図Ⅱ-4-28　鋳型Ｖ（二層式）から作られた同笵鏡（上段左・V1鏡、上段右・V2鏡）とV1鏡を踏み返した鏡（下段左・V1A9鏡、下段右・V1B9鏡）(3)

（6）突線と凹線の問題について

　鋳型のひびが鋳造の結果突線となって現れるのであるが、三角縁神獣鏡を詳しく観察していると、線が突線ばかりではないことに気付く。線がひびに起因し、ひびの空隙に溶湯が入り込んで突線となると言う理解は妥当性のあるのものであり、これについて異論はないものと思われる。もちろん、同型法や踏み返し法による転写ということは当然ありうることで、そうした事例も多い。しかし、線は突線ばかりではなく、中に凹線が見られるのである。ひびの空隙に溶湯が入っても凹線にはなり得ないので、何らかの技術的必然があるのではないかと考えられた。

　筆者は、他の鋳造製品の復元研究を平行的に進めていて、東大阪の鋳物師濱田與作師の工房を訪ねていたところ、師の鋳造した鉄釜に鏡と同じく突線と凹線が認められた。早速師に教えを乞うと、それはひびに起因するものであるが、ひびだけではなく、ひびの補修に依るものだと言うのである。ひびには新しい埴汁（粘土と水の混合物）を筆などで塗り込み補修する。その後十分乾燥してから鋳込みを行うのであるが、鋳込みの瞬間、塗り込まれた埴汁の裏側の空気が僅かに膨張する。膨張した空気は鋳込みの瞬間に鋳型の表面の粘土の層を押し出し、流れ込んだ溶湯はその分だけ凹み、ひびに従って凹線となるのである。溶湯の圧力で押された粘土の層がひびに入り込めば突線にもなる。出土三角縁神獣鏡には、突線が途中から凹線に変わるものもある。鋳込み時の粘土の層の微細な変化が突線や凹線となって現れる。言い換えれば、凹線の存在は、ひびの補修という工程の存在を証明するものであると言える。

　そのことを裏付けるデータが今回の実験結果の中に存在した。本実験全体を通して、ひびの補修はいっさい行わなかったのであるが、それはひびの変化、突線の変化の状況を観察するためであった。その結果、本実験で得た復元鏡の全てに凹線を認めることがなかったのである。ひびの表層に埴汁が充填されていなかったからであろう。

　以上から類推すれば、凹線を持つ三角縁神獣鏡を作った工人達は、ひびをなるべく消したいと考え、補修を行っていたことが明らかになるのである。観察にあたっては、凹線の周囲の補修痕跡に意を注ぐ必要がありそうだ。

ひびの補修を同笵法による鋳型の欠損の証拠とすることはできない。なぜなら、ひびの補修は、鋳型の乾燥工程で発生したひびを隠すために行われる例が非常に多いからであり、それは、同型法でも同笵法でも踏み返し法でも行われる。また、ひびの補修が行われていたとすれば、なおさら、ひびの成長が同笵法における鋳造順序を表すとは言えないことになる。

7. 鏡は収縮するか？

　一般に青銅製品は鋳造工程で「収縮する」と言われている。鋳造技術解説書によれば一般青銅で1.2％の縮みしろを見て木型などを作るべしと記されている[1]。近現代の工業的鋳造で用いられる木型は、鋳型を焼成しない方法（生型やガス型など）を前提としているので、原則的に鋳型自体が収縮することは考えられていない。従って、一般青銅自体が凝固時に収縮すると理解されていることが分かる。伝統的な青銅製品の鋳造では、焼き型が用いられており、今回の復元研究も鋳型を乾燥してから焼成している。焼き型は、鋳型の構造次第では鋳型自体が収縮するので、鏡などの収縮の問題を扱うには、どの工程で収縮が起きるのかを確かめる必要がある。

　そのため、＜**鋳型の製作→乾燥→焼成→鋳込み**＞という一連の工程でそれぞれの段階で鋳型と復元鏡の計測を行った。計測箇所は三角縁外側直径、三角縁頂部直径、内区の厚さである。使用計測器は表Ⅱ-4-2の通りである。

　三角縁外側直径は、鋳バリが出ることが多く、測定点を定めることが難しい。その上、鋳放しのままでは取り扱い時に怪我する恐れがあるために除去せざるを得ない。従って、鋳造時の収縮を検証するのには不適当である。出土鏡の計測でも三角縁外側は加工が施されているので、やはり収縮などの検証には役立たない。

　一方、復元鏡の三角縁頂部直径の計測は、断面形状が三角形になるという三角縁神獣鏡の特徴を利用し、その頂部を測定点とすることで比較的安定した測定をすることが出来る。三角縁の頂部は湯流れが悪いと丸みを帯びてしまうの

---

(1) 労働省職業訓練局・雇用促進事業団職業訓練部 1974『鋳造法』142頁

であるが、その場合も比較的仮想頂点を設定しやすいので、他の部位よりも安定した測定点とすることが可能である。なお、出土鏡は鋳造後三角縁外側が削られているため三角縁頂部も削られるのでこの方法は使えない。

そうしたことから、鏡の鋳造時の収縮の問題を取り扱うために、本書では三角縁頂部直径の値を用いることとした。三角縁頂部直径の計測は、第1回目はスケールを用い、後に三次元計測機で検証した。鋳型の場合は、三角縁の頂部は「谷」の底部となり、また、鋳型が崩れやすいこともあり、計測器を鋳型に触れさせることが出来ない。鋳造工場内という精密計測には不向きな環境下での計測ということもあり、スケールを用いるのが適当と言える。

鏡の厚さ(内区部)については、市販のバーニヤキャリパでは三角縁の厚さが内区部より大きいので計測出来ず、バーニヤキャリパを改造して用いた。

表Ⅱ-4-2　復元実験過程の計測法

	三角縁外側外形	三角縁頂部直径	内区の厚さ	備考
鋳型の計測	スチール製スケール(一級)	スチール製スケール(一級)	計測不能	工場内で計測
復元鏡の計測	バーニヤキャリパ	スチール製スケール(一級)	バーニヤキャリパ(改造形)	後に三次元計測機で検証
原型(フェノール樹脂積層板製)の計測	バーニヤキャリパ	スチール製スケール(一級)	計測不能	

計測結果を図Ⅱ-4-29(復元鏡の同笵・同型関係図と三次元計測結果)、表Ⅱ-4-3(1/2復元鏡と鋳型の計測表)に示す。

その結果から、以下のことが明らかになった。

① 60目篩下の真土と粘土の混合比率が「10:4」と「10:8」の鋳型では、乾燥と焼成の工程における鋳型の収縮が著しかった(4.22~5.82%、表Ⅱ-4-3)。
② 一層式の鋳型の乾燥と焼成の工程では、60目篩下の真土と粘土の混合比率が、「10:2」のものでも、0.59~2.34%の収縮があったが、同じ真土と粘土を使った二層式鋳型2面(UとV)では、0.20と0.76%と収縮が抑えられた(表Ⅱ-4-3)。
③ 乾燥後の鋳型の寸法と鋳造後の製品の寸法の比較では、収縮した鏡が19

面、拡大した鏡が 25 面となり、鋳型より拡大した鏡が多かった（表Ⅱ-4-3）。
④ ②と③の結果を反映して、二層式鋳型で鋳造した鏡の原型との比較では、収縮率（図Ⅱ-4-29）は、- 0.7 〜 +0.4％（表Ⅱ-4-3 では-0.42 〜 +1.08％）となった（「-」は拡大したことを示す）。
⑤ 鋳型 H、I、J、S、T では、20 目あるいは 30 目篩下の真土を、10：2 の混合比率で粘土と混練して使ったが、乾燥と焼成の工程における鋳型の収縮は、+ 1.01 〜 +1.28％ という小さな収縮であった（表Ⅱ-4-3）。

以上の結果から、次のことが言える。

(a) 粘土の割合が多い鋳型は、粘土の割合が少ない鋳型より乾燥工程での収縮が大きい。
(b) 真土の粒土が粗い鋳型は、粒度が細かい鋳型より乾燥と焼成の工程での収縮が小さい。
(c) 二層式鋳型では、乾燥と焼成の工程での収縮は極めて小さい。
(d) 銅 72.2％、錫 22.8％、鉛 5％ という配合割合の銅・錫・鉛合金では、鋳造時の凝固収縮があるとは言えない。拡大することもある。
(e) 二層式鋳型で鋳造した鏡は、原型との比較で収縮するとは言えない。拡大する傾向にあると言える。
(f) 銅 72.2％、錫 22.8％、鉛 5％ という配合割合に近い銅・錫・鉛合金による鋳造時の凝固収縮、すなわち古代鏡の鋳造時の収縮を論じるときに、工学的な青銅鋳物の収縮率を用いることはできない。

以上を整理すると、古代鏡の鋳造では、一層式鋳型を使用した場合は必ず収縮があると考えて良いが、二層式鋳型では収縮することも拡大することもあると考えるべきであろう。

収縮のほとんどは鋳型の乾燥工程で起きるのであるが、一層式鋳型は、全体が収縮してしまうので「ひび」が発生しにくい。一方、二層式鋳型（堅牢な型枠（煉瓦状板）を使った鋳型）では、型枠（煉瓦状板）は原則的に収縮せず、そこに貼られた「土」が乾燥時と焼成時に収縮しようとするのであるが、型枠（煉瓦状板）に阻止され、その結果、「ひび」が発生する。

第Ⅱ部　同笵（型）鏡論と復元研究

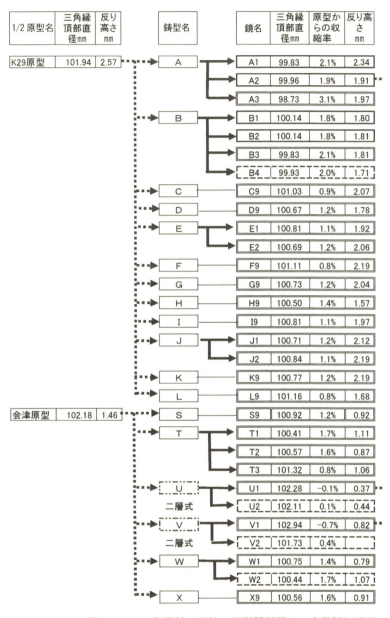

図Ⅱ-4-29　復元鏡の同笵・同型関係図と三次元計測結果

第四章 考察

鋳型名	鏡名	三角縁頂部直径mm	原型からの収縮率	反り高さmm
A2A	A2A9	98.56	3.3%	1.59
A2B	A2B9	98.45	3.4%	1.59
A2C	A2C9	98.40	3.5%	1.61

（踏み返し）

鋳型名	鏡名	三角縁頂部直径mm	原型からの収縮率	反り高さmm
A2A9A	A2A9A9	97.18	4.7%	1.03
A2A9B	A2A9B9	96.94	4.9%	0.87

（踏み返し）

凡例
- 一層式鋳型
- 二層式鋳型
- 1/19鋳造
- 4/4鋳造
- 6/4鋳造
- 同型関係
- 同笵関係

・「二層式」と記した鋳型以外の鋳型はすべて一層式である。
・収縮率の項で（−）が付いたものは拡大したことを表す。

鋳型名	鏡名	三角縁頂部直径mm	原型からの収縮率	反り高さmm
U1A	U1A9	100.26	1.9%	0.05
U1B	U1B9	99.88	2.2%	0.13
V1A	V1A9	99.83	2.3%	0.34
V1B	V1B9	99.43	2.7%	0.53

（踏み返し）

（表Ⅱ-4-3のスケールを使った計測値とは若干異なることに注意）

表Ⅱ-4-3　1/2復元鏡と鋳型の計測表（1）

鋳型名 鏡名	外径 R平均	三角縁頂部直径 (mm)					鋳型からの収縮率 m1	原型からの収縮率 m2	t1	t2
		r1	r2	r3	r4	r平均				
		101.4 (k29 原型)								
鋳型 A	109.8	99.8	99.8	100.0	99.5	99.8	―	1.60%		
A1	108.6	99.5	99.8	100.0	99.5	99.7	0.08%	1.68%	3.84	3.15
A2	108.3	99.3	99.8	99.8	99.3	99.6	0.23%	1.82%	3.43	2.77
A3		99.6	99.7	99.7	99.3	99.6	0.20%	1.80%	3.32	2.54
鋳型 B	109.5	99.8	99.8	99.3	98.5	99.3	―	2.10%		
B1	108.3	99.7	99.7	99.8	99.7	99.7	-0.45%	1.65%	2.82	2.60
B2	108.1	99.5	99.5	99.5	99.3	99.5	-0.18%	1.92%	3.41	2.86
B3		99.6	100.0	99.7	99.6	99.7	-0.45%	1.65%	4.45	2.97
B4		99.5	99.8	99.5	99.3	99.5	-0.25%	1.85%	3.09	2.56
鋳型 P A	106.3	97.5	97.5	97.0	96.5	97.1	―	4.22%		
PA1	105.3	96.3	96.5	96.3	96.0	96.3	0.88%	5.05%	3.58	3.39
PA2	105.4	96.3	96.7	96.3	96.3	96.4	0.75%	4.93%	3.43	3.39
鋳型 P B	106.0	96.5	97.0	96.5	95.5	96.4	―	4.96%		
PB9	104.8	95.8	96.2	96.2	95.5	95.9	0.47%	5.40%	3.75	3.39
鋳型 P C	106.0	96.3	96.5	96.2	95.8	96.2	―	5.13%		
PC1	104.9	94.5	95.0	95.3	95.3	95.0	1.22%	6.29%	4.65	5.05
PC2	104.7	95.0	95.2	95.0	95.2	95.1	1.14%	6.21%	4.79	4.68
鋳型 P D	106.2	96.3	96.5	96.5	96.3	96.4	―	4.93%		
PD9	104.9	96.0	96.3	96.3	96.3	96.2	0.18%	5.10%	3.78	3.16
鋳型 Q A	105.5	96.0	96.3	96.0	96.0	96.1	―	5.25%		
QA9	104.6	95.5	95.3	95.3	95.0	95.3	0.83%	6.04%	3.95	3.59
鋳型 Q B	105.3	96.0	95.5	95.5	95.0	95.5	―	5.82%		
QB1	104.6	96.5	95.5	95.7	95.3	95.7	-0.18%	5.65%	3.67	3.25
QB2	104.6	95.7	95.5	96.8	95.5	95.9	-0.39%	5.45%	3.93	3.36
鋳型 Q C	106.4	96.8	96.5	97.0	96.5	96.7	―	4.64%		
QC9	105.6	96.5	96.7	96.7	96.0	96.5	0.23%	4.86%	5.13	4.84
鋳型 Q D	105.8	96.5	96.0	95.5	95.5	96.0	―	5.30%		
QD9	104.7	95.3	95.7	95.8	96.2	95.8	0.29%	5.57%	3.67	4.02
鋳型 R A	109.2	99.0	99.2	99.2	98.8	99.1	―	2.32%		
RA9	108.3	99.3	99.3	99.0	99.3	99.2	-0.18%	2.14%	3.43	3.23
鋳型 R B	109.4	98.5	99.0	99.0	98.0	98.6	―	2.74%		
RB1	108.2	99.3	99.3	99.3	99.3	99.3	-0.68%	2.07%	3.03	2.50
RB2										
鋳型 R C	109.7	99.8	99.5	99.5	99.0	99.5	―	1.92%		
RC1	108.4	100.0	99.5	99.3	99.7	99.6	-0.18%	1.75%	3.01	2.38
RC2	108.2	99.3	99.5	99.3	99.0	99.3	0.18%	2.10%	2.93	2.68
鋳型 R D	109.5	99.8	99.0	98.5	98.8	99.0	―	2.34%		
RD9	107.8	99.0	99.0	98.8	98.5	98.8	0.20%	2.54%	3.39	2.57
使用計測器		スケール (300mm、一級)								

計測日：2001.01.25

第四章　考　察

内区の厚さ (mm)		三角縁の厚さ (mm)				鋳型の素材（真土と粘土の混合比率）			備考
t3	t4	t5	t6	t7	t8	肌側	本体	構造	
3.32	3.39	6.94	7.08	7.26	6.82	60目篩下（粘土なし）	30目篩下 真土+粘土（10:2）	一層式	k29 原型 黒鉛
2.90	3.16	7.17	6.71	7.08	7.08				黒鉛
2.82	3.16	7.47	6.28	6.18	7.28				黒鉛
2.69	3.19	6.73	6.20	6.97	6.62	60目篩下（粘土なし）	30目篩下 真土+粘土（10:2）	一層式	k29 原型 黒鉛
3.07	3.35	7.45	6.41	6.94	6.91				黒鉛
3.08	3.39	7.37	6.78	6.46	7.55				黒鉛
2.83	3.03	6.71	6.37	6.48	6.77				黒鉛
3.37	3.43	6.57	6.95	6.80	6.76	60目篩下真土+粘土（10:4）		一層式	k29 原型
3.43	3.40	6.84	7.02	6.66	6.79				
3.88	3.86	6.58	6.85	7.11	7.01	60目篩下真土+粘土（10:4）		一層式	k29 原型 松煙
4.44	4.80	7.30	7.20	7.44	7.76	60目篩下真土+粘土（10:4）		一層式	k29 原型 黒鉛
4.78	4.94	7.49	7.46	7.76	7.90				
3.26	3.56	6.37	6.30	6.81	5.86	60目篩下真土+粘土（10:8）		一層式	k29 原型 油煙
3.53	3.70	6.68	7.10	7.47	6.57	60目篩下真土+粘土（10:8）		一層式	k29 原型 松煙
3.97	3.53	7.53	6.92	7.81	7.36	60目篩下真土+粘土（10:8）		一層式	k29 原型 黒鉛
3.52	3.78	7.17	6.83	7.52	7.33				
4.94	4.96	7.18	7.93	8.02	7.45	60目篩下真土+粘土（10:8）		一層式	k29 原型 黒鉛
3.82	3.79	6.64	6.92	7.57	7.41	60目篩下真土+粘土（10:2）		一層式	k29 原型 油煙
3.18	3.65	6.96	6.80	7.25	6.76	60目篩下真土+粘土（10:2）		一層式	k29 原型 黒鉛
2.72	3.03	6.69	6.31	7.18	6.94	60目篩下真土+粘土（10:2）		一層式	k29 原型 松煙
2.67	2.67	6.25	6.51	6.84	6.33	60目篩下真土+粘土（10:2）		一層式	k29 原型 黒鉛
2.89	3.23	6.91	6.55	6.98	7.22				黒鉛
2.97	3.26	6.58	6.98	6.91	6.25	60目篩下真土+粘土（10:2）		一層式	k29 原型 油煙
digitalノギス（改造）									

t1～t4は内区の測定基点の周囲の厚さ　t5～t8は三角縁の厚さ

配合成分	銅	13.0	kg	72.2%
	錫	4.1	kg	22.8%
	鉛	0.9	kg	5.0%

第Ⅱ部　同笵（型）鏡論と復元研究

表Ⅱ-4-3　1/2復元鏡と鋳型の計測表（2）

鋳型名 鏡名	外径 R平均	三角縁頂部直径（mm）					鋳型からの収縮率 m1	原型からの収縮率 m2	t1	t2
		r1	r2	r3	r4	r平均				
原型		101.4（k29原型）、102.2（会津原型）								
鋳型C	110.7	100.8	100.8	101.0	100.0	100.7		0.74%		
C9	109.6	100.5	100.5	100.7	100.5	100.6	0.10%	0.84%	3.31	2.88
鋳型D	111.0	100.3	100.5	100.5	100.0	100.4		1.01%		
D9	109.7	100.3	100.5	100.5	100.2	100.4	0.00%	1.01%	3.41	2.90
鋳型E	110.6	101.0	100.7	100.7	100.8	100.8		0.59%		
E1	109.5	100.7	100.7	100.5	100.5	100.6	0.20%	0.79%	3.16	2.63
E2	109.5	100.7	100.5	100.8	100.4	100.6	0.20%	0.79%	3.08	2.93
鋳型F	110.2	100.7	100.5	100.5	100.3	100.5		0.89%		
F9	109.8	100.6	101.0	101.3	100.6	100.9	-0.37%	0.52%	3.39	3.09
鋳型G	110.6	101.0	101.3	100.7	100.5	100.9		0.52%		
G9	109.2	100.5	100.5	100.3	100.2	100.4	0.50%	1.01%	3.62	3.05
鋳型H	110.3	100.5	100.0	100.5	100.0	100.3		1.13%		
H9	109.5	100.2	100.4	100.5	100.0	100.3	-0.02%	1.11%	2.57	2.21
鋳型S	106.9	100.7	100.5	100.3	100.0	100.4		1.79%		
S9	107.4	100.5	100.7	100.5	100.3	100.5	-0.12%	1.66%	4.50	4.32
鋳型T	108.9	100.5	100.5	99.7	99.7	100.1		2.05%		
T1	108.0	100.2	100.5	100.3	100.3	100.3	-0.20%	1.86%	4.80	4.82
T2	108.2	99.3	100.0	100.0	100.0	99.8	0.27%	2.32%	4.70	4.70
T3	108.1	100.7	100.7	100.5	101.2	100.8	-0.67%	1.39%	4.71	4.63
鋳型I	110.5	100.0	100.3	100.5	100.0	100.2		1.18%		
I9	109.3	100.0	100.3	100.7	100.2	100.3	-0.10%	1.08%	3.47	2.81
鋳型J	110.5	100.5	100.5	100.5	99.7	100.3		1.08%		
J1	109.4	100.5	100.5	100.7	100.3	100.5	-0.20%	0.89%	3.42	2.91
J2	109.2	100.3	100.5	100.5	100.3	100.4	-0.10%	0.99%	3.27	2.94
鋳型K	110.5	100.5	100.5	100.0	100.0	100.3		1.13%		
K9	109.5	100.3	100.5	100.7	100.2	100.4	-0.17%	0.96%	3.35	2.95
鋳型L	110.5	100.0	100.7	100.5	100.0	100.3		1.08%		
L9	109.6	100.5	100.7	100.7	100.5	100.6	-0.30%	0.79%	3.18	2.62
鋳型U	110.7	101.5	101.5	101.5	100.5	101.2		0.98%		
U1	110.0	101.8	102.2	102.0	101.3	101.8	-0.62%	0.37%	2.90	2.93
U1A9	107.4	99.6	99.5	99.3	98.7	99.3		2.86%	2.67	3.17
U1B9	107.4	99.7	99.8	99.5	99.0	99.5		2.62%	2.44	2.81
U2	109.8	101.8	101.5	101.2	100.7	101.3	-0.10%	0.88%	3.31	3.42
鋳型V	109.6	101.0	100.5	100.5	100.5	100.6		1.54%		
V1	108.8	101.0	101.2	101.5	101.0	100.9	-0.30%	1.25%	3.92	4.15
V1A9	106.5	99.5	99.3	98.5	99.0	99.1		3.01%	3.96	3.62
V1B9	106.2	99.3	99.3	98.7	98.5	99.0		3.18%	3.58	3.38
V2	108.9	100.2	100.5	100.5	100.0	100.3	0.32%	1.86%	4.34	4.04
鋳型W	108.7	100.3	100.0	99.7	99.7	99.9		2.27%		
W1	107.4	100.3	100.3	100.0	99.7	100.1	-0.20%	2.08%	3.99	4.02
W2	107.4	99.7	100.5	100.2	99.7	100.0	-0.15%	2.13%	4.04	3.94
鋳型X	108.8	100.3	100.0	99.7	99.5	99.9		2.27%		
X9	107.6	100.5	101.0	100.5	100.0	100.5	-0.63%	1.66%	3.77	3.68
鋳型A2A	107.9	98.3	98.0	97.5	97.3	97.8		3.57%		
A2A9	107.1	97.8	98.3	98.3	98.3	98.2		3.18%	3.43	2.87
A2A9A9	104.6	95.5	96.5	96.2	96.2	96.1		5.23%	2.77	2.24
A2A9B9	104.7	95.5	96.5	96.5	96.2	96.2		5.15%	2.74	2.38
鋳型A2B	108.9	97.3	97.5	97.5	97.3	97.4		3.94%		
A2B9	106.9	98.0	98.3	98.5	98.3	98.3		3.08%		
鋳型A2C	108.3	98.0	97.5	97.7	97.5	97.7		3.67%		
A2C9	107.7	98.3	99.0	98.3	98.3	98.5		2.88%		
使用計測器		スケール（300mm、1級）								

内区の厚さ (mm)		三角縁の厚さ (mm)				鋳型の素材 (真土と粘土の混合比率)		構造	備考
t3	t4	t5	t6	t7	t8	肌側	本体		
2.94	3.29	7.22	6.72	6.43	7.17	全て60目篩下真土(不粉砕)		一層式	k29 原型
3.13	3.33	7.33	7.00	6.81	7.51				k29 原型
2.61	2.89	7.09	6.67	6.84	7.12				k29 原型 外区壊れ
2.91	2.99	7.09	6.67	6.97	7.22				
3.25	3.42	7.56	7.04	6.51	7.38	表面のみ薄く(厚さ1～2mm程度) 60目篩下真土を充填し、裏から60目篩下麻入り真土を充填		一層式	k29 原型
3.21	3.43	7.26	6.73	6.75	7.27				k29 原型
2.29	2.54	7.11	6.49	5.93	7.09				k29 原型
4.52	4.45	8.32	7.51	7.63	7.40	表面のみ薄く(厚さ1～2mm程度) 60目篩下真土を充填し、裏から30目篩下麻なし真土を充填		一層式	会津原型
4.91	4.84	8.14	7.43	8.04	7.84				会津原型
4.84	4.91	8.17	7.38	7.84	7.76				
4.60	4.59	8.42	7.39	7.46	7.52				
3.40	3.32	7.44	6.69	6.46	7.31	表面のみ薄く(厚さ1～2mm程度) 60目篩下真土を充填し、裏から20目篩下麻なし真土を充填		一層式	k29 原型
2.94	3.11	7.38	6.62	6.80	7.22				k29 原型 外区壊れ
2.75	3.23	7.84	6.90	7.01	7.07				
3.02	3.33	7.51	6.62	6.77	7.20	全て60目篩下麻入り			k29 原型
2.86	3.33	7.54	6.83	6.83	7.42				k29 原型
3.64	3.47	7.55	7.57	8.25	7.42	内側60目篩下真土、外側煉瓦状板60目篩下麻入り真土を充填		二層式	会津原型
3.53	3.23	6.84	7.04	7.83	7.22			一層式	
3.49	3.47	6.79	7.18	8.01	7.33			一層式	
4.30	3.87	7.42	7.85	8.47	7.57	内側60目篩下真土、外側煉瓦状板60目篩下麻入り真土を充填		二層式	会津原型
4.06	3.90	7.67	6.89	7.48	7.64				
3.48	3.64	7.77	7.10	6.62	7.29			一層式	
3.90	3.55	6.93	6.83	7.39	7.83			一層式	
4.54	4.46	7.30	7.00	7.67	7.29	内側60目篩下真土、外側煉瓦状板60目篩下麻入り真土を充填		二層式	
4.34	4.24	7.25	7.27	7.36	7.26	表面のみ薄く(厚さ1～2mm程度) 60目篩下真土を充填し、裏から30目篩下麻なし真土を充填		一層式	会津原型
4.31	4.18	7.19	7.19	7.46	7.21				会津原型
4.15	3.99	7.23	6.87	7.32	7.16				
3.26	3.31	6.93	6.65	6.38	6.79			一層式	踏み返し
2.60	2.63	6.51	6.28	6.28	5.99			一層式	踏み返し
2.63	2.71	6.71	6.49	6.63	6.47			一層式	踏み返し
								一層式	踏み返し
								一層式	踏み返し
								一層式	踏み返し

digital ノギス (改造)

鈴木勉 2004「三角縁神獣鏡復元研究—検証ループ法の実施」『文化財と技術』第3号、
表3-4 1/2復元鏡と鋳型の計測表を一部修正

以上の実験結果に依れば、収縮の検討から踏み返しや同型法の痕跡を追いかけることは、正しい方法とは言えないことになる。ましてや、正確な計測技術が普及していない考古学の現状では収縮の検討は難しい［176頁：コラムⅡ-4-3「三角縁神獣鏡の計測」参照］。

8. 収縮とひびの関係について

　真土と粘土を混練した「土」で作った鋳型は、乾燥と焼成の工程で必ず収縮しようとする。収縮は土の体積の減少を意味する。収縮を妨げるもの（堅牢な型枠や煉瓦状板など）がない場合は、全体が中心へ向かって移動するので「ひび」は発生しにくい。一方、収縮を妨げようとする型枠がある場合は、土は中心へ向かって移動できずに分散する。その結果、内側の鋳型には無数にひびが発生する。

　近代から現代に伝わる釜作りも鏡作りも、堅牢な型枠を使う。今は鉄製の型枠が多いが、数十年前までは陶製または木製の型枠が使われた。従って、鋳型の乾燥時には、必ずひびが発生する。そのひびは埴汁で補修するが、完全にひびを埋めることは出来ない。出来上がった製品にその痕跡が残る。

　従って、ひびによる突線や凹線が全く観察されない古鏡（本書で言う精妙薄肉彫り鏡や高度薄肉彫り鏡はこれに属する）については、堅牢な型枠や煉瓦状板などを使った真土型によって作られたとは考えることが出来ない。一層式鋳型や陶范などを想定することができよう。そして、その場合は、全体の寸法が製作時に大きな収縮があったと考える必要がある。

　一方、ひびによる突線や凹線が数多く観察される古鏡（本書で言う疑似薄肉彫り鏡や稚拙薄肉彫り鏡がこれに属する）は、鋳型が収縮しないためにひびが発生したと考えられ、さらに銅72.2％、錫22.8％、鉛5％の合金では凝固収縮が必ずあるとは言えないため、全体の寸法がほとんど収縮しないことがあることを念頭に置いておかなければならない。

　以上のように、古鏡の製作技法を考えるには、調査にあたってひびによる突線や凹線がどれだけ現れているかを観察することが重要な調査項目となる。

第四章　考察

9. 鏡の反りを検証する

(1) 踏み返しによる反りの変化

　実験で得た全ての1/2鏡56面について、鏡面の反りを計測した。計測には三次元計測機（マツオ製 Mercury J）を使用した。原型とした硬質プラスチック製1/2原型2種（黒塚29号鏡、会津大塚山鏡）も同時に計測したので、そこからの反りの変化の割合（％）を比較した。

　「反り」については、次のように規定した。鏡面の外周の2点（A、B）を結ぶ線を引き、鏡面の中心部とその線との間隔（距離）を「反り高さ」hとし、点A、B間の距離を「直径」Rとし、h/Rの値（％）を「反り」とした。「反り」の変化は、原型の「反り」を100％とし、それに対する割合（％）で示した（図Ⅱ-4-30）。

　予想に反して、黒塚29号鏡の1/2原型と会津大塚山鏡の1/2原型の場合のどちらも、原型が最も反りが大きく、復元鏡はすべてそれを下回った（図Ⅱ-4-31〜33）。つまり、鋳造工程で反りが増す例は1例も無かったのである。

　そこで、踏み返し法で作った親・子・孫・曾孫4代ないしは3代の鏡群について反りの変化を検証したところ、図Ⅱ-4-31のように、反りは、踏み返す度に、例外なく減少する結果となったのである。

　これまでの研究者達の見解は、鋳造凝固で反りが強くなる（曲率半径が小さくなる）と考えられていた。亀井清氏は「日本の仿製鏡は……＜中略＞……そ

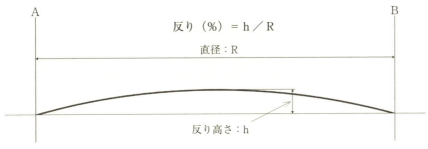

図Ⅱ-4-30　反り（模式図）

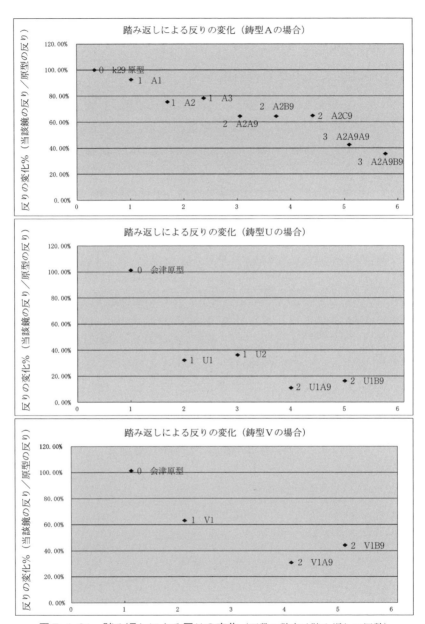

図Ⅱ-4-31　踏み返しによる反りの変化（下段の数字は踏み返しの回数）

第四章 考察

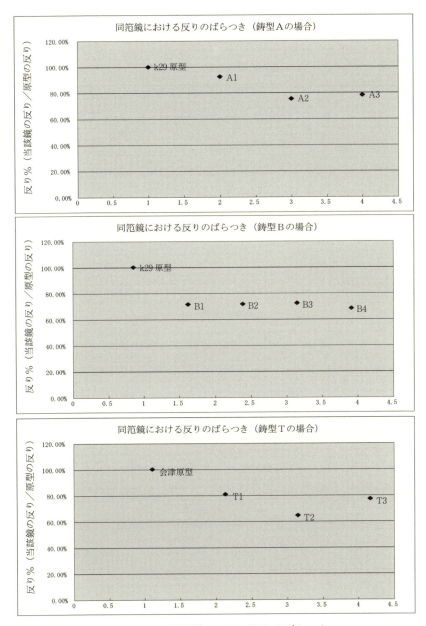

図Ⅱ-4-32　同笵鏡における反りのばらつき

第Ⅱ部　同笵（型）鏡論と復元研究

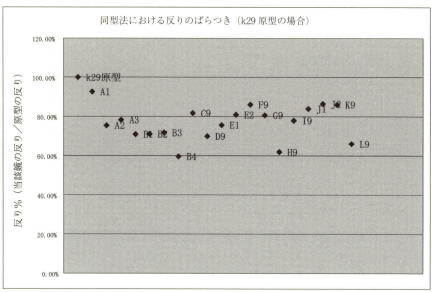

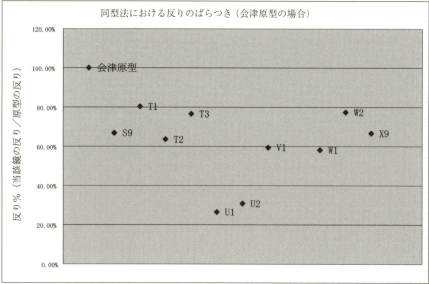

図Ⅱ-4-33　同型法における反りのばらつき

の形からして当然凸面になったものと思われ、ふみ返し技法で鋳造したとしますと、母型となる鏡がすでに凸面になっていますので、一層反りのきつい凸面鏡になってしまったものとかんがえられます。」と述べた[2]。亀井氏が金属工学の専門家であるために考古学研究者等に大きな影響を与えた［178頁：コラムⅡ-4-4「古鏡の反りと工学者の参加態度」参照］。清水康二氏・三船温尚氏らは、泉屋博古館蔵鏡の観察の中で「M23鏡を母鏡としてM24鏡を踏み返したと考えることもできるが、鋳造凝固のみで3mm以上も飛び出すとは現実験段階では考えにくい。」と述べ、逆に反りが減少することは想定外のことだったようである[3][4]。また、遠藤喜代志氏は、「今回の実験は、結果的には「反り」の問題に多くの時間を費やすこととなった。鋳造工学の研究者や鋳造実務者の見解の中に、凝固時の収縮および仕上げ研磨によるとするものがあったが、今回の実験に関する限り、その二者とも起こらなかった（昭和60年に遠藤が行った同様の実験においても起こらなかった）。」と述べた[5]。鋳造凝固時に反りが強くなることは「現代の鋳造の一般常識」であったようだ。筆者らも同じように反りが強くなると推定していた。ところが、本実験では逆の結果が出た。それも必ずと言って良いほどの確率で踏み返す度に反りが減少したのである。観察・推定法の危うさを改めて知る結果であった。

(2) 同笵鏡の反りのばらつきを検証する

続いて同笵鏡の反りのばらつきについて検証した（図Ⅱ-4-32）。どの鏡も原型よりも反りが緩くなった。原型の反りを100とすれば、どの同笵鏡においても約70～80％前後のところを中心に上下にプラスマイナス10％のところに値が入って、比較的安定した変形具合だと言える。

---

(2) 亀井清 1983「銅の技術」『古代日本の知恵と技術』森浩一編
(3) 清水康二・三船温尚・清水克朗 1998「鏡の熱処理実験—面反りについて（その1）—」『古代学研究』144
(4) 上野勝治 1992「鋳造面からみた三角縁神獣鏡」『古代学研究』128
(5) 遠藤喜代志 1997「銅鏡の復原制作」『文明のクロスロード Museum Kyushu』56

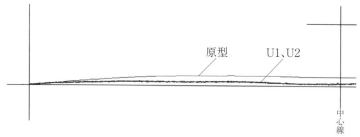

図Ⅱ-4-34　U1、U2の反りを原型の反りと比較する

(3) 同型鏡の反りのばらつきを検証する

同型法の関係にある鏡群も、その反りは一様に原型より緩くなる。U1、U2を除いて全ての同型鏡の反りは原型の60〜90％の間に入った（図Ⅱ-4-33）。U1、U2は特に反りが緩くなり、平面鏡に近くなった（図Ⅱ-4-34）。

(4) 反りを考える

鏡の反りは踏み返す度に必ず「緩く」なり、「きつく」なるものはなかった。踏み返しを行わない場合は反りの大きな変化は認められなかった。同笵法では特に安定する傾向にあるといえる。同型法では同笵法ほど安定しなかった。

10. 復元研究のまとめ

今回の復元研究によって、いくつかの新しい実験的事実が明らかになった。それを改めて列記しよう。

(1) 同笵法について

①同笵法は可能である。
②抜け勾配が無い場合や、オーバーハングがある鏡を作った工人は最初から同笵法を採用しようとは考えていなかった。
③同笵法が可能だからと言って、三角縁神獣鏡が同笵法で作られたとは言えない。

（2）ひび、鮮明度、鋳造順序について

①ひびに起因する突線がある三角縁神獣鏡の疑似薄肉彫り鏡と稚拙薄肉彫り鏡には二層式鋳型（型枠）が使われた可能性が高い。
②突線が少ない精妙薄肉彫り鏡と高度薄肉彫り鏡は一層式鋳型が使われた可能性が高い。
③同笵鏡における突線の長さは鋳造順序を反映しない。
④文様の鮮明度は、鋳造順序を反映しない。
⑤鋳型のひびに起因する凹線は、ひびに充填された修正のための埴汁が固まり、ひび内の空気が膨張したことによる。
⑥従って、凹線は埴汁の塗り込みなど鋳型のひびの修正が行われたことを示す。

（3）鋳型の欠損、突起について

①鋳型の欠損に起因する鏡背の突起（突線ではない）は、鋳造順序や鋳造法を反映することがある。
②鋳型のひびや欠損（突線、凹線、突起など）の成長の仕方は、踏み返し、同型、同笵の各方法によって異なる。
③同笵法における鋳型の欠損（突起）は、修正されなければ欠損の加速度的な拡大を招く。
④同型法や踏み返し法における鋳型の欠損（突起）は、大きな拡大はない。

（4）収縮とひびと二層式鋳型について

①一層式鋳型は、乾燥時に必ず収縮する。
②二層式鋳型は、収縮が起こりにくい。
③銅72.2％、錫22.8％、鉛5％という配合割合の銅・錫・鉛合金では、凝固時収縮があるとは言えない。拡大することもある。
④金属古鏡の鋳造時の収縮を論じる時に、工学的な一般青銅鋳物の収縮率を用いることはできない。
⑤一層式鋳型は、乾燥工程で全体が収縮してしまうので「ひび」が発生し

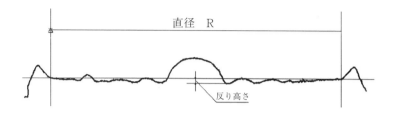

図Ⅱ-4-35　出土三角縁神獣鏡の反りの測定点

にくい。
⑥一層式鋳型では、ひびが成長するとすれば、その段階で鋳型はほとんど破壊してしまう。
⑦二層式鋳型（堅牢な型枠（煉瓦状板）を使った鋳型）では、型枠は原則的に収縮せず、内側の鋳型は収縮しようとするので、「ひび」が発生する。
⑧二層式鋳型の例としては、奈良県唐古・鍵遺跡から出土した銅鐸の外型がそれに当たる。つまり、三角縁神獣鏡出現以前から少なくとも日本列島にはその技術が存在していたのである。また、近現代の真土型も型枠があり、二層式鋳型の範疇に入る。
⑨鏡の収縮から同笵法、同型法、踏み返し法の鋳造順序を追いかけることは、正しい研究方法とは言えない。

(5) 反りについて

①踏み返し法では、必ず反りが小さくなる（鏡面の曲率半径が大きくなる）。
②同笵法では、反りのばらつきが少ない。
③同型法では、反りのばらつきは少ない。
④反りの計測は、高精密な三次元計測機を必要とはしない。どこでも使われている「まこ」または「ものさし」の精度で十分である。
⑤反りの測定点としては、鏡背の三角縁の内側と鈕の外側を採用することによって十分な精度を得ることができるであろう（鏡面側は鋳造後の加工が施されているので、鏡背側を計測するのが望ましい）。

コラムⅡ-4-1　検証ループ法の推奨

　筆者は第Ⅱ部「同范（型）鏡論と復元研究」を、2003年『福島県文化財センター白河館研究紀要 2003』に「三角縁神獣鏡復元研究」と題して初めて発表した。その時の「4 考察　2) 観察・推定法と検証ループ法」の記述は以下の通りである。

　2) 観察・推定法と検証ループ法
　　1の1)の(1)項で述べたように、これまでの鏡の製作技法研究が「観察・推定法」によって行われてきたように、今後もこの方法が重要な位置を占めるに違いない。これが工学分野の研究であれば、やはり「検証ループ法」が必須になるが、考古学の分野では今回のような復元実験研究は容易に行える性質のものではない。しかし、観察・推定法による研究は成果の積み上げが難しい。推定はなるべく数多く実験によって検証される必要があることは考古学分野でも変わるものではないが、実験データを共有することで「観察・推定法」の精度をあげることが可能になる。そのため、各鋳造法で作られた鏡の細部の特徴を出来るだけ多く挙げて、今後の研究者に供したいと思う。

　筆者が推奨する「検証ループ法」では、検証作業つまり「作って確かめる」作業が必須と考えている。ところが考古学に携わる人々の中には、自分には「作って確かめる」のは難しいと言って一向にそこに踏み出さない人がいる。そのため私は「考古学の分野では今回のような復元実験研究は容易に行える性質のものではない。」と述べて、「作って確かめる」ことがない論文でも受け入れるという態度を示してしまったのだ。しかし本書の執筆にあたって、「作って確かめる」作業は世界中いつでもどこでも誰でも実施して来ているのだから、考古学の分野だけ避けて通れると考えてはならないのではないかと考えるに至った。その発表後15年を経過した今、その妥協は間違ってい

たのだ。ここで改めて、「作って確かめる」作業を考古学者達に是非とも実施してほしいと考え、本書では本文のように改めた。

コラムⅡ-4-2　文様の鮮明度と鋳造順序

　文様の鮮明度が同笵法における鋳造順序を示すものではないということは、八賀晋氏、岸本直文氏、藤丸詔八郎氏も述べるが、そうした緒論と今回の実験の成果は全く依って立つところが異なる。三氏の言うところは、一つの笵のひびが使用を重ねるに従って次第に長くなると言う前提に立ち、その鋳造結果である突線が長くなる（はず）と考え、それが鋳造順序を示すものと仮定して同笵（型）鏡群を一列に並べたときに、文様の鮮明度がそれと合致しないことを言っているのである。それに対して本書では、三氏が指摘する笵傷の進行が鋳造順序を示すものではないことも併せて指摘するところである。

　そうした迷信に近い仮説と想像による論考の積み重ねは、かつて網干善教氏が「ある一つの仮説的な前提を想定し、さらにその前提の上に仮説を積み重ねて、一つの結論を導き出している。そして、その結論が事実のように理解される。」と批判した小林行雄同笵鏡説の繰り返しであろう。改めて網干氏の指摘を振り返りたい。

コラムⅡ-4-3　三角縁神獣鏡の計測

　三角縁頂部を測定点とした直径の計測や、鏡背文様の各部の距離の計測に、しばしばバーニヤキャリパ（通称：ノギス）が用いられている例を見るが、それは計測原理を理解しない誤った計測であることを繰り返しになるが敢えて提示しておく。後学の研究が同じ過ちを繰り返さないためである。

　バーニヤキャリパは本来ジョー（くちばし）で被測定物を挟んで計

測する目的で作られていて、挟むための一定の測定圧がかかったときに所定の保証精度が得られることになっている。従って、三角縁頂部を測定点とした直径の計測などの場合は測定部分をジョーで挟むことができないので測定圧をかけようがない。測定圧がかからない計測では実計測値よりも 0.1 〜 0.2 mm 程度大きな数値を示すことが多い。そうした方法では、原則 ± 0.05 mm というバーニヤキャリパの精度が保証されないのだ。ましてや、三角縁神獣鏡に傷を付けてはならないのであるから、バーニヤキャリパのジョーなどを鏡に接触させることができない。つまり、測定の基本である測定点が安定しないのである。それでも測ったとして考古学者は論文に使用計測器を明記せず、その数値だけを記載する。これは、誤った計測法であるということを認識すべきである。

　それに対してスケール（日本名：ものさし）は、三角縁頂部を測定点とした直径の計測には比較的適している。傷を付けてはならない三角縁神獣鏡にも、上にそーっと載せることは可能であるので、傷を付ける心配はあまり無い。また、鋳型を計測する場合、三角縁頂部はV形の溝となり、バーニヤキャリパのジョーやくちばしがV形の溝の底部まで届かない。無理に届かそうとすれば、鋳型に傷を付けかねない。そのため、スケールを鋳型の上にそっと載せて、目の位置による誤差（視差）が生じないよう注意して計測する方法が、鋳造の現場では現実的である。バーニヤキャリパの誤った使い方に較べて計測精度もスケールの方が高いと言える。もちろんスケールによる正確な計測にはある程度の熟練技術が必要であることは言うまでもない。スケールの最小目盛りは、1 mm 乃至は 0.5 mm となっている。計測器の最小目盛りは計測が保証する計測精度と同レベルにあり、適切な計測法であると言える。

　バーニヤキャリパの誤った使い方で得られる計測値の精度と、最小目盛りの細かさには大きなギャップがある。バーニヤキャリパは、読みとり数値だけは、0.05 mm や 0.02 mm 単位の数字が表示され、デジタル式のキャリパでは 0.01 mm の数字まで出てしまう。細かい数字が表示

されるだけに、計測の原理を理解しない者はそのまま、報告書や論文でその数値を使用してしまう。さらに、考古学では使用計測器を報告書や論文内に明記しないことが多い。使用計測器と計測法の明記は基本の基である。

　誤りの二重、三重構造がそこにある。早急な改善の手立てが望まれるが、ますは第一に、大学の考古学教室に精密計測学を導入しなければならない。

コラムⅡ-4-4　古鏡の反りと工学者の参加態度

　鏡の反りについては、亀井清氏（元・関西大学工学部教授）の次のような意見があった。「初めから意図して、凸面鏡をつくったのではない。平面鏡を作ろうとしたけれども、縁や鈕の大きさ、高さ、鏡胎の厚さなどの関係で凸面鏡になってしまったのだと考えています。日本の仿製鏡はやはり凸面鏡になっています。しかも異常なほど極端に凸になったものも見受けられます。仿製鏡は漢式鏡を手本としてつくっていますので、その形からして当然凸面になったものと思われ、ふみ返し技法で鋳造したとしますと、母型となる鏡がすでに凸面になっていますので、一層反りのきつい凸面鏡になってしまったものと考えられます。」（亀井清1983「銅の技術」『古代日本の知恵と技術』森浩一編）。ところが、その後の反りに関する復元研究でこの説はほとんど誤っていることが分かってきた。

　亀井氏は工学部の金属を専門とする学者である。彼の意見を考古学界では素直に受け入れた。というより反論する人はいなかった。ところが、亀井氏の意見は「考えています」「考えられます」「思われ」となっていて、とても実験を踏まえた意見とは思えないのだ。頭の中で銅の凝固時に鏡の反りがきつくなる、と考えたのだ。つまり全く実験を行っていない亀井氏の思い込みだったのだろう。工学者であれば、必ず実験を行って確かめてから発言をするように習慣づけられていた

はずであるのに、である。この著述は朝日カルチャーセンターの記録集であるが、この発表が長く考古学を混乱させた。

　なにはともあれ、工学者の考古学界への参加は大いに歓迎したいところである。これまでおろそかにしていた実験的考古学が大いに盛んになるに違いない。その一方で、全く実験をしない思い込みを人前で口にするような方法は断固拒否したい。鏡研究において同笵・同型鏡論争が泥沼化したのも考古学者が無責任に工学者の意見を取り入れた結果であろう。ものづくりに関わる論文は、考古学者が執筆するにせよ、工学者が執筆するにせよ、実験を以て示すことを望む。

第Ⅲ部　同笵(型)鏡論の向こうに

第Ⅰ部、第Ⅱ部で、三角縁神獣鏡・同笵（型）鏡論を突き詰めて、様々な課題を乗りこえてきた。そして、その向こうに何かが見えるのではないか、と思えた。第Ⅲ部では、新たな三角縁神獣鏡研究の手法と成果を提示したい。三角縁神獣鏡論の終章であり、新たな古墳時代像を描き始めるきっかけとなれば幸いである。

第一章　三角縁神獣鏡の仕上げ加工痕と製作地

1. 鏡を鋳造した後の加工

　青銅鏡は鋳物である。古代の金工品を分類した香取秀眞(ほつま)氏は、一. 鋳物、二. 打もの、三. 彫もの、四. 飾、五. 滅金と分類した[1]。鋳物は「既に設けられたる型に、金属を鎔解して注入する」と解説されているが、それだけで鋳物製品が完成するわけではない。鋳物は、鋳型を作り、金属を溶かして注入し、型を外して仕上げ加工する。つまり鋳物は、鋳込むだけで出来上がるわけではないのだ。鋳型の製作は多くの人たちに理解されているが、鋳造後の仕上げ加工のことはよく知られていない。仕上げ加工には様々な加工技術が駆使されていて、どれも大変手間の掛かる目立たない作業が多い。以下、現代に行われている青銅鏡の仕上げ加工技術を通常の手順にしたがって整理してみた。

(1) あら加工

a. 湯道、鋳バリの除去
　　（切断加工など）

図Ⅲ-1-1　会津大塚山古墳出土鏡の復元鏡の湯道と鋳バリ

　図Ⅲ-1-1 に示したように、鋳型から出てきたばかりの青銅鏡には湯道や鋳バリなど、鋳造にはどうしても必要であるが、製品には

---

(1) 香取秀眞 1932『日本金工史』雄山閣刊　著者の東京美術学校（現東京藝術大学）
　　での講義ノートが元になっている。江戸時代の金工品を分類した。

無用な部分がある。それらは概して大きな部位で、鋳込み直後にそれを切り取る。切り取りには、現代であれば金工用弓鋸やディスクグラインダーなどを使うが、古代では大きな切断たがねが使われたのかもしれない。古代の青銅鏡は、切断たがねを使った後、ヤスリなどの切削加工か砥石を使った研削・研磨加工が行われるため、切断たがねの使用痕跡は残らない。ただ、弥生時代の青銅鋳造製品である長崎県クビル遺跡出土青銅製鎹には、その口元に切断たがねの加工痕が明瞭に残っている[2]。そのことから、鏡の仕上げ加工にも使われたと筆者は推測している。

b. 鋳肌の除去（砥石や砥粒を使ったあら加工）

次に鏡面と縁の外側の鋳肌を除去する。鋳造直後の青銅鏡の表面には微細な砂や土が付着している。微細な砂や土には酸化アルミや酸化ケイ素が多く含まれているが、それらは現代工業で使われている研磨剤で、モース硬度［218頁：コラムⅢ-1-1「かたさって何？」参照］が7～9という焼入れした鋼よりも硬い砥粒である。つまり、平セン（図Ⅲ-1-2）などの鋼製切削工具で鋳肌を削り取ろうとすると、砂や土と接触した刃先がすぐに摩耗してしまう。したがって、鏡背面の仕上げ加工は、最初から平センなどで削るのではなく、まずは砥石などで鋳肌を除去するのが通常行われる方法である。但し、この加工痕も古代青銅鏡には残らない。

C. 大きな除去加工（平セン、ヤスリを使ったあら加工）

鋳肌が除去された後で、平センまたはヤスリによる切削加工を行う。平センは両手で柄を持って手前に引いたり前に押したりして素材を削り取る。三角縁神獣鏡を観察していると、三角縁の外側にセンによる加工と考えられる痕跡が認められる。それは、円周の方向に対して直角に近い角度で刃物の痕が残っているのである。それは平センのびびりの痕、つまり加工時の平セン（図Ⅲ-1-2）の振動の痕だと考えられる。このびびりの痕は時に方格規矩鏡のTLV文の表面

---

(2) 鈴木勉 1984「日本古代の切削加工について―第2報　鉄剣への象嵌技法（続）及び銅鐸に残る切削加工の痕跡―」『日本機械学会第61期通常総会講演会講演論文集 No.840-6』。

第一章　三角縁神獣鏡の仕上げ加工痕と製作地

図Ⅲ-1-2　現代の刀鍛冶が使う平センの例
（河内國平・真鍋昌生 2003『刀匠が教える日本刀の魅力』より転載）

図Ⅲ-1-3　大阪府安満宮山古墳方格規矩鏡のセンの加工痕

に残っており（図Ⅲ-1-3）、ワークの表面に当たる切削工具の刃先が5mm前後以上と大きいときに現れやすい。

(2) 仕上げ加工

a. 切削加工

鏡背面の三角縁の内側や鏡背の外区の鋸歯文の上には、筋状の加工痕が認められることがある。その中にヤスリを使った加工痕と考えられるものがある（図Ⅲ-1-4左）。この加工痕は円周にほぼ平行した筋状の線であり、その粗さや表面形状からヤスリを使った切削加工と判断できる。考古学の報告書では使用工具が推定できないものに対して「擦痕」と表現されることがある。

185

第Ⅲ部　同笵（型）鏡論の向こうに

b. 研削と研磨

鏡背面の三角縁の内側や鋸歯文の上に、ヤスリによる加工の痕跡より小さな痕跡が認められるものがある。この加工痕も円周にほぼ平行した細い筋状の痕跡であり（図Ⅲ-1-4右）、その表面粗さから見て研削・研磨の痕跡［219頁：コラムⅢ-1-2「研削と研磨

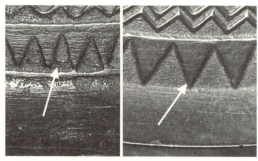

図Ⅲ-1-4　三角縁神獣鏡の外区の鋸歯文に残るヤスリ痕（左矢印）と研削痕（右矢印）

の違いは？」参照］と考えられる。まず指摘したいのが、硬質な砥石を使った「研削」痕である。砥石は固形なので、鋸歯文の表面はダレが生じず平坦に仕上げられる。次が遊離砥粒を使ったラッピングとポリシングであるが、ラッピングが硬い研磨工具（金属製か？堅木か？）に砥粒を付着させて研磨するのに対し、ポリシングは軟らかい研磨工具（革か？布か？）に砥粒を付着させて研磨する。この時使う砥粒を遊離砥粒と言う。もちろん砥石と遊離砥粒を同時に使う、つまり研削とラッピングを併用した方法も考えられる。遊離砥粒を使う場合は少なからず鋸歯文の表面がダレて丸みを帯びて見える。ここではラッピングもポリシングも含めて遊離砥粒を使う方式を「研磨」として分類する。

2. 鏡背面の三角縁の内側と鋸歯文周辺の仕上げ加工の再現実験

筆者が三角縁神獣鏡の観察を通じて推定した鏡背面の三角縁の内側と鋸歯文周辺の仕上げ加工痕は以下の4つがある［219頁：コラムⅢ-1-3「観察・推定法から検証ループ法へ」参照］。

①ヤスリで切削加工　　　　平坦で目が粗い
②硬い砥石で研削加工　　　平坦で目が細かい
　　　　　　　　　　　　　端部にダレがない

第一章　三角縁神獣鏡の仕上げ加工痕と製作地

③遊離砥粒と皮革や布で研磨加工
④鋳放しのまま

目が細かい。端部にダレがある
へら押し痕が残り鋳肌が残る

そこで同じ①から③の加工法で再現実験してみた。

(1) ヤスリで切削加工

ヤスリは市販の8本組み［221頁：コラムⅢ-1-4「ヤスリはいつ頃から使われた？」参照］の市販の平ヤスリを焼きなました後、鍛造加工で先端を曲げて再焼入れしたものを使い（図Ⅲ-1-5左）、図Ⅲ-1-5右のような加工痕を得た。古代のヤスリと異なるのは、目の均一さである。古代のヤスリはヤスリ目を一つずつたがねで加工していくのでその目の大きさにバラツキが出る。現代のヤスリは機械打ちがほとんどであるのでヤスリの目はよく揃っている。

(2) 硬い砥石で研削加工

砥石は、WAの人造砥石［222頁：コラムⅢ-1-5「天然砥石と人造砥石」参照］（#100）を用いて直に研削した（図Ⅲ-1-6左）。図Ⅲ-1-6右のようにヤスリより細かい加工痕となり、鋸歯文にダレは生じない。

(3) 遊離砥粒と皮革で研磨加工

これは現代のポリシング法の一つであるが、古代でも用いられた方法と推定できる（図Ⅲ-1-7左）。実験では、鋳造に使う真土［223頁：コラムⅢ-1-6「真土と砥粒」参照］を遊離砥粒として用いて、皮革を水に浸けて湿らせ、遊離砥粒と馴染むようにした。図Ⅲ-1-7右のような加工痕を得た。

図Ⅲ-1-5〜7の写真は、切削・研削・研磨加工後、水洗し、一眼レフとマクロレンズ（NIKON D7000＋AF MICRO NIKKOR 60㎜）を用いて撮影したものである。

この再現実験から、それぞれの加工痕には次のような特徴が認められた。
①ヤスリによる切削加工では、加工面が平坦になり、筋状の粗い擦痕（ヤスリ目）にムラが認められる（図Ⅲ-1-5右）。
②硬い砥石による研削加工では、加工面が平坦になるが、筋状の細かい擦痕

第Ⅲ部　同笵(型)鏡論の向こうに

図Ⅲ-1-5　ヤスリで切削加工した鋸歯文

図Ⅲ-1-6　砥石で研削加工した鋸歯文

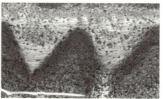

図Ⅲ-1-7　砥粒と皮革で研磨加工した鋸歯文

図Ⅲ-1-8　切削の鋸歯文（三角縁神獣鏡）　　図Ⅲ-1-9　研削の鋸歯文（三角縁神獣鏡）

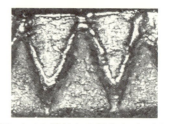

図Ⅲ-1-10　研磨の鋸歯文（三角縁神獣鏡）　　図Ⅲ-1-11　鋳放しの鋸歯文（三角縁神獣鏡）

（研削目）にムラが少ない（図Ⅲ-1-6右）。鋸歯文にダレは認められない。

③遊離砥粒と皮革を使った研磨加工では、鋸歯文の端部にダレが認められ、鋸歯文の表面が丸みを帯びる（図Ⅲ-1-7右）。

以後、ヤスリによる切削加工を「切削」、硬い砥石による研削加工を「研削」、遊離砥粒と皮革または布による研磨加工を「研磨」と呼ぶ。さらに、仕上げ加工しないものを「鋳放し」と呼び、三角縁神獣鏡の鏡背面の仕上げ加工痕を「切削」、「研削」、「研磨」、「鋳放し」の四つに分類する（図Ⅲ-1-8～11）。中には「切削」の後で「研削」されたと考えられる加工痕も見受けられる。その場合は「切削後研削」などと表記する。

3．仕上げ加工痕の比較検討

(1) 同笵（型）鏡群の比較

まずは、同笵（型）鏡群の鏡の仕上げ加工痕を比較してみよう。写真のほとんどはキーエンス社製デジタルマイクロスコープ（×25倍）（以後、マイクロスコープという）で、一部を一眼レフ＋マクロレンズで撮影した。

a. 目3 波文帯盤竜鏡群

（配置盤龍、表現盤、図Ⅲ-1-12）［23頁：コラムⅠ-1-2「目録番号、配置、表現」参照］

この3面は、「研磨」「鋳放し」「研削」でいずれも仕上げ加工痕が異なっている。

b. 目9 天王日月・獣文帯同向式神獣鏡群

（配置同向、表現②、図Ⅲ-1-13）

この3面では上平川大塚鏡だけが「研磨」で、他の2面は「研削」である。

c. 目16 陳是作四神二獣鏡群

（配置Ｘ（Ｈ）、表現④、図Ⅲ-1-14）

第Ⅲ部　同笵(型)鏡論の向こうに

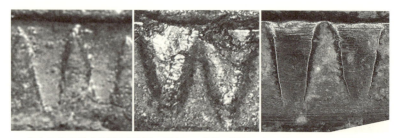

左から和泉黄金塚鏡(研磨)、黒塚17号鏡(鋳放し)、椿井M35鏡(研削)
図Ⅲ-1-12　目3波文帯盤竜鏡群

左から椿井M25鏡(研削)、上平川大塚鏡(研磨)、湯迫J-37179鏡(研削)
図Ⅲ-1-13　目9天王日月・獣文帯同向式神獣鏡群

上段　椿井M23鏡(切削後研磨)、湯迫J-37176鏡(研削)
下段　湯迫J-37175鏡(鋳放し)、真土大塚山鏡(研削)
図Ⅲ-1-14　目16陳是作四神二獣鏡群［口絵1参照］

第一章　三角縁神獣鏡の仕上げ加工痕と製作地

上段 泉屋M23鏡（研磨）、泉屋M24鏡（研磨）、奥3号墳鏡（研磨）
下段 黒塚16号鏡（鋳放し）、黒塚18号鏡（研削）、椿井M21鏡（切削後研削）

図Ⅲ-1-15　目21 張氏作三神五獣鏡群

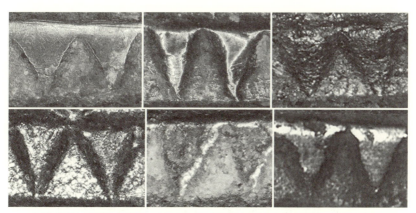

上段 椿井M07鏡（研削）、同M08鏡（研磨）、西求女塚8号鏡（鋳放し）
下段 黒塚4号鏡（鋳放し）、吉島J-2616鏡（鋳放し）、石塚山6号鏡（研磨）

図Ⅲ-1-16　目35 吾作四神四獣鏡群

この4面では、「研削」が2面、「切削後研磨」が1面、「鋳放し」が1面である。

d. 目21 張氏作三神五獣鏡群
   (配置B、表現①、図Ⅲ-1-15)
この6面では、「切削」が1面、「切削後研削」が1面、「研磨」が3面、「鋳放し」が1面である。

e. 目35 吾作四神四獣鏡群
   (配置A、表現①、図Ⅲ-1-16)
この6面では、「研削」が1面、「研磨」が2面、「鋳放し」が3面である。「研磨」に分類した2面も異なる研磨痕であることが見える。

f. 目44 天王日月・唐草文帯四神四獣鏡群
   (配置A、表現④、図Ⅲ-1-17)
この5面では「研削」が4面、「鋳放し」が1面である。4面の「研削」鏡も同じ「研削」で一括りにしたものの、それぞれ異なる加工痕であることは見

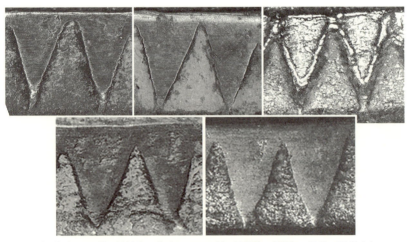

上段 椿井M03鏡（研削）、佐味田j2595鏡（研削）、黒塚24号鏡（鋳放し）
下段 吉島J-2620鏡（研削）、吉島J-2621鏡（研削）
図Ⅲ-1-17　目44 天王日月・唐草文帯四神四獣鏡群 ［口絵1参照］

える。つまり、椿井 M03 鏡と佐味田 j2595 鏡は全く平坦に研がれており、吉島 J-2620 鏡と吉島 J-2621 鏡は加工面がわずかに丸みを帯びていることから研削技術が異なることが分かる。

g. 目 70 天王・日月・獣文帯四神四獣鏡群
（配置 F1、表現②、図Ⅲ-1-18）

この 4 面では、「鋳放し」が 1 面、「研削」が 3 面である。このうち、黒塚 29 号鏡と 30 号鏡は仕上げ加工痕が近似している。

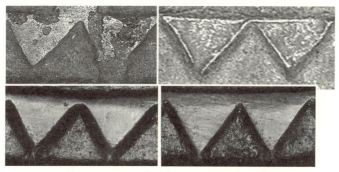

上段 石塚山 M1 鏡（研削）、御陵韓人池鏡（鋳放し）
下段 黒塚 29 号鏡（研削）、黒塚 30 号鏡（研削）
図Ⅲ-1-18　目 70 天王・日月・獣文帯四神四獣鏡群

上段 新山 M12 鏡（研削）、石塚山 M2 鏡（研削）、湯迫 J-37180 鏡（研削）
下段 黒塚 2 号鏡（研磨）、黒塚 27 号鏡（研磨）、黒塚 33 号鏡（研磨）
図Ⅲ-1-19　目 74 天王・日月・獣文帯四神四獣鏡群

h. 目74 天王・日月・獣文帯四神四獣鏡群（配置F2、表現②、図Ⅲ-1-19）

この6面では、「研削」が3面、「研磨」が3面である。このうち、黒塚2、27、33号鏡の3面はいずれも「研磨」で加工痕が近似している。

i. まとめ

以上のように、a～hで挙げた8組の同笵（型）鏡群内では、いずれも仕上げ加工の方法が異なっていることが分かる。このことは一体何を物語っているのであろうか。

目3波文帯盤竜鏡群の場合では、黒塚17号鏡が「鋳放し」鏡で、椿井M35鏡が「研削」鏡、和泉黄金塚鏡が「研磨」鏡である。この中では原鏡かあるいは最も原鏡に近い鏡は「鋳放し」鏡の黒塚17号鏡と言えるだろう。「鋳放し」鏡の鋸歯文は縁がへらの痕で盛り上がっており、一端削って平坦にしてしまった「研削」鏡や「研磨」鏡は、「鋳放し」鏡である黒塚鏡の原鏡にはなり得ないからである。この3面の鏡が同一工房で作られたと仮定すると、少なくともそれぞれが異なる仕上げ工程で作られたことになってしまう。同笵（型）鏡の数が多い三角縁神獣鏡は大量生産化された鏡と言われている。それらの鏡の製作工程がそれぞれ異なるのはどういうことなのだろうか。別の同笵（型）鏡群も見てみよう。

目9天王日月・獣文帯同向式神獣鏡群の場合では、上平川大塚鏡が「研磨」鏡で、椿井M25鏡と湯迫J-37179鏡はどちらも「研削」鏡である。椿井M25鏡と湯迫J-37179鏡の研削痕は似ているように見え、どちらも大変優れた専門的な加工技術であり、鏡の研磨を専門とする工人の手になるものと推測される。その加工技術についてはもう少し詳しい比較が必要になろう（次項で詳述）。しかし、この群の中では上平川大塚鏡が全く異なる仕上げ加工法が用いられていることが分かる。かつて筆者が比較検討した鏡群であり、その際に行った神像の頭部の上の笵傷と思われる突起について検討した結果、通常の写真撮影では笵傷は成長したかのように見え、①椿井大塚山鏡、②湯迫車塚

---

(3) 鈴木勉 2007「歴史学のための三次元デジタル計測技術―古鏡研究への導入事例―」『MUSEUM』609号　52頁下段

鏡の順に同笵法で作られたかのように推定されてしまうのであるが、突起の投影面積を比較すると3面ともほとんど変わらず同笵法で作られたことは否定された[3]。目9天王日月・獣文帯同向式神獣鏡群の場合、同笵法が使われず、仕上げ加工痕が異なっていることが見える。一体どのような製作背景が見えるのであろうか。

さらに、目16陳是作四神二獣鏡群では、湯迫J-37175鏡が「鋳放し」鏡で、椿井M23鏡が「切削後研磨」鏡、湯迫J-37176鏡と真土大塚山鏡が「研削」鏡である。これも4面で3通りの仕上げ加工痕となっている。全く異なる加工痕で、とても同一工房での製作は想定できない。湯迫鏡2面も仕上げ加工が異なり、その関係を推定することが難しい。現時点では、湯迫J-37175鏡が原鏡か、あるいは原鏡に最も近い鏡と考えることが出来る。

また、目35吾作四神四獣鏡群の場合、「研磨」に分類した椿井M08鏡と石塚山6号鏡の2面もそれぞれ異なる「研磨」痕であることが見え、目44天王日月・唐草文帯四神四獣鏡群(配置A、表現④)の場合、4面の「研削」鏡では2面が全く平坦に研がれており、残り2面が加工面がわずかに丸みを帯びていることが分かっている。

(2) 同一古墳出土鏡の比較

次に、同一古墳から出土した鏡で仕上げ加工痕を見てみよう。

表Ⅲ-1-1　湯迫車塚古墳の「研削」鏡

目録番号	三角縁名称	蔵品番号	配置	表現	図Ⅲ-1-20
9	天王日月・獣文帯同向式神獣鏡	J-37179、yuba10	同向	②	左
16	陳是作四神二獣鏡	J-37176、yuba06	X(H)	④	中
74	天王・日月・獣文帯四神四獣鏡	J-37180、yuba01,04	F2	②	右

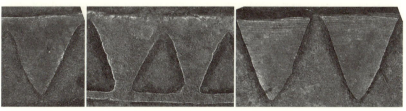

図Ⅲ-1-20　湯迫車塚古墳の「研削」鏡3面[口絵2参照]

第Ⅲ部　同笵（型）鏡論の向こうに

表Ⅲ-1-2　湯迫車塚古墳の「切削」鏡

目録番号	三角縁名称	蔵品番号	配置	表現	図Ⅲ-1-21
1	画像文帯盤龍鏡	J-37172、yuba07	盤龍	⑧	上段左
13	陳氏作神獣車馬鏡	J-37174、yuba08	X	⑧	上段中
31	吾作二神六獣鏡	J-37177、yuba13-17	特殊	①	上段右
56	画文帯五神四獣鏡	J-37181、yuba02	A'	⑥	下段左
63	波文帯六神四獣鏡	J-37182、yuba11	A'	⑨	下段右

図Ⅲ-1-21　湯迫車塚古墳の「切削」鏡5面［口絵2参照］

表Ⅲ-1-3　佐味田宝塚古墳の「研削」鏡

目録番号	三角縁名称	蔵品番号	配置	表現	図Ⅲ-1-22
44	天王日月・唐草文帯四神四獣鏡	J-2595、Samida01	A	④	左
60	天・王・日・月・吉・獣文帯四神四獣鏡	J-2269、Samida12	A	⑥	中
61	陳氏作六神四獣鏡	J-2602、Samida04	A'	⑧	右

図Ⅲ-1-22　佐味田宝塚古墳の「研削」鏡3面［口絵2参照］

第一章　三角縁神獣鏡の仕上げ加工痕と製作地

a. 湯迫車塚古墳

　＜「研削」鏡＞湯迫車塚古墳の「研削」鏡は3面ある（表Ⅲ-1-1、図Ⅲ-1-20）。
　＜「切削」鏡＞湯迫車塚古墳の「切削」鏡は5面ある（表Ⅲ-1-2、図Ⅲ-1-21）。

　湯迫車塚古墳の鏡の場合、「研削」鏡である目9天王日月・獣文帯同向式鏡（J-37179、配置同向、表現②）と目16陳是作四神二獣鏡（J-37176、配置X(H)、表現④）と目74天王・日月・獣文帯四神四獣鏡（J-37180、配置F2,表現②）の3面は、加工痕跡が近似しており同一工人または同一工房の加工が推定される。「切削」鏡である目1画像文帯盤龍鏡（J-37172、配置盤龍、表現⑧）と目56画文帯五神四獣鏡（J-37181、配置A'、表現⑥）は、同一のやすりが使われた可能性が考えられるほど加工痕跡が似ている。同一工人による加工が推定されよう。また、同じく目13陳氏作神獣車馬鏡（J-37174、配置X、表現⑧）と目31吾作二神六獣鏡（J-37177、配置特殊、表現①）と目63波文帯六神四獣鏡（J-37182、配置A'、表現⑨）の3面も、それと似た「切削」痕である。
　湯迫車塚古墳からは、他に「研磨」鏡が1面、「鋳放し」鏡が2面出土している。

b. 佐味田宝塚古墳

　＜「研削」鏡＞佐味田宝塚古墳の「研削」鏡は3面ある（表Ⅲ-1-3、図Ⅲ-1-22）。
　＜「研磨」鏡＞佐味田宝塚古墳の「研磨」鏡は4面ある（表Ⅲ-1-4、図Ⅲ-1-23）。

　佐味田宝塚古墳の鏡の場合、「研削」鏡3面、目44天王日月・唐草文帯四神四獣鏡（J-2595、配置A、表現④）、目60天・王・日・月・吉・獣文帯四神四獣鏡（J-2269、配置A、表現⑥）、目61陳氏作六神四獣鏡（J-2602、配置A'、表現⑧）は、同一工人または同一工房における加工が推定できるほど仕上げ加工痕が近似している。また、「研磨」鏡4面中の3面、目29吾作六神四獣鏡（J-1268、配置U、表現①）と目125波文帯三神三獣鏡（J-2272、配置K1?、表現⑪）と外区片（j-2270）も同一工人または同一工房における加工が推定されるほど加工痕が似ている。

197

表Ⅲ-1-4　佐味田宝塚古墳の「研磨」鏡

目録番号	三角縁名称	蔵品番号	配置	表現	図Ⅲ-1-23
19	新作徐州銘四神四獣鏡	J-2623、samida07	C	⑭	上段左
29	吾作六神四獣鏡	J-1268、samida02	U	①	上段右
125	波文帯三神三獣鏡	J-2272、samida05	K1?	⑪	下段左
	外区片	J-2270、Samida03			下段右

図Ⅲ-1-23　佐味田宝塚古墳の「研磨」鏡4面

表Ⅲ-1-5　椿井大塚山古墳の「研削」鏡

目録番号	三角縁名称	蔵品番号	配置	表現	図Ⅲ-1-24
3	波文帯盤龍鏡	M35	盤龍	盤	第1段左
9	天王日月・獣文帯同向式神獣鏡	M25	同向	②	第1段中
25	吾作三神五獣鏡	M32	B	⑦	第1段右
32	吾作四神四獣鏡	M33	E	⑦	第2段左
34	張氏作四神四獣鏡	M04	A	①	第2段中
35	吾作四神四獣鏡	M07	A	①	第2段右
42	櫛歯文帯四神四獣鏡	M10	A	①	第3段左
43	天王日月・獣文帯四神四獣鏡	M12	A	⑤	第3段中
44	天王日月・唐草文帯四神四獣鏡	M03	A	④	第3段右
46	天王日月・獣文帯四神四獣鏡	M13	A	②	第4段左
46	天王日月・獣文帯四神四獣鏡	M14	A	②	第4段中
46	天王日月・獣文帯四神四獣鏡	M15	A	②	第4段右
53	張是作四神四獣鏡	M06	A	⑨	第5段左
75	天王・日月・獣文帯四神四獣鏡	M16	F2	②	第5段中
81	天王日月・獣文帯四神四獣鏡	M17	G'	③	第5段右
105	天王日月・獣文帯三神三獣鏡	M19	K1	③	第6段

第一章　三角縁神獣鏡の仕上げ加工痕と製作地

図Ⅲ-1-24　椿井大塚山古墳の「研削」鏡16面［口絵3参照］

表Ⅲ-1-6　椿井大塚山古墳の「切削」鏡

目録番号	三角縁名称	蔵品番号	配置	表現	図Ⅲ-1-25
3	波文帯盤龍鏡（切削後研削）	M35	盤龍	盤	上段左
21	張氏作三神五獣鏡（切削後研削）	M21	B	①	上段中
26	吾作三神五獣鏡	M20	B	⑦	上段右
26	吾作三神五獣鏡	M31	B	①	下段左
42	櫛歯文帯四神四獣鏡	M09	A	①	下段中
56	画文帯五神四獣鏡	M 11	A'	⑥	下段右

図Ⅲ-1-25　椿井大塚山古墳の「切削」鏡6面［口絵5参照］

c. 椿井大塚山古墳

<「研削」鏡> 椿井大塚山古墳の「研削」鏡は16面ある（表Ⅲ-1-5、図Ⅲ-1-24）。いずれも同一工人または同一工房による製作が推定できる似た加工痕である。

<「切削」鏡> 椿井大塚山古墳の「切削」鏡は6面ある（含「切削後研削」、表Ⅲ-1-6、図Ⅲ-1-25）。

椿井大塚山古墳の鏡の場合、「研削」鏡が16面と多く、なおかつその加工痕はよく似ている。このことは、椿井大塚山古墳出土鏡の特徴と言えよう。同一工人または同一工房による加工が推定できる。また、「切削後研削」されたと考えられる目3波文帯盤龍鏡（M35）もある。この鏡の仕上げ加工痕は「切削後研削」鏡である目21張氏作三神五獣鏡（M21）とよく似ている。この2面

第一章　三角縁神獣鏡の仕上げ加工痕と製作地

も同一工人または同一工房による製作を推定できる。椿井大塚山古墳からは、この他に「鋳放し」鏡が8面出土している。

d. 黒塚古墳

<「鋳放し」鏡>黒塚古墳の場合、「鋳放し」鏡が20面ある（表Ⅲ-1-7、図Ⅲ-1-26）。
<「研削」鏡>黒塚古墳の「研削」鏡は6面ある（表Ⅲ-1-8、図Ⅲ-1-27）。
<「研磨」鏡>黒塚古墳の「研磨」鏡は4面ある（表Ⅲ-1-9、図Ⅲ-1-28）。
<「切削」鏡>黒塚古墳の「切削」鏡は3面ある（表Ⅲ-1-10、図Ⅲ-1-29）。

黒塚古墳は、「鋳放し」鏡が、三角縁神獣鏡全33面の内20面を数え、椿井

表Ⅲ-1-7　黒塚古墳の「鋳放し」鏡

目録番号	三角縁名称	蔵品番号	配置	表現	図Ⅲ-1-26
3	波文帯盤龍鏡	17号鏡	盤龍	盤	第1段左
21	張氏作三神五獣鏡	16号鏡	B	①	第1段中
23	吾作三神五獣鏡	23号鏡	B	①	第1段右
34	張氏作四神四獣鏡	21号鏡	B	①	第2段左
35	吾作四神四獣鏡	4号鏡	A	①	第2段中
36-37	吾作四神四獣鏡	31号鏡	A	①	第2段右
37	吾作徐州銘四神四獣鏡	22号鏡	A	⑭	第3段左
40	吾作三神四獣鏡	10号鏡	A変	④	第3段中
43	天王日月・獣文帯四神四獣鏡	28号鏡	A	⑤	第3段右
44	天王日月・唐草文帯四神四獣鏡	24号鏡	A	④	第4段左
52	陳是作四神四獣鏡	6号鏡	A	⑦	第4段中
53	張是作四神四獣鏡	13号鏡	A	⑨	第4段右
53	張是作四神四獣鏡	26号鏡	A	⑨	第5段左
55	画文帯六神四獣鏡	14号鏡	A'	⑥	第5段中
57	天王・日月・獣文帯五神四獣鏡	5号鏡	A'	⑥	第5段右
60	天・王・日・月・吉・獣文帯四神四獣鏡	15号鏡	A	⑥	第6段左
62	張是作六神四獣鏡	1号鏡	A'	⑨	第6段中
67	吾作四神四獣鏡	19号鏡	D	⑦	第6段右
68	天王・日月・獣文帯四神四獣鏡	9号鏡	F1	②	第7段左
79	王氏作徐州銘四神四獣鏡	32号鏡	G	①	第7段右

第Ⅲ部　同笵（型）鏡論の向こうに

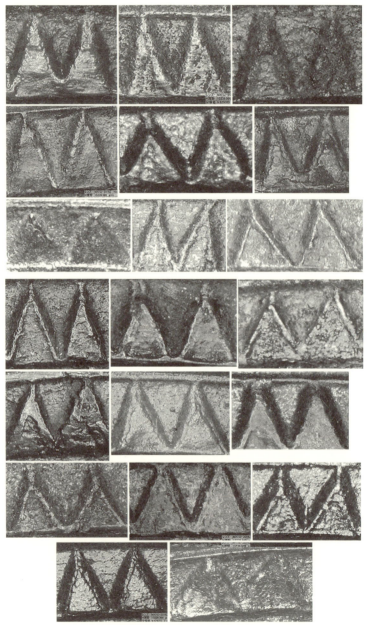

図Ⅲ-1-26　黒塚古墳の「鋳放し」鏡20面［口絵4参照］

第一章　三角縁神獣鏡の仕上げ加工痕と製作地

表Ⅲ-1-8　黒塚古墳の「研削」鏡

目録番号	三角縁名称	蔵品番号	配置	表現	図Ⅲ-1-27
21	張氏作三神五獣鏡	18号鏡	B	①	上段左
36-37	吾作四神四獣鏡	12号鏡	A	①	上段中
52-53	吾作四神四獣鏡	11号鏡	A	⑦	上段右
52-53	吾作四神四獣鏡	25号鏡	A	⑦	下段左
70	天王・日月・獣文帯四神四獣鏡	29号鏡	F1	②	下段中
70	天王・日月・獣文帯四神四獣鏡	30号鏡	F1	②	下段右

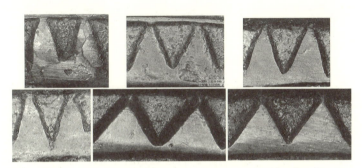

図Ⅲ-1-27　黒塚古墳の「研削」鏡6面［口絵5参照］

表Ⅲ-1-9　黒塚古墳の「研磨」鏡

目録番号	三角縁名称	蔵品番号	配置	表現	図Ⅲ-1-28
74	天王・日月・獣文帯四神四獣鏡	02号鏡	F2	②	上段左
74	天王・日月・獣文帯四神四獣鏡	27号鏡	F2	②	上段右
74	天王・日月・獣文帯四神四獣鏡	33号鏡	F2	②	下段左
79	王氏作徐州銘四神四獣鏡	20号鏡	G	①	上段右

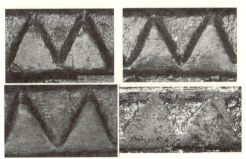

図Ⅲ-1-28　黒塚古墳の「研磨」鏡4面［口絵6参照］

表Ⅲ-1-10　黒塚古墳の「切削」鏡

目録番号	三角縁名称	蔵品番号	配置	表現	図Ⅲ-1-29
18	新作徐州銘四神四獣鏡	03号鏡	C	⑭	左
33	陳・是・作・竟・四神四獣鏡	07号鏡	E	⑦	中
100-101	神人龍虎画像鏡	08号鏡	J1	他	右

図Ⅲ-1-29　黒塚古墳の「切削」鏡3面［口絵5参照］

左からJ-37179、J-37176、J-37180
図Ⅲ-1-30　湯迫車塚古墳の「研削」鏡3面（×175倍）［口絵6参照］

左からJ-2595、J-2269、J-2602
図Ⅲ-1-31　佐味田宝塚古墳の「研削」鏡3面（×175倍）［口絵6参照］

　大塚山では同じく全33面中8面、湯迫車塚では同じく11面中2面、佐味田宝塚では、同じく15面中3面となっており、この比率の高さは、黒塚古墳の三角縁神獣鏡に見える大きな特徴と言える。また、黒塚古墳の「研削」鏡6面のうち5面の加工痕がよく似ており、同一工人同一工房による加工が推定できる。また、同じく「研磨」鏡4面のうち3面の加工痕がよく似ており、これらも同

一工人同一工房による加工が推定できる。黒塚の「研磨」鏡は、わずかなダレが認められるために「研磨」と分類したが、「研削」鏡と「研磨」鏡は似た加工痕であり、「研磨」鏡の方がわずかに遊離砥粒が多かったとも考えられる。

(3) 異なる古墳の「研削」鏡の比較

同じ「研削」鏡で加工痕が似ているように見える湯迫車塚古墳、佐味田宝塚古墳、椿井大塚山古墳の鏡について、マイクロスコープの175倍で撮影した画像で再度比較した。但し椿井大塚山古墳の鏡は175倍で撮影した画像がないため75倍で撮影した画像を175倍相当まで拡大している。

湯迫車塚古墳の「研削」鏡は3面ある（表Ⅲ-1-1、図Ⅲ-1-30）。
佐味田宝塚古墳の「研削」鏡は3面ある（表Ⅲ-1-3、図Ⅲ-1-31）。
椿井大塚山古墳の「研削」鏡は16面ある（表Ⅲ-1-5、図Ⅲ-1-32）。

一見同じ「研削」鏡でも、砥石の目に違いが認められた。椿井大塚山古墳の「研削」鏡は鋸歯文の横方向の筋が明らかに見え、湯迫車塚古墳の「研削」鏡と佐味田宝塚古墳の「研削」鏡に比べて目が粗い砥石が使われたことが分かる。湯迫車塚古墳の「研削」鏡と佐味田宝塚古墳の「研削」鏡についてはその違いを確認できなかった。

また、椿井大塚山古墳の「研削」鏡16面は、どれも同じ目の砥石を使って仕上げ加工されたことが分かる。湯迫車塚古墳の3面の「研削」鏡には同じ細かい目の砥石が使われたことがわかり、佐味田宝塚古墳の3面の「研削」鏡にも同レベルの細かい目の砥石が使われたことが分かる。

(4) 仕上げ加工痕から見えること

仕上げ加工痕の比較で明らかになったことを整理してみよう。
①同笵（型）鏡群の鏡は、様々な仕上げ加工が施されている。
　◇同笵（型）鏡群の鏡は、仕上げ加工痕が異なるものが多い。通常同一工房で製作されたとすれば、同じ仕上げ法になるはずであるのだが。
②仕上げ加工の方法は、同笵（型）鏡群よりも、出土古墳によって規定されている。
　◇黒塚古墳の鏡には「鋳放し」鏡が33面中20面ある。これだけの「鋳放

第Ⅲ部　同笵（型）鏡論の向こうに

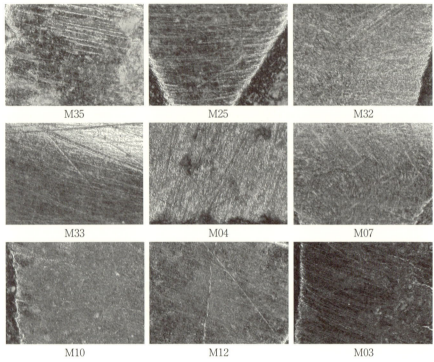

図Ⅲ-1-32　椿井大塚山古墳の

し」鏡が一古墳に副葬されていることは特徴的である。
◇同じ砥石が使われたと考えられる「研削」鏡が、湯迫車塚古墳に3面ある。その3面は、配置は同向・X（H）・F2の3種、表現は②と④の2種である。つまり、配置や表現に拘わらず、同じ仕上げ加工が施されている。
◇同じ砥石が使われたと考えられる「研削」鏡が、佐味田宝塚古墳に3面ある。その3面は、配置Aが2面、A'が1面で、表現は④、⑥、⑧各1面である。ここでも、配置や表現に拘わらず、同じ仕上げ加工が施されている。
◇同じ砥石が使われたと考えられる「研削」鏡が、椿井大塚山古墳に16面ある。その16面の配置は、Aが9面、盤龍・同向・B・E・F2・G'・K1が各1面であり、表現は②が5面、①が3面、⑦・③が2面、④・⑤・⑨・盤が各1面である。またここでも、配置や表現に拘わらず、同じ仕上げ加工が施されている。

第一章　三角縁神獣鏡の仕上げ加工痕と製作地

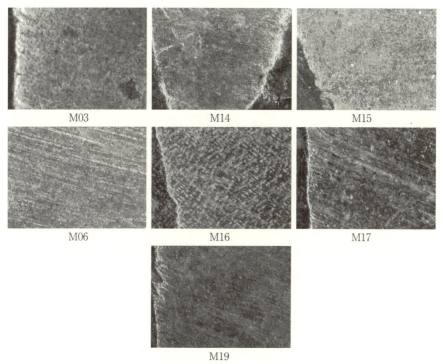

「研削」鏡16面（×175倍）［口絵7・8参照］

　③一見似て見える「研削」痕も、出土古墳が異なれば砥石の目が異なり、出土古墳が同じであれば砥石の目が一致することから、出土古墳が同じ鏡の仕上げ加工には同一の砥石が使われたと推定できる。

　次項では、この調査結果から見えることについて考察してみる。

4. 三角縁神獣鏡の製作体制について

（1）鏡背面の仕上げ加工はいつ行われたか

　鏡背面の仕上げ加工はいつ行われたのであろうか。考古学の遺物では、①出土後のクリーニング時、②被葬者周辺での埋葬前の再仕上げ加工、③鋳造製作時の最終工程での仕上げ加工、などの可能性が考えられる。

207

①出土後のクリーニング時については、黒塚古墳出土鏡については、そのクリーニング作業を常に見ていた筆者には、クリーニング工程の中では現代の研削研磨工具を使用していないことは明言できる。その他の古墳から出土した鏡については、研削研磨後の表面の錆層にその周囲との違いを認めることが出来ないことから、本稿で扱った椿井大塚山古墳出土鏡、佐味田宝塚古墳出土鏡、湯迫車塚古墳出土鏡には、出土後の研磨作業は施されていないと判断できる。

次に、②被葬者周辺での埋葬前の再仕上げ加工か、③鋳造製作時の最終工程での仕上げ加工かであるが、ここで目74天王・日月・獣文帯四神四獣鏡を取り上げてみたい。黒塚古墳から出土した3面の目74の鏡はいずれも「研磨」で仕上げ加工がなされており、他の古墳から出土した3面の鏡が「研削」で行われている点で異なっている。また、黒塚鏡33面のうち、20面が「鋳放し」鏡、6面が「研削」鏡、4面が「研磨」鏡、3面が「切削」鏡と、全体を統一した仕上げ加工が施されていない。その一方で6面の「研削」鏡には、目52-53の2面と目70の2面が含まれ、4面の「研磨」鏡には目74の3面が含まれている。黒塚古墳出土のこの3種の同笵(型)鏡群7面は、それぞれの同笵鏡群ごとに同一工人によって作られていることが分かる。つまり、仕上げ加工は②被葬者周辺での埋葬前ではなく、③鋳造製作時の最終工程で行われたことが分かる。さらに、三角縁神獣鏡の鏡背面の仕上げ加工は、鋳造によって文様の出が悪かった箇所に集中して切削・研磨・研削が行われていることが見える。以上のことから、鏡背面の仕上げ加工は③鋳造製作時の最終工程で行われたと考えられる。

(2) 三角縁神獣鏡の「原鏡」と「複製鏡」

三角縁神獣鏡の特徴には、様々なものがあるが、その中で、同笵(型)鏡が数多くあるという点を考えてみたい。

三角縁神獣鏡は、それが同型鏡とすれば「原鏡」と「複製鏡」が存在する[223頁：コラムⅢ-1-7「原鏡と複製鏡」参照]。現時点までの研究ではどれが「原鏡」であるかは、見極められていない。新たなデザインの三角縁神獣鏡、つまり「原鏡」を作るのと、その「複製鏡」を作るのとでは技術的には大きな隔たりがある。「原鏡」の製作には多様な文様の解釈、銘文の理解、鋳型への立体

表現の技術、へら押しの技術など、多様な知識と技術が必要であるが、それらは「複製鏡」の製作には不要である。つまり、製作地や製作工房などの検討では、その二つをしっかり分けて考えなければならない。しかし、これまでの多くの論考は技術の問題や製作地の問題を論じるとき、「原鏡」と「複製鏡」の区別を考えようとはしていない。それは「原鏡」と「複製鏡」が同じ工房で作られていたとの前提に立っていたからであろう[4]。

今回の調査によって、少なくとも「複製鏡」については、各地の古墳の被葬者と彼を取り巻く地域の影響下で製作されたことが見えてきた。

三角縁神獣鏡の配置や表現の分類に基づく「鏡群」や「系統」の研究は、「原鏡」の製作に限定して言えばある程度有効である可能性はあるが、「複製鏡」の製作については、全く当てはまらない。今回の調査では、異なる「鏡群」や異なる「表現」の鏡間において同一の仕上げ加工が行われていることが分かった。少なくとも「複製鏡」の製作にあたっては、異なる「鏡群」や異なる「系統」の鏡を一括して鋳造し、仕上げ加工していたのである。そして、その製作地は列島内の三角縁神獣鏡出土古墳の近くである。

(3) 鋳型を修正した工人

筆者はかつてオーバーハングと鋳型の修正について論考をまとめた[5]。そこで、黒塚12号鏡と31号鏡では、神像の右袂の襞文様が31号鏡では3本であったものが12号鏡では4本に変化しており、そのへら使いの癖から31号鏡を製作した工人と12号鏡を製作した工人が異なる工人であることを指摘した（図Ⅲ-1-33）。黒塚古墳に製作者の異なる同范（型）鏡が副葬されていたのである。また、縁内側の仕上げ加工痕も異なっており（図Ⅲ-1-34）、この2面が別工人の手になるものであることを裏付ける。その別工人が、同一工房内なのか、

---

(4)「原鏡」と「複製鏡」が同じ工房で作られていたとの考えは次の論考で示されている。小林行雄 1961『古墳時代の研究』青木書店　119頁、岡村秀典 1999『三角縁神獣鏡の時代』吉川弘文館　168～170頁、福永伸哉 2005『三角縁神獣の研究』大阪大学出版会　135頁など

(5) 鈴木勉 2000「オーバーハング鏡が投げかける問題」『大古墳展』奈良県立橿原考古学研究所・京都大学・東京新聞編（本書37～38頁参照）

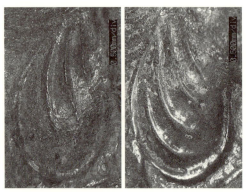

図Ⅲ-1-33　黒塚31号鏡（左）と同12号鏡の第3神像右袂

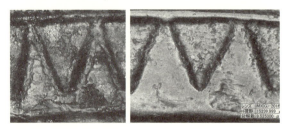

図Ⅲ-1-34　黒塚31号鏡（左、鋳放し）と同12号鏡（右、研削）の仕上げ加工痕

あるいは別工房なのか、そのどちらかであろう。

　さらに、黒塚12号鏡と31号鏡は目36-37の2面だけの同笵（型）鏡群であるが、12号鏡には数多くの修正痕が見られる。12号鏡と31号鏡では31号鏡が「原鏡」に近いと言える。また、縁内側の仕上げ加工痕を比較すれば、31号鏡は「鋳放し」であり、12号鏡は「研削」であり、それを裏付ける。

（4）ひび鏡と二層式鋳型について

　筆者はいわゆる舶載・仿製を通じて多くの三角縁神獣鏡に見られる特徴の一つとして鏡背面全面にひびの痕跡（凸線または凹線）が見られる点をあげ、鋳造実験を通して、それが二層式鋳型によって現れることを指摘した。さらに二層式鋳型の実例として唐古・鍵遺跡から出土した銅鐸の外型を挙げ、二層式鋳型の技術が弥生時代から列島内に存在していたことを示した[6]。

　三角縁神獣鏡の多くに見られる鋳型のひびの痕跡（笵傷の転写）は画文帯神

獣鏡、方格規矩鏡、人物画像鏡などの中国製青銅鏡には見られない[7]。このことは舶載鏡と仿製鏡を含む三角縁神獣鏡の「複製鏡」が列島内の出土古墳の近くで作られたことを示す今回の調査結果と整合性がある。

5. 三角縁神獣鏡と移動型工人集団

(1) 中央集権的な技術史観

これまで、古代の鏡など金工品の製作地については多くの研究者によって次のことなどが語られてきた[8]。

①中国で作られた鏡など金工品が、大和王権に「下賜」され、後に各地の政権に再び「下賜」された。
②鏡など金工品の製作技術は、当時の王権の手に握られていた。工人集団は王権の下に存在し、そこで作られ、各地に配布（下賜）された。
③各地の政権の下に工人集団が存在し、各地で作られた。

①と②の考えは、三角縁神獣鏡が舶載鏡と仿製鏡に分類され、舶載鏡が中国で作られたとする立場から発せられたものである。また、日本列島内で製作された仿製鏡などについては、②の考えが示されている。「大和政権によって各地に配布され、支配の拡大において重要な役割を果たしたという見方については意見が一致しつつある。」と森下章司氏が述べる[9]ように、中央集権的な技術史観が考古学研究者の多数を占めていると言えるだろう。しかしながら、こ

---

(6) 鈴木勉 2002「技術移転論で見る三角縁神獣鏡―長方形鈕孔、外周突線、立体表現、ヒビ、鋳肌―」『天理市立黒塚古墳展示館開館記念フォーラム「黒塚古墳から卑弥呼がみえる」資料』天理市教育委員会、鈴木勉 2004「三角縁神獣復元研究」『文化財と技術』第3号　など（本書173〜174頁参照）
(7) ひび鏡が三角縁神獣鏡の大きな特徴の一つであることは、水野も追認している。水野敏典 2012「三次元計測と銅鏡製作技法」『隣接科学と古墳時代研究』同成社、87頁
(8) 前掲注(4)岡村 1999　169〜172頁、森下章司 2004「1 鏡・支配・文字」『文字と古代日本1　Ⅰ支配と文字』吉川弘文館　14・22頁、前掲注(4)福永 2005 153頁　など
(9) 前掲注(8)森下 2004　14頁

うした見解では本研究の結果を全く説明できない。

(2) 三角縁神獣鏡の工人集団の本貫地は大和盆地内

　三角縁神獣鏡の仕上げ加工痕が、出土古墳によって異なる、つまり、仕上げ加工技術が出土古墳ごとにまとまりを見せる。このことは鏡作りの工人らが出土古墳近くの各地に定住していたか、あるいは移動型の工人集団が各地の政権からの依頼を受けて各地へ赴いて製作にあたったか、を考えることになる。三角縁神獣鏡の工人集団は列島内の二層式鋳型の伝統を受け継いでいること、三角縁神獣鏡出土古墳の所在地が広範な広がりを見せること、工人集団が定住して作り続けるには鏡の絶対的な面数が少ないことなどを考え合わせると、列島内各地に工人が定住していたとは考えにくい。出吹き［223頁：コラムⅢ-1-8「出吹きと移動型工人集団」参照］を主とする列島内の移動型工人集団の存在を提起したい。

　このことに関連して岸本直文氏と福永伸哉氏が対談の中で次のように述べる[10]。

　　岸本「＜前略＞たくさん集めて多量に必要としたときから、何か倭人向けに特定のグループだけがそれに当たるとか、そんなことをイメージしてもいいのかもしれません。その変化のことと絡み合わせますと、私もきちんと認識しているわけではありませんが、ある程度ブランクがあって、次に前のものをまた模倣しているような……。同じような表現の鏡を作っているのですが、どこか違った鏡が次に出てきている。さらにまた次に変わるというかたちで、ずっと連続的に作っているというよりは、デジタル的な変化みたいなものが見て取れる。ほかの方もおっしゃっていたと思うのですが、特に後半段階になってくると、三神三獣鏡がいっせいに出てくる時期とか、その次の波文帯の段階とか、そういう変化のあり方を感じますね。」
　　福永「つまり、何か大きな事業があるときに、ジョイントベンチャーで対処し、それが終わればまたそれぞれの仕事をして、また何か大きな

---

(10) 福永伸哉・岡村秀典・岸本直文・車崎正彦・小山田宏一・森下章司 2003『シンポジウム三角縁神獣鏡』学生社　80・81頁

事業が入ったらまた集まってくる。その時々に少し違ったタイプの
　　ものが生み出されるということですか。」
　　岸本「そうですねえ。」

　このシンポジウムは、三角縁神獣鏡大和王権下賜説を唱える考古学者が多く集まって開催されたものである。ここで指摘されるジョイントベンチャー的な状況は、古代の鋳造技術に関する知識があれば、当然出吹きの特徴と考えるべき現象であるのだが、三角縁神獣鏡大和王権下賜説の考古学者達はこれを三角縁神獣鏡特注説に導いてしまう。岸本氏の意見の中に「倭人向けに」との語があるのだが、なぜそれが「倭人向け」であるのか全く議論されない。つまり同じ立場に立つ者同士であるためにその意見の矛盾を追及できないのだ。シンポジウム参加者に偏りがあるためであろう。ジョイントベンチャーが想起されるような考古学的な事実を三角縁神獣鏡特注説という前提条件の中に落とし込んでいってしまう考え方は注意が必要である［224頁：コラムⅢ-1-9「出吹きに対するヤマトの特注説」参照］。

　これまで、古代における工人あるいは工人集団は、各地の政権や大和王権の下にあって、為政者の管理下にあったと考える傾向が強かった。筆者は2014年、5世紀代の九州に「（渡来系）工人ネットワーク」の存在を推定し、さらに王権や各地の政権の指揮下に入らない列島内を覆うかたちの移動型工人ネットワークの存在を提案した[11]。これによって5世紀代の列島各地に点在する金銅製品や象嵌遺物の製作体制を明らかにすることが出来たと考えている。

　律令制以前の列島に於いて、技術・工人と政治勢力との関係は、直接的な主従関係になく、パラレルな相互関係であって、工人は技術を携えて各地を移動し、間接的に政権や王権の影響（注文・相談など）を受けながら各地で製作にあたったものと考えられるのである。

　三角縁神獣鏡など古代青銅鏡の製作技術は、象嵌技術や金銅技術に先んじて列島を取り巻く東アジアに広く存在していたものであり、必ずしも王権の下に

---

(11) 鈴木勉 2014「九州の円弧状なめくりたがねと（渡来系）工人ネットワーク―江田船山銀象嵌銘鉄刀など円文を持つ鉄製品―」『文化財と技術』第6号　工芸文化研究所

存在したものではない。原鏡に近いと考えられる鋳放し鏡が黒塚古墳では33面中20面に及ぶことから、三角縁神獣鏡の複製鏡の製作をする工人集団の本貫の候補地として大和盆地内を挙げることが出来そうである。その彼らが被葬者の近くへ移動して鋳造する、いわゆる出吹きの形態で事に当たったと考えることができる。その彼らと被葬者の結びつきについては、政治的な結びつきであるのか、あるいは経済的な結びつきであるのか、はたまた文化的な結びつきであるのか、新たな発想での研究を期待したい。

(3) 系譜論と製作地論を分ける

　三角縁神獣鏡の鋳造技術が、列島内の銅鐸の鋳造技術と二層式鋳型の使用という点で直接的なつながりが想定され、さらにかつて王仲殊氏が指摘したように、三角縁神獣鏡の製作には中国鏡である神獣鏡や画像鏡の製作工人（中国系）が主体的に関わっていた[12]ことが初期のものとされる三角縁神獣鏡にははっきりと現れており、さらに福永伸哉氏によって三角縁神獣鏡が長方形鈕孔を持ち、同じ長方形鈕孔が「魏の紀年鏡や夔鳳鏡、双頭龍文鏡の一部に認めることができる」[13]とされることも、数多くの系譜を示す要素の一つとして魏の官営工房との関連が指摘されている。いずれも無視できない指摘と考えられ、三角縁神獣鏡が双方の系譜の下に存在することは認めても良いであろう。系譜論として正しい指摘だと言える。しかし、これらの研究によって三角縁神獣鏡の製作地を比定できることは決してない。つまり、系譜論から製作地論に発展させることには論理的に無理があるのだ。今後は系譜論と製作地論はしっかり分けて議論していくべきである。系譜論の立場から言えば、三角縁神獣鏡の工人集団は、二層式鋳型の技法と神獣鏡や画像鏡などを作る立体表現技術と長方形鈕孔を持つ鋳型の製作技術を受け継いだ複合的な工人集団であることは確かなことであろう。

　製作地について森下氏は次のように述べている[14]。

　　もし模倣としてとらえられるとしたら、日本でも中国でもどちらでも成

---

(12) 王仲殊 1998『三角縁神獣鏡』学生社　52頁
(13) 前掲注 (4) 福永 2005　27頁

り立ちうる。仏像的な図像も模倣とすれば、それは日本での工夫とも考えられるし、中国での工夫とも考えられます。結論を言うと、図像からは製作地の推定は無理だと私は思っています。工人の系譜はたどれると思いますが、そこから場所を比定するのは別の方向が必要だと思います。

まさに慧眼である。

(4) 「原鏡」の製作地

本研究では、三角縁神獣鏡の「複製鏡」の一部あるいはその多くが、出土古墳の近くで作られたことを明らかにすることが出来た。しかし、「原鏡」についてはその製作地を考える手立てを示していない。今一度そのあり方を考えてみたい。

　①「原鏡」と「複製鏡」が同一工人集団によって作られた。
　②「原鏡」を持って「複製鏡」製作工人集団が各地へ移動し製作した。

①の場合は、「原鏡」の製作技術を持った移動型の工人集団が各地へ赴き、そこで「原鏡」を作り、同時に「複製鏡」も作った。
②の場合は、どこかで作られた原鏡を携えた移動型の工人集団が各地へ赴き、そこで「複製鏡」を作った。

いまここでは、黒塚古墳の三角縁神獣鏡の「鋳放し」鏡が20面もあるという点に注目してみよう。
管見では、「切削」・「研削」・「研磨」の仕上げ加工は、鋳上がりの悪い鏡に行われている傾向が見て取れることは既に述べた。また、「切削」・「研削」・「研磨」鏡は「鋳放し」鏡の「原鏡」にはなり得ないのである。それは次の理由による。「原鏡」の鋸歯文の縁には一段高くなったへらの痕があり［225頁：コラムⅢ-1-10「鋸歯文を作る技術」参照］、「切削」・「研削」・「研磨」鏡は高いへらの痕が削り取られてしまうため、へらの痕を残している「鋳放し」鏡の「原鏡」になることは出来ないのである。「鋳放し」鏡は「原鏡」であるか、限り

---

(14) 前掲注 (10)　45頁

なく「原鏡」に近い鏡であることは言えそうである。水野敏典氏らは、目70天王・日月・獣文帯四神四獣鏡5面を比較検討した結果、「研削」鏡である黒塚30号鏡が最も「原鏡」に近く、その次に御陵韓人池鏡が作られたとする[15]。しかし「研削」鏡の黒塚30号鏡は「鋳放し」鏡の御陵韓人池鏡の「原鏡」にはなり得ない。目70天王・日月・獣文帯四神四獣鏡群では御陵韓人池鏡が「原鏡」の候補となろう。改めて検討してみる必要がある。

　目53張是作四神四獣鏡では黒塚13号鏡と同26号鏡と椿井M06鏡の3面が同范（型）鏡である。黒塚13号鏡と同26号鏡では、13号鏡が「原鏡」に近い。椿井M06鏡は黒塚13、26号鏡にはある乳座が無かったり、櫛の本数が変わるなど黒塚鏡との違いが数多く認められる。さらに椿井M06鏡は「研削」鏡であるが「鋳放し」の部分もあり、文様の出が悪かった部分だけ「研削」が施されたものと考えられる。つまり、椿井M06鏡は黒塚13号鏡の「原鏡」にはなり得ないのだ。この同范（型）鏡群では黒塚13号鏡が最も「原鏡」に近いと言うことができる。このように見ると黒塚古墳の三角縁神獣鏡33面のうち、26号鏡を除く19面の「鋳放し」鏡が「原鏡」あるいは「原鏡」に近い鏡と考えることが出来る。

　椿井大塚山鏡では三角縁神獣鏡33面中「鋳放し」鏡が8面、湯迫車塚鏡では同じく11面中「鋳放し」鏡が2面、佐味田宝塚鏡では同じく15面中「鋳放し」鏡が3面あり、これらの「鋳放し」鏡も「原鏡」あるいは「原鏡」に近い鏡と考えることができる。

　いずれの古墳にも「原鏡」あるいは「原鏡」に近い鏡が含まれていることが分かり、移動して各地において三角縁神獣鏡を作る工人集団は、各地において、「原鏡」も作るが「複製鏡」も同時に作る、という製作体制が推定されるのである。このことは黒塚13号鏡と同26号鏡と椿井M06鏡の同范（型）鏡群の工人の関係が想起される。いま黒塚13号鏡を「原鏡」あるいは「原鏡」に近いものとし、椿井M06鏡が多数ヵ所の修正を行って製作されたものと考えることが出来るが、椿井M06鏡は黒塚13号鏡、同26号鏡と比べてもほぼ同基準精度の技術によって修正が行われている。つまり、「原鏡」の製作工人と「複

---

(15) 水野敏典ほか「三角縁神獣鏡の鋳造欠陥と「同范鏡」製作モデル」『三次元デジタルアーカイブを活用した古鏡の総合的研究　第2分冊』386頁

製鏡」の製作工人は、同じ基準精度の技術を持っているのである。このことも、大和盆地内を本貫とする工人集団が各地に赴き、出吹きで三角縁神獣鏡を製作していたことを裏付ける。

コラムⅢ-1-1　かたさって何？

　「かたさ」と一言に言うが、かたさって何だろう。石のかたさ、金属のかたさ、コンクリートのかたさ、水のかたさ、紙のかたさ、布のかたさ、スルメのかたさ、畳のかたさ、麺のかたさ、ペン先のかたさ、意志のかたさとあるが、どれも異なるかたさのようである。改めて考えてみると様々な「かたさ」があることに気付かされる。日本語には発音では「かたさ」があるだけで、様々な品物のかたさを表現しているのだ。「かたさ」のほとんどは全く「規定」がなくて、日常会話では何となくお互いに通じ合っているところで納得しているような気がする。

　金属や石の「かたさ」は、それぞれの用途によって使われるかたさの基準が異なる。金属では、ビッカースかたさ、ロックウェルかたさ、ショアかたさ等が有名でよく使われる。ビッカースとロックウェルは押し込みかたさを表し、ショアは跳ね返りかたさを表す。石でよく使われるモース硬度とは、鉱物のかたさの一つで、硬度として、1から10までの整数値を考え、それぞれに対応する標準物質を設定する。ここで言う硬度の基準は「あるものでひっかいたときの傷のつきにくさ」である。ちなみにダイヤモンドを10とし、ガラスを5とする。

　一時、JISでは「かたさ」と表記していたが、近年は「硬さ」と表記するようだ。

　漢字では石のかたさをいう「硬さ」、土のしまったかたさを表す「堅さ」、城壁のかたさを表す「固さ」、かこいのかたさを表す「牢さ」などがあり、かつては使い分けられていた。現代でも産業界ではかたさに様々なものがあることが分かっていて規定を変えて使っている。私たちの日常で、硬さ、堅さ、固さ、牢さなどを使い分けている人はどれくらいいるのだろうか？　女房の財布の紐は、固い？硬い？堅い？難い？牢い？　あなたは身持ちが固い？硬い？堅い？

コラムⅢ-1-2　研削と研磨の違いは？

　日常的な会話で使う頻度は「研磨」に軍配が上がる？「研削」というのはあまり聞かないのかな？　包丁を研ぐ。歯を研ぐ。技術を研磨する。技を錬磨する。などがあるが、「研削」というのはあまり聞くことはない。工業的にはどう使い分けられているのだろう。

　砥石を使って研ぐことを研削・研磨というが、その違いについて産業界ではどのように分けているのだろうか。

　安永暢男氏は『はじめての研磨加工』(2011、東京電機大学出版局刊)において、研削・研磨、ならびにラッピング・ポリシングなどの現代工業における砥粒加工の分類をしている。

　研削は硬い研ぎ上がりになり、研磨は柔らかい研ぎ上がりになる。それは研磨が工具として柔らかい布や皮を使うため、被研磨品の両端部がダレることが多いためである。加工面も研削が平に出来上がるのに対し、研磨は僅かに丸みを帯びる。

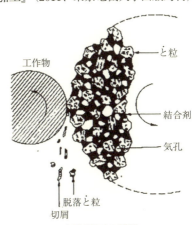

人造砥石の構造
(労働省安全衛生部安全課偏 1972『改訂グラインダ安全必携』より転載)

コラムⅢ-1-3　観察・推定法から検証ループ法へ

　古代の遺物に残る加工痕からその加工法を考えるとき、古代史の分野で多く用いられる研究法が「観察・推定法」である。遺物の観察を研究の主な進め方とする考古学では重要な作業である。しかし、例え加工痕を確実に認識できたとしても、そこから加工法を推定すること

は容易ではない。

　近年、産業の分業化が進み、金属加工の作業は私たちの日常生活の中ではほとんど目にすることが出来なくなっている。かつては多くの人が自身でベーゴマをヤスリで切削し研磨して仕上げていたし、金槌で曲がった釘を石の上に乗せて打ち据えて曲がりを直したり、針金をペンチでくわえて部品同士を接合するといった経験を持っていた。ところが、近年はそうした経験をする機会を失ってしまった。そのため、「正確に観察する」とは言っても、小さな判断の積み重ねである「観察」は経験の無い者にはそれすらもとても難しい作業である。仮に加工痕を正確に観察出来たとしても、その痕がいかなる工具をどのように使って出来たのか、推定することも難しい。なぜなら工具を知らないし、工具を使ったこともないのだから。

　未知の世界に踏み込むことは学問の世界ではとても大事なことだ。誰も体験したことのない世界に踏み出し、工具を知り、その使い方を知って初めて「推定」が可能になる。先端的な学問をする人は、自分にその環境が無いからといってあきらめるわけにはいかない。古い産業形態が失われようとしている現在、古代のものづくりに迫るには、考古学者自らその体験をすることが望まれる。

　考古学などモノを扱う古代史学では、観察から加工法に至る推定精度を高める必要がある。そこで筆者らが提案しているのが、観察結果を比較検討するための基準資料の作成である。推定する加工法を再現実験として行い、その結果を基準資料として用いて、遺物の加工痕跡を比較・分類するのである。つまり、これは「検証ループ法」の一方法と言える。今回は、三角縁神獣鏡の鏡背面の縁内側鋸歯文周辺の仕上げ加工法について実験を行った。その画像を基準資料として用いた。観察・推定法と検証ループ法については、本書第Ⅱ部にて詳述している。参考にしていただきたい。

コラムⅢ-1-4　ヤスリはいつ頃から使われた？

　ヤスリというのは筆者が子どもの頃は一家に一本必ずあると言われるほどポピュラーな工具だった。生活の中で金属を削る機会は現代より数多くあった。私にも古びた釘の先端を尖らせたり、ベーゴマを削ったりした記憶がある。

　日本でヤスリの実物が遺るのは、やはり正倉院で、毎年秋に開かれる奈良国立博物館での正倉院展で展示されたこともある、奈良時代の工人が使ったものであろう。ではそれより古い例では、本書で示す三角縁神獣鏡鏡背面の仕上げ加工に用いられたと推定される「ヤスリ痕」が確かな痕と言えるだろうか。それより古い銅鐸や銅剣、銅鉾にははっきりとしたヤスリ痕は認められず、島根県から出土した銅矛の復元をした例では鋳造後砥石で仕上げ加工していて、ヤスリの使用は想定していないようだ（『古代出雲文化展』図録　島根県教育委員会・朝日新聞社1997年　49頁）。韓国全羅北道完州上雲里遺跡からヤスリが出土している。ヤスリの目は現代のヤスリと似ていて、一文字状のタガネを表面に打ち込んで刃を作っている（図）。大変注目される事例である。

　日本の現代産業で使われるヤスリは、その目の粗さを数値的に表すことはない。まずはヤスリの長さで、150㎜、200㎜、250㎜、300㎜などと分類する。それに目の粗さをそれぞれの長さのヤスリに対して粗目、中目、細目、油目の4段階で表す。つまり、「250の中目」、「300の細目」などと表す。しかし、250の細目と300の細目は同じ目ではないことに

上雲里遺跡出土のヤスリ

注意が必要だ。250の細目は300の細目より細かい目を持つ。

　精密加工用のヤスリは、長さではなく、5本組み、8本組み、10本組み、12本組みと分類し、それに荒目、中目、細目、油目などと表す。ちなみに5本組みやすりとは、平・丸・甲丸、三角、角の5本をセットとして販売される。12本組みの細目は5本組みの細目より細かい目を持つ。

　鏡背面の鋸歯文の表面にヤスリをかけるにはヤスリの刃の部分と持ち手の部分を曲げて作る。鏡背面の鋸歯文は縁よりも低く、鈕よりも低いため持ち手を高い位置になるように作る。現代では刃と持ち手が一直線上にあるように作るので、ヤスリの先端を曲げる必要がある。ヤスリを鍛造加工で曲げるには、加熱し焼き鈍して柔らかくしてから曲げ、その後、再焼入れして使う。

コラムⅢ-1-5　天然砥石と人造砥石

　もちろん古代には人造砥石はない。すべて天然砥石である。日本で初めて人造砥石が作られたのは1918年のことで、熊谷直次郎博士による。1920年研削砥石と研磨布紙を製造したのも熊谷博士である。現代の人造砥石にはWA砥石、GC砥石、ボラゾン砥石、ダイヤモンド砥石などがあるが、鉛筆芯の材料であるグラファイトをダイヤモンド砥石の結合材として使い、後にVitrified Graphite Bonded Wheel（VGボンド砥石）として発売したのも熊谷博士の業績の一つである（小林昭1984『新技術開発のヒント』）。その中で、WA砥石は酸化アルミニウム（白色アルミナ）を主原料とした砥石で、天然砥石に近い組成であり、はがねや銅合金の研削・研磨に最も適している。結合材（ボンド）には、メタル（金属）ボンド、レジノイド（樹脂）ボンド、ビトリファイド（セラミックス・粘土）ボンドなどがある。

コラムⅢ-1-6　真土(まね)と砥粒

　鋳型は真土と砂粒と粘土でできており、その間に気孔がある。気孔は鋳込みの際に出るガスを抜く役目を果たす。砂粒と粘土は酸化アルミニウムや酸化ケイ素などが主成分で、真土（鋳型の粉）と人造砥石はほぼ同様の構造・成分であるため、本稿の遊離砥粒として真土を用いた。

コラムⅢ-1-7　原鏡と複製鏡

　同型法や踏み返し法であれば、「原鏡」と「複製鏡」、同笵法であれば、「第一号鏡」と「第二号鏡など」と呼称されるであろうが、ここではそれを限定しない。あえて「原鏡」（＝「第一号鏡」）として述べる。但し、本研究の成果では各地で製作したことが明らかになっており、同笵法であれば鋳型を各地へ移動することになるが、それは極めて難しいと言わざるを得ない。また、筆者はオーバーハング鏡の存在を指摘しているが、それらの鏡では同笵法は成立しない。
　原鏡製作技術と複製鏡製作技術では求められる技術と文化が大きく異なる。原鏡製作の場面では文様に対する理解、文字・文章への理解、それらの宗教的な理解などが求められるのに対し、複製鏡製作技術では技術の精緻さが求められるが、文様や文字に対する宗教的な理解などは必要としない。

コラムⅢ-1-8　出吹きと移動型工人集団

　鋳造製品については奈良時代には製品の使用地へ工人集団が赴いて鋳造する「出吹き」の伝統があった。京都妙心寺鐘（698年銘）は「糟

屋評造春米連廣國鑄鐘」の鋳物師の名と思われる銘を持つ。これは、九州糟屋の鋳物師の出吹きによる製作であろう。また、天智天皇の御代の建立と推定されている川原寺から大型鉄釜の鋳型が出土し、使用者である寺院などへの「出吹き」によって製作したことが明らかになっている。律令以前、鋳造は出吹きで行われていたのである。

また、律令後も平安時代平泉の中尊寺鐘はその銘文が畿内または西国にしかなかったろう製原型埋め込み法の技術（鈴木勉 2013『造像銘・墓誌・鐘銘　美しい文字を求めて　金石文学入門Ⅱ　技術篇』雄山閣）で作られており、これも都周辺の鋳物師の出吹きによる製作と考えられる。

鋳造工房の定地化と工人の定住はわが国では室町時代後半以降のことと筆者は考えている。鋳造製品が定地化した工房で作られてその形は幾何学的になった。江戸時代の梵鐘の幾何学的な形状はものづくり体制の変化がもたらしたものであろう。

コラムⅢ-1-9　出吹きに対するヤマトの特注説

ある研究会で「三角縁神獣鏡の仕上げ加工痕と製作体制」と題して講演した時のことである。若い研究者から次のような質問があった。「三角縁神獣鏡が日本列島内で作られたことはよく分かりました。しかし、三角縁神獣鏡がヤマトに特注されて大和盆地内で作られた、と考えることはできないでしょうか？」と。

確かに「王権論」の立場に立つ考古学研究者は「特注」のような逃げ道を考えつくかもしれない、と思った。

そこで、良く考え直してみた。そもそも仕上げ加工痕の研究は、同笵（型）鏡群の鏡たちの仕上げ加工痕が全く異なっていることから始まっているのだ。同じ型式の鏡群であって同一工房の製作とすれば、仕上げ加工痕に何らかの共通性が認められなければならないのではなかろうか。同笵（型）鏡群であるにもかかわらず、仕上げ加工痕が全

く異なるというのは、製作工房が異なると考えざるを得ない。三角縁神獣鏡の出吹きについは、今のところ動かしようがない。

コラムⅢ-1-10　鋸歯文を作る技術

　三角縁神獣鏡の鋸歯文は、詳しく観察すると一つ一つの形や大きさはバラバラなので、生乾きの土製鋳型の表面を鋸歯文の形に一つ一つ削り取っていることがわかる。さらに鋸歯文の二辺の縁は盛り上がっており、これは工具（へら）の痕跡と考えられる（図A）。例えば、三角縁神獣鏡の祖型の一つと言われる画文帯神獣鏡では鋸歯文の縁が突出することはない（図B）。鋸歯文の縁が盛り上がる鋸歯文の作り方は三角縁神獣鏡の製作技術の特徴の一つである。

図A　黒塚10号鏡　外区の鋸歯文

図B　ホケノ山古墳　画文帯神獣鏡の鋸歯文

第二章　三角縁神獣鏡・技術移転論

1. 薄肉彫りの技術移転

(1) 画文帯神獣鏡から三角縁神獣鏡へ

　西田守夫氏は、論文「三角縁神獣鏡の形式系譜諸説」[(1)]の中で、階段式（同向式）神獣鏡の技術を継承した群馬県蟹沢古墳出土□始元年銘三角縁神獣鏡と、それと同笵（型）の兵庫県森尾古墳出土三角縁神獣鏡を取り上げ、その2鏡が和泉黄金塚古墳出土景初三年銘階段式（同向式）神獣鏡と比較して、「内区の文様構成が極めてよく似て」いて、文様の違いがわずかであること、そして、「これら陳氏作鏡の銘文は書体が似ていて、殆ど同一人、少なくとも同時代の制作によると考えられるのである。」と指摘した。

　続いて、これらの鏡から変化し、便化した静岡県大塚山古墳出土三角縁「天王日月」銘鳥獣文帯階段式神獣鏡などの同笵（型）鏡群を取り上げ、この鏡群を画像鏡や他の神獣鏡の要素を複合的に取り入れ継承したもので、割り付けなどが乱れていることから技術の劣化を指摘した。

　同じ階段式三角縁神獣鏡であっても和泉黄金塚画文帯神獣鏡とほとんど同一工人の手によるものと判断されるものと、技術にかなり劣っていてなおかつ他の画像鏡の要素を取り入れたものが存在していると指摘する点は、技術移転論の立場から見て非常に興味深い事実である。

　また、西田氏は、環状乳神獣鏡を継承した奈良市丸山古墳出土三角縁神獣鏡と五島美術館蔵出土地不明三角縁神獣鏡を取り上げ、四神の配置が大きな変化を遂げたことや環状乳の窪み方が整わなくなっていることなどから、2面の三角縁神獣鏡の技術水準が環状乳神獣鏡から大分隔たっていることを指摘した。

　西田氏は論文のまえがきで、鋳造方法の検討や製作地の問題には敢えて踏み込まないとしたが、卓越した観察力のために否が応でも技術移転の問題まで解

---

(1)　西田守夫 1971「三角縁神獣鏡の形式系譜諸説」『東京国立博物館紀要』6

析されることになった。中でもかつて環状乳神獣鏡や同向式神獣鏡などを作った工人本人が三角縁神獣鏡を作ったのでは説明がつかないほどの劣化を含む変化があることを指摘した点は重要である。王仲殊氏は「三角縁神獣鏡は東渡した中国の職人が日本で製作したものである。もちろん指摘しなければいけないのは、彼らは主として呉の職人であって、魏の職人ではないということである。」と述べる[(2)]が、西田氏の指摘する技術の劣化、つまり時間差や距離差をある程度見込まなければならないという点は認めざるを得ない。

これと同様のことは、本書第Ⅰ部第二章3の項で、筆者は神獣鏡を精妙、高度、疑似、稚拙の四段階に分けた。精妙薄肉彫り工人は、画文帯神獣鏡などを製作し、高度薄肉彫り工人は、目03波文帯盤龍鏡群や目40吾作三神四獣鏡群、目44天王日月・唐草文帯四神四獣鏡群などの三角縁神獣鏡を製作し、擬似薄肉彫り工人は、「卵に目鼻」鏡の群を製作し、稚拙薄肉彫り工人はいわゆる仿製三角縁神獣鏡を製作したものと考えた。大きく分けて、精妙・高度・疑似・稚拙の四段階の工人集団の存在を指摘したが、それぞれの技術系譜的連関については、西田氏の指摘したような時間差や距離差を考慮すべきことを指摘しておきたい。

(2) 精妙から高度へ、そして疑似、稚拙薄肉彫り鏡へ

三角縁神獣鏡の系譜を辿る上で、画文帯神獣鏡や対置式神獣鏡などが注目されるが、その代表格である上海博物館蔵永康元年（西暦167年）銘画文帯環状乳神獣鏡と中平四年（西暦187年）銘画文帯環状乳神獣鏡、そしてホケノ山古墳出土画文帯神獣鏡などの神像と獣像は、写実性でも精緻さの点でも一つの歴史的頂点に立つ精妙薄肉彫り技術が駆使されていると言える。筆者はこれらを「精妙薄肉彫り鏡」と呼ぶ（図Ⅲ-2-1）。

西田氏が指摘した和泉黄金塚景初三年銘画文帯階段式（同向式）神獣鏡と蟹沢古墳と森尾古墳出土□始元年銘三角縁神獣鏡の内区の著しい近似性については、筆者も全く同感であり、これらを「高度薄肉彫り鏡」と呼ぶが、精妙薄肉彫り鏡と較べると高度薄肉彫り鏡の技術が著しく退化・便化していると言える。

---

(2) 王仲殊 1998『三角縁神獣鏡』学生社　53頁

第Ⅲ部　同笵(型)鏡論の向こうに

上左：永康元年銘画文帯環状乳神獣鏡
上右：中平四年銘画文帯環状乳神獣鏡
下左：ホケノ山古墳出土画文帯神獣鏡

図Ⅲ-2-1　精妙薄肉彫り鏡の一群

　その他、同じ高度薄肉彫り鏡である三角縁神獣鏡には、目100-101神人龍虎画像鏡群（黒塚8号鏡、図Ⅲ-2-2）、目9天王日月・獣文帯同向式神獣鏡群（椿井M25鏡他）、目29吾作六神四獣鏡群（佐味田宝塚J1268鏡）などを挙げることが出来るが、これらも永康元年銘鏡や中平四年銘鏡などの精妙薄肉彫り鏡からは数世代以上の技術系譜的距離がある。また、デザイン的には大きな変化を受けながらも立体表現技術の上ではこれらの三角縁神獣鏡に近い水準の高度薄肉彫り鏡に、目44三角縁唐草文帯四神四獣鏡群（黒塚24号鏡と椿井M3鏡他多数）、同じく目40吾作三角縁三神四獣鏡（黒塚10号鏡他）を挙げることができる。なお、この2鏡群の原鏡は、同一工人の作と筆者は推定している（第Ⅰ部第三章3項）。

　一方、高度薄肉彫り鏡と一線を画すべきもので、最も数の多い三角縁神獣鏡群がある。例えば、目74天王・日月・獣文帯四神四獣鏡群（黒塚2・27・33号鏡他）、目68天王日月・獣帯四神四獣鏡群（黒塚9号鏡、椿井M34鏡他）、目46

第二章 三角縁神獣鏡・技術移転論

図Ⅲ-2-2　高度薄肉彫り鏡の例・黒塚8号鏡神像

図Ⅲ-2-3　疑似薄肉彫り鏡の例・黒塚29号鏡神像

精妙薄肉彫り鏡　→　高度薄肉彫り鏡　→　疑似薄肉彫り鏡　→　稚拙薄肉彫り鏡

図Ⅲ-2-4　鏡の表現の変化と技術の劣化

天王日月・獣文帯四神四獣鏡群（椿井M13・14・15鏡他）、目70天王・日月・獣文帯四神四獣鏡群（黒塚29・30号鏡ほか、図Ⅲ-2-3）などである。これらの神像と獣像は、全く写実性を失って、顔や胴体は卵形に作り、目や鼻は単純な線で表現する。工人は骨格や肉感などは全く眼中にないようだ。筆者はこれらを擬似薄肉彫り技術で作られた「疑似薄肉彫り鏡（卵に目鼻鏡）」と呼ぶ。精妙薄肉彫り鏡・高度薄肉彫り鏡と疑似薄肉彫り鏡との間には技術に大きな隔たりがあると考えなければならない。

さらに、疑似薄肉彫り鏡は次の技術移転を迎え、いわゆる仿製鏡の製作へと向かう。この技術は、かつての精妙薄肉彫り技術の痕跡を探すことが難しいほど退化劣化し、かろうじてその表現技法を残しているという点で、「稚拙薄肉彫り鏡」と分類する。

この変化について神像を例に挙げて図Ⅲ-2-4に示す。

2. 鋳肌の技術移転

(1) 鋳肌

　上海博物館蔵永康元年銘画文帯環状乳神獣鏡と中平四年銘画文帯環状乳神獣鏡、ホケノ山古墳出土画文帯神獣鏡など精妙薄肉彫り鏡の鋳肌（図Ⅲ-2-5）と多くの三角縁神獣鏡の鋳肌の違いは実物の出土鏡を観察した者なら誰しも認めるところであろう。

　鋳肌の問題を最初に取り上げたのは樋口隆康氏である。氏の著書[3]において顕微鏡写真で例示しつつ、以下のように述べる。

> 「また、実体顕微鏡による観察では、中国鏡は鋳肌がなめらかであり、銘や図文を彫った線に、丸味のあるものと浅平直なものとがあるのに対し、仿製鏡の鋳肌は粗雑であって、素材の粒が完全に熔けないままのものもあり、図文の線は尖頂なものと高彫りのものとがあり、両者の相違が知られている。」

　樋口氏は、あの黒光りするような光沢をもって「中国鏡は鋳肌がなめらか」と指摘したのである（図Ⅲ-2-5）。三角縁神獣鏡の中には、画文帯神獣鏡などの中国鏡と同様の黒光りする鋳肌を持つものが一部にある。それは先に述べた高度薄肉彫り鏡のことである。土の中にあった三角縁神獣鏡が、どの程度埋葬時の鋳肌のなめらかさを保持しているのかは大きな問題であるが、多くの三角縁神獣鏡の外区に仕上げ加工痕が明瞭に残っている点に注目すれば、原則的に埋葬時の鋳肌を留めていると考えて良い。図Ⅲ-2-6 を見れば、疑似薄肉彫り鏡の鋳肌は、表面がザラザラしていて、画文帯神獣鏡など精妙薄肉彫り鏡とは全く異なる鋳肌であることがわかる。それに加えて疑似薄肉彫り鏡は鋳型のひびによる突線が著しく多く発生していることから考えれば、鋳型の素材や構造が精妙薄肉彫り鏡とは全く異なっていた可能性を考えるべきであろうし、さらにその他の鋳造条件も異なっていたと考えなければならない。

---

(3) 樋口隆康 1992『三角縁神獣鏡綜鑑』新潮社

第二章　三角縁神獣鏡・技術移転論

ホケノ山出土鏡（左）　永康元年銘鏡（中）　中平四年銘鏡（右）
いずれも精妙薄肉彫り鏡ならではの鋳肌で見事な薄肉彫り技術である。
図Ⅲ-2-5　精妙薄肉彫り鏡の鋳肌と薄肉彫り技術

黒塚09号鏡（左）　同13号鏡（中）　同27号鏡（右）
いずれもザラッとした鋳肌をしている。
図Ⅲ-2-6　疑似薄肉彫り鏡の鋳肌とその薄肉彫り技術

　鋳肌は技術移転の仕方と製作地を考える上でとても大切な要素である。鋳肌は工人の技術の集大成として現れる結果であり、鋳造技術の中でも最も重要視される要素の一つである。鋳肌を決定する要素は、例えば鋳型材料、銅と錫などの混合比、鋳込み温度、その他の鋳込み条件のすべてが考えられる。それらは、古代においては全て非文字情報であり、一子相伝の直接的技術継承でのみ伝えられる「技術移転」と考えて良いであろう。鋳肌が極秘の技術情報であることは今も昔も変わらず、親子や師弟の間以外に伝承することは難しい。仮に鋳型の素材と混合比が分かったとしても、最終的に鋳肌を決定するのは工人の眼力（＝判断）である、眼力を獲得するには長い修練が必要で、工人の育ち、すなわち師匠の技術と美意識が直接影響する。見よう見まねで鋳肌を近づけるのは至難の業であろう。逆に言えば、例えば2面の鏡の間に形態的近似性が認められたとしても、鋳肌に

231

決定的な違いがあれば、そこには直接継承型技術移転があったと考えることは出来ない。精妙薄肉彫り鏡・高度薄肉彫り鏡と稚拙薄肉彫り鏡の間には何らかの技術系譜的断絶があったと考えるべきであろう。

(2) 鋳肌と薄肉彫り技術

また、写実性や精緻さに裏付けられた精妙薄肉彫り鏡あるいは高度薄肉彫り鏡の技術は、なめらかな鋳肌に支えられた技術だとも言える。精緻で繊細な薄肉彫りは荒れた鋳肌では望むべくもなく、薄肉彫り技術水準の高度化は鋳肌の技術水準と相俟って達成されるのである。中国の精妙薄肉彫り鏡に準ずるなめらかな鋳肌を作る技術が、高度薄肉彫り鏡まではかろうじて継承されたものの、疑似薄肉彫り鏡の発生と同時にその技術が消失し、突線の多発・文様の粗大化へと向かうことは技術移転論に整合する。間接継承型技術移転に伴う技術の大きな変質の一部と考えられよう。

3. へら押しの技術移転

(1) 技術的距離

三角縁神獣鏡のオーバーハングについては、第Ⅰ部第二章で述べたが、ここで改めてその出現の意味について考えてみよう。オーバーハングは、文様の修正をするへら押しによって形成されると考えられるが、その痕跡を捜している過程で、目36-37吾作四神四獣鏡の黒塚31号鏡と同12号鏡のへら押しで形成された襞の終端の処理が異なっていることに気付いた。黒塚31号鏡の襞は、比較的真っ直ぐなまま終わっているのに対し、同12号鏡では終端部が丸い痕跡を示しているのである。へら押しした工人の個性が現れていると考えてよいだろう。

続いて筆者はへらの先端形状を調べた。三次元計測機で計測密度を上げて神像の襞の断面形状を計測したのである。その結果、黒塚31号鏡で角度90度前後、同12号鏡で角度118度前後であることが確認できた。31号鏡の製作時に使われたへらと12号鏡製作時に襞の修正に使われたへらが異なっているのである。工具の形状は工人の個性を表すと考えられ、31号鏡の襞を施文した工

人と 12 号鏡の襞を修正した工人が別人であると考えることができる。

　では、二人の工人の技術的距離はどのくらいあるのであろうか。12 号鏡の修正のへら押しをした工人は、常日頃から鏡のへら押し作業を行っていたことが推定できる。なぜなら襞を修正したへら押しの線は、31 号鏡のそれに劣らない伸びやかさがあり、見よう見まねで模倣した時に起こる模倣製品特有の技術の劣化が認められないからである。二人の工人の技術系譜的距離は比較的近い関係を想定すべきであろう。

　目 53 張是作四神四獣鏡群（黒塚 13・26 号鏡、椿井 M06 鏡ほか）のへら押しの技術を考えてみよう。この 3 面の鏡のうち、2 面の黒塚鏡の第 3 神像左袂のヘラ押しはわずかなオーバーハングがあるのだが、椿井 M06 鏡はオーバーハングが無い（図Ⅲ-2-7・8）。また、椿井 M06 鏡はへら押し文様だけでなく、獣像の膝の膨らみ方なども黒塚 13・36 号鏡とは異なっている。

　黒塚 13 鏡と 26 号鏡は、共にオーバーハングがあるのでどちらも相互の親鏡にはなり得ない。同じことが黒塚 9 号鏡と椿井 M34 鏡の組み合わせ（目 68 天王日月・獣文帯四神四獣鏡）や黒塚 2・27・33 号鏡の組み合わせ（目 74 天王・日月・獣文帯四神四獣鏡）でも言える。この場合は二、三の研究者が想定しているロウ型を使った同型法も所謂同笵法もその可能性は無いと言える。硬質な原型を使った同型法によって鋳型を作り、その鋳型が生乾きのうちに修正のへら押しをしたものと考えざるを得ない。また、黒塚 13 号鏡と 26 号鏡のへら押し技法はどちらもよく似ているので、両鏡の鋳型の製作とその修正は同じ工人の手による可能性がある。

　椿井 M06 鏡では鈕座が鮮明であるのに対し、黒塚 13・26 号鏡ではどちらも不鮮明である。逆に、黒塚 13・26 号鏡は乳座があるのに対し椿井 M06 鏡では全くない。鋳肌の違いも顕著である。

　黒塚 13・26 号鏡 2 面と椿井 M06 鏡 1 面の間には相当大きな技術上の距離があると言える。この場合の技術上の距離は時間的距離を示すというよりは、工房間の空間的・社会的距離が隔たっている可能性の方を考えたいところである。

(2) 異なる鏡を同一工人が作る

　文様の組み合わせの異なる鏡を同一工人が作ったと指摘する例がいくつかあ

第Ⅲ部　同笵(型)鏡論の向こうに

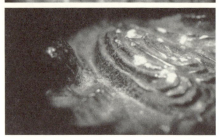

上左：黒塚 13 号鏡
上右：黒塚 26 号鏡
下左：椿井大塚山 M06 鏡

図Ⅲ-2-7　目 53 張是作四神四獣鏡三面
　　　　　第 3 神像左袂襞のオーバー
　　　　　ハング

上左：黒塚 13 号鏡
上右：黒塚 26 号鏡
下左：椿井大塚山 M06 鏡

図Ⅲ-2-8　目 53 張是作四神四獣鏡三面の
　　　　　第 4 神像左袂の襞

る。西田守夫氏は目 8 □始元年銘三角縁神獣鏡（蟹沢古墳鏡、森尾古墳鏡）と和泉黄金塚古墳出土景初三年銘階段式（同向式）神獣鏡を同一工人の製作の可能性があると指摘し[(4)]、岸本直文氏は 2 種類の天王日月・獣文帯四神四獣鏡（椿

(4)　前掲注 (1)

井M34鏡と椿井M13鏡）を[5]、森下章司氏も2種類の吾作三神五獣鏡（椿井M31鏡〈目26〉と椿井M32鏡〈目25〉）を[6]、筆者は唐草文帯四神四獣鏡（黒塚24号鏡と椿井M03鏡他多数〈目44〉）と三神四獣鏡（黒塚10号鏡他〈目40〉）を同一工人の作ではないかと指摘している[7]。同一工人か同一工房かの判断は先に譲るとして、製作技術の近似した鏡群がいくつも存在することの意味は大きい。西田氏の指摘する鏡群は中国出土画文帯同向式神獣鏡などに近い位置にある高度薄肉彫り鏡に属する群であり、筆者が指摘する2種の鏡も高度薄肉彫り鏡である。一方、森下氏が挙げる鏡群は疑似薄肉彫り鏡の群にあり、岸本氏が挙げる鏡群も疑似薄肉彫り鏡の群である。技術移転論から見て様々な段階にあるものが、どの段階でも同一工人が異種の鏡を作っているものがあるのは、三角縁神獣鏡の生産体制を考える上で重要である。こうした調査は2面以上の鏡を並べて調査出来る環境があって初めて可能になる。鏡調査の微細化が進みつつある現在、こうした成果が今後数多く報告されることが期待される。

4. 鋸歯文の技術移転

　第Ⅲ部第一章で取り上げた三角縁神獣鏡の鋸歯文の技術について、筆者は黒塚古墳出土鏡の調査を始めた1998年頃からその特徴に気付いていた。三角縁神獣鏡の多くの鋸歯文は、縁の部分が高くなっているのである（図Ⅲ-2-9・10）。これは土型（真土型）へのへら押し加工によるものと考えられるのであるが、それがどれだけ特殊な加工法なのか、最も精密な写真を掲載している泉屋博古館の図録『泉屋博古　鏡鑑編』を参考にして考えてみる。これに掲載されている中国製鏡には鋸歯文の縁の部分が高くなっている鏡が一面も確認できないのだ（図Ⅲ-2-11）。
　また、三角縁神獣鏡に最も近い関係の画文帯神獣鏡もそのすべての鋸歯文が

---

(5) 岸本直文 1989「神獣像表現からみた三角縁神獣鏡」『椿井大塚山古墳と三角縁神獣鏡』京都大学文学部
(6) 森下章司 1989「文様構成・配置からみた三角縁神獣鏡」『椿井大塚山古墳と三角縁神獣鏡』京都大学文学部
(7) 鈴木勉 2000「オーバーハング鏡が投げかける問題」『大古墳展』東京新聞社

第Ⅲ部　同笵（型）鏡論の向こうに

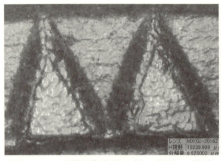

図Ⅲ-2-9　疑似薄肉彫り鏡・黒塚9号鏡の鋸歯文

図Ⅲ-2-10　高度薄肉彫り鏡・黒塚24号鏡の鋸歯文

泉屋博古館所蔵 M037 六獣形鏡鋸歯文

泉屋博古館所蔵 M117 六神像鏡鋸歯文

図Ⅲ-2-11　中国製鏡と見られる鏡の鋸歯文（例）

図Ⅲ-2-12　ホケノ山古墳出土画文帯神獣鏡の鋸歯文
（微かにへらの跡が残っているか？）

図Ⅲ-2-13　仿製三角縁神獣鏡の鋸歯文

平坦に作られている。出土品の一部にその痕跡かと思われるものがある点が注意すべき点である（図Ⅲ-2-12左側の写真）。

　一方、いわゆる稚拙薄肉彫り鏡（仿製三角縁神獣鏡）の鋸歯文は、高度薄肉彫り鏡と疑似薄肉彫り鏡の鋸歯文ほどの文様の高さはないが、いずれも縁が高くなるヘラ押しの技法で作られていることが分かる（図Ⅲ-2-13）。

　このように見てくると、三角縁神獣鏡の縁が高い鋸歯文は、いわゆる中国製鏡とは一線を画す技術で作られていることがわかる。縁が高い鋸歯文は、精妙薄肉彫り鏡の技術を基礎として三角縁神獣鏡の高度薄肉彫り鏡が生まれる段階で考案され、疑似薄肉彫り鏡、稚拙薄肉彫り鏡の段階まで継承されたものと考えることができる。

5. 仕上げ加工の技術

　三角縁神獣鏡は、鏡背面の三角縁の内側と鋸歯文の周辺に仕上げ加工が施されている。このことは第Ⅲ部第一章で詳しく述べた。この仕上げ加工については、やすりによる切削加工と考えられる「切削」鏡、砥石による研削加工と考えられる「研削」鏡、そして遊離砥粒と皮革または布地を使った研磨加工と考えられる端部でダレが生じる加工痕を持つ「研磨」鏡に分けることができる。それに鋳放しのままの「鋳放し」鏡を加えて4種の仕上げ加工痕として分類した。

　黒塚古墳出土三角縁神獣鏡33面中20面に及ぶ「鋳放し」鏡は、いずれも鋳上がりの良い鏡である。また、「切削」「研削」「研磨」の仕上げ加工は、鋳上がりの悪い鏡に限って行われている。また、一面の鏡の鏡背面の中で、仕上げ加工すべき部分とすべきでない部分とをしっかり峻別して仕上げ加工している鏡もある。これらのことは、仕上げ加工が鏡の製作工程の最後に、その工房内で行われたことを示している。同時に鏡背面の仕上げ加工が三角縁神獣鏡にのみ見られる点も注目される。いわば、三角縁神獣鏡では鏡背面の文様の意味や銘文などにもほとんど注意が払われることなく、やすりや砥石や遊離砥粒で一様に仕上げ加工されてしまっているのである。実に簡便かつ安直な仕上げ加工だと言えるだろう。多くの三角縁神獣鏡が副葬用として作られたと考える理由

の一つである。

6. 二層式鋳型の技術

(1) 二層式鋳型の着想

　三角縁神獣鏡の鏡背面に見られる不規則な突線は、多くの研究者によって「鋳型のひび」の痕跡（以後「突線」という）と考えられ、その成長の過程を観察することによって同笵法による鋳造順序の推定などが行われてきた。しかし、筆者は三角縁神獣鏡（舶載も倣製も含む）に突線が多く確認できることの方に関心があった。

　1998 年秋のことであったと思われるが、黒塚古墳の鏡を工芸作家の依田香桃美氏に見ていただいたことがある。鋳造の専門家ではないが、工芸文化研究所の復元にも数多く関わった著名な金工作家である氏が、半日黒塚の三角縁神獣鏡を観察した後の第一声が「これらの鏡には全面的に細かなひびがあるのですね」とのことだった。確かに突線の多さは三角縁神獣鏡特有のもので、少なくとも中国鏡には見られないものであった。突線については、鏡の円周方向と垂直に、いわば放射状に生まれる突線に注目が集まり、その長短によって鋳造の後先を考えようという研究が行われていたのだが、筆者らの目に特徴的に見えたのは、内区と外区の境界あたりに、グルッと一周するように認められる突線であった。他のいわゆる倭鏡でも突線がないとは言えないが、三角縁神獣鏡には特に多い。突線の多さは三角縁神獣鏡の大きな特徴の一つであり、鋳型の素材や構造、製作過程に起因するものではないかと考えられた。言い換えれば、三角縁神獣鏡の突線の長大さなども他の鏡にはあまり見られないほどの規模で、脆性材料である鋳型にあれだけのひびが入れば、バラバラに割れてしまうのではないかとさえ思われた。

　筆者は、2000 年頃から、東大阪市の上田工房と濱田與作工房のご協力とご指導によって三角縁神獣鏡の復元実験を行い（これを第一期の復元研究と呼ぶ）、20 数面の鏡を製作した。続いて福島県文化財センターと共同で三角縁神獣鏡の復元研究に取り組んだ（これを第二期の復元研究と呼ぶ）。第二期の復元研究に関しては本書の第Ⅱ部で詳述した。第二期の第 1 回～第 3 回の復元実験では

21 面の鏡を製作した。初めて同笵鏡の製作に成功した日である。この段階で第一期と第二期の復元実験を合わせて計 40 面を越える三角縁神獣鏡を復元していたのであるが、前述したような突線は小さなものが 1 本だけ、つまり、40 数面中 1 面だけに発生していたのだ。どうやら突線の多い三角縁神獣鏡の鋳型は、それまで筆者らが作ってきたものとは異なる構造で作られていたことと確信した。

　第一期の復元研究で作った鋳型の大半は、わが国では近代から始められたと言われる「生型」法の鋳型であった。生型は乾燥工程が無いので、鋳型の収縮はほとんど無かった。そのため鋳型にひびは生じなかった。第二期の復元研究の第 1 回から第 3 回までの鋳造の時には、鋳型全体が同じ組成で焼成する一層式鋳型であった。第 1 回から第 3 回の鋳造に使った一層式鋳型は、鋳型の乾燥工程で 2.1 ～ 6.0% も収縮してしまったが、全体的に収縮したために鋳型にはひびが入らなかった。そのため出来上がった鏡には突線が現れなかった。生型も一層式鋳型も三角縁神獣鏡の鋳型とは異なる構造であったのだ。

　そこで筆者は、二層式鋳型を思いついた。第 1 回〜第 3 回の鋳造実験の結果を踏まえ、①鋳型にひびを発生させること、②鋳型の収縮を押さえること、が目的であった。最初に作った二層式鋳型は、粗い真土を鋳型の外側に、細かい真土を内側に使って二層式としたが、乾燥してみると細かい真土を使った内側の方が乾燥時の収縮率が大きく、鋳型はバイメタルのように内側に反ってしまった（図Ⅲ-2-14）。そこで、粗い真土で板を作って焼成し煉瓦状板を作り、そこに細かい真土を貼り付けて鋳型を作った。それを乾燥したところ、内側の

図Ⅲ-2-14　バイメタルのように反って
　　　　　しまった二層式鋳型

図Ⅲ-2-15　沢山のひびが入った
　　　　　二層式鋳型

図Ⅲ-2-16　二層式鋳型で鋳造した鏡（同笵法1面目）　　図Ⅲ-2-17　二層式鋳型で鋳造した鏡（同笵法2面目）

鋳型に沢山のひびが入る一方で、鋳型の乾燥時の収縮は1％未満に抑えることができた（図Ⅲ-2-15）。鋳型が反ることもなかった。その二層式鋳型で鋳造したのが図Ⅲ-2-16の鏡である。二層式鋳型が案外残りが良かったので、同じ鋳型で2面目を鋳造した（図Ⅲ-2-17）。二層式鋳型を使った同笵法で作った鏡である。

出来上がった鏡の突線は、出土三角縁神獣鏡のそれとほぼ同様のものが出来たことから、突線の多い三角縁神獣鏡（以後「ひび鏡」という）の鋳型は二層式鋳型で作られたと考えられた。

(2) 突線と二層式鋳型と薄肉彫り技術の関係

　三角縁神獣鏡の疑似薄肉彫り鏡と稚拙薄肉彫り鏡には突線が多いものが多い。突線が少ない疑似薄肉彫り鏡と稚拙薄肉彫り鏡を探す方が容易ではない。しかし、精妙薄肉彫り鏡である永康元年銘鏡や中平四年銘鏡などの画文帯神獣鏡や盤龍鏡群は突線がほとんどない。また、三角縁神獣鏡の中では、目9天王日月・獣文帯同向式神獣鏡（椿井M25鏡、湯迫J-37179鏡、上平川大塚鏡他）、目29吾作六神四獣鏡（佐味田宝塚J-1268鏡）、目44天王日月・唐草文帯四神四獣鏡（黒塚24号鏡と椿井M3鏡他多数）、目40吾作三神四獣鏡（黒塚10号鏡他）などは突線が特に少なく、目01から目03の三角縁盤龍鏡群もほとんどない。筆者はこれらの突線が無い鏡は鋳肌も美しく、これを高度薄肉彫り鏡と分類した。また、一方、疑似薄肉彫り鏡は、ほとんどが突線の多い鏡である。突線の

多い三角縁神獣鏡は二層式鋳型が考えられ、突線の少ない精妙薄肉彫り鏡または高度薄肉彫り鏡は、一層式鋳型かそれに準ずるものが使われた可能性がある。一層式鋳型とは全体が粘土製の陶製鋳型（陶范）が想定される。二層式鋳型とは土製などの型枠があり、その内側に真土または砂と粘土の混合物が貼り付けられ鋳型として作られたものが想定される。唐古・鍵遺跡から出土した銅鐸の外型がそれに類するものであるとすれば、二層式鋳型は列島内に弥生時代から確かに存在していたのである。

第三章　三角縁神獣鏡と古墳時代

1. 古墳時代研究と三角縁神獣鏡製作地論
(1) 前方後円墳体制論と鉄・三角縁神獣鏡

　三角縁神獣鏡の製作地論争については、1980年代から1990年代にかけて活発に行われた。その経緯は1993年岸本直文氏の「三角縁神獣鏡研究の現状」によって報告されている[1]。岸本氏は自らは三角縁神獣鏡の図像文様の型式学的検討から、三角縁神獣鏡下賜説に依っているようであるが、この解説では、中国鏡説、日本製説、朝鮮半島北部製作説についていずれも決定的な証拠が存在せず今後の継続的な研究の必要性を説いている。ところが、これより2年前の1991年、都出比呂志氏による「日本古代の国家形成論序説―前方後円墳体制の提唱―」が『日本史研究』誌上に掲載されていた。都出氏は、

> 「さて（倭国）乱の収束期と石器の完全消滅期とが一致することを重視すれば卑弥呼の登場した三世紀には鉄素材の流通機構に大きな変動が生じたと考えてよい。卑弥呼をいただく政治中枢は「弁辰鉄」に象徴される朝鮮南部の鉄原料の流通ルートの掌握において優位性を確立し、そのことを有力なテコとして日本列島の諸勢力に覇権を及ぼしていったのであろう。「魏志倭人伝」に「国々市あり。有無を交易し、大倭をしてこれを監せしむ」とある記事は、物資流通の掌握が権力の維持において重要であったことを示す。三角縁神獣鏡に代表される威信財の配布行為は必需物資の鉄原料の流通機構の掌握と裏腹の関係にあったことを確認すべきである。」[2]

と述べ、鉄素材の流通機構の掌握が権力の維持において重要であることを述べ、それを裏付ける事実として三角縁神獣鏡配布行為を取り上げ「前方後円墳体制

---

(1) 岸本直文 1993「三角縁神獣鏡研究の現状」『季刊考古学』43号
(2) 都出比呂志 1991「日本古代の国家形成論序説―前方後円墳体制の提唱―」『日本史研究』343

論」を展開したのである。

　これについて、村上恭通氏は、2001年「古墳出現前夜の「地域性」―生産・流通とその地理的・歴史的環境―」を発表し、論の末尾で、

> 「ただし、次の二つの点を最後に確認しておきたい。一つは、ここまで述べてきた瀬戸内沿岸地域のなかに関西地方は含まれておらず、鉄器保有・生産における東部瀬戸内と関西との格差が依然としてあるということである。もう一つは古墳の副葬品の問題は別として、この時期をもってしても列島内で斉一的な鉄器の保有状況が見られないことから、前方後円墳の初期波及が鉄器の生産・流通といった物質的充足手段の動向とは連動していないという点である。」[3]

と述べ、都出氏の前方後円墳体制論に根本的な疑義を提示した。その一方で、村上氏はその論の前文で、

> 「そして、鉄に関する地域的様相が明らかになればなるほど、それが他の材質の物質文化のあり方やさらには地域に潜在する人文的要因と連動している可能性を各地でいくども考えさせられ、地域的現出の多層的要因を考える必要を感ずるにいたった。これは利器における石と鉄の関連性という単純な問題ではなく、その他の遺物を含めた交流の必然性、恒常性を考慮せしめる多様な要因である。その多様な要因には当然のことながら人為的要因があり、本格的な農耕社会が成立して以降は、その首長の営為が反映されていたと考えられる。こういった考え方に関しては近藤義郎氏、都出比呂志氏、広瀬和雄氏、下條信行氏等をはじめとする先学の諸説を支持し、共同体の規制ないしは秩序が手工業生産や物流に反映されていると考える。こと当時の希少物資、特殊技能を必要とする生産物や地域の特産物の獲得には共同体の首長の関与は必須であり、その構成員の任意で物資が授受されたというような無秩序な考え方はとらない。」

と述べ、現代考古学の基本的考え方である「本格的な農耕社会が成立して以降

---

(3) 村上恭通2001「古墳出現前夜の「地域性」―生産・流通とその地理的・歴史的環境―」『考古学研究』48-3

は、その首長の営為が反映されていた。」として「共同体の規制・秩序が手工業生産や物流に反映されている。」と、前方後円墳体制論の限定的な否定に留めたのである。ここで村上氏は「王権」を使わず「共同体」の名称を使ったのである[4]。

(2) 三角縁神獣鏡の製作地

筆者は、2015年5月、「三角縁神獣鏡の仕上げ加工痕と製作体制」を著し、三角縁神獣鏡の最終仕上げ加工痕の分析から、各地の三角縁神獣鏡が出土古墳近くの地域で一括生産されたことを突きとめた[5]。さらにその工人らの「出吹き」によって生産が行われ、彼らの本貫の地を大和盆地内と推定した。この論考は、これまでの製作地論が型式学的な方法から推定する状況証拠によるものに対して、実証的な証拠として最終仕上げ加工痕を取り上げたものである。つまり、小林行雄氏が提示した「三角縁神獣鏡中国製作説」ならびに「大和王権

---

(4) 村上氏のこのこだわりについて、多くの研究者はあまり関知していない。時代は異なるが、例えば松尾充晶氏は、論の前提なしに「特定の工房とは、大王権や、あるいは王権の中枢にあった有力氏族の直接的な影響下にある工人および工人集団を意味する。彼らの生産行為にある程度の自立性を認めるにせよ、それが独立した経済活動を行っていたとは考えられない。装飾付大刀に必要な限られた素材を入手する手段や、金銅を含む高度な金工・木工技術を保有する点からは、こうした大王権に直結した製作者が想定される。しかもその製品の出土分布がほぼ列島内全域にわたっていることから、その配与主体あるいは配与経路上に大王権や有力氏族があり、工房の所在も畿内周辺であろうという見解で一致をみている。」としているが、これは村上氏の言う「こと当時の希少物資、特殊技能を必要とする生産物や地域の特産物の獲得には共同体の首長の関与は必須であり」とするのとほぼ同義であろう。しかし、これは、高度な金工・木工技術は王権に依らなければもたらされないとの前提で語られたものであり、根源的な意味における古代工人の存在の有り様について考察されていない。村上氏の「共同体の首長」を「大王権」と言い換えたことになるが、「共同体の首長」と「大王権」では、その意味するところの違いは大きい。松尾充晶 2005「第Ⅱ章 装飾付大刀の表彰機能・氏族関係に関する研究」『装飾付大刀と後期古墳―出雲・上野・東海地域の比較研究』参照。
(5) 鈴木勉 2015「三角縁神獣鏡の仕上げ加工痕と製作体制」『河上邦彦先生古稀記念論集』（本書第Ⅲ部第一章にて詳述した）

による各地豪族への下賜説」を覆すものである。

　これによって、多くの考古学者が支持していた都出氏の前方後円墳体制論は、その根拠の最も基礎的な部分を失うこととなった。いや、前方後円墳体制論だけではない。多くの考古学説が小林氏の三角縁神獣鏡下賜説に則って展開され、5世紀の甲冑、5〜6世紀の馬具・（装飾）大刀、6〜7世紀の象嵌刀装具も多くの論考がヤマト王権からの下賜説を採用してきたと言えるだろう。また、韓国の考古学界では、新羅の冠や耳飾りが王権の威信を象徴する「威信財」として評価しているが、それらの根拠の一つは小林氏の三角縁神獣鏡下賜説だと言われる。

　しかしながら、三角縁神獣鏡自体は、先に挙げた岸本氏の論考でも示されたように、鏡研究者の間では必ずしも1993年当時「中国製作説」は定説ではなかったのだ。それ以後、黒塚古墳から33面の三角縁神獣鏡が出土したり、桜井茶臼山古墳からその大半が破片ではあるが、三角縁神獣鏡26面、その他の鏡55面、総数81面の鏡が発見されたりした[6]が、中国製作説が定説となるような「事実」は全く発見されることはなかった。それにも拘わらず、考古学者の多くは中国製作説を採っている。そうした中で、鏡研究者の一人である岩本崇氏は、2013年「三角縁神獣鏡の分布が示すヤマト王権と西日本の勢力関係」の中で次のように述べた。

　　「三角縁神獣鏡の製作を日本列島のなかに求めることは、やや困難であるといわざるを得ないのである。その生産は、中国大陸の銅鏡と関連性を有しながらも、やや特異な位置にあったと考えるのが穏当であろう。」[7]

　「やや困難である」「穏当であろう」という曖昧な表現で中国製作説の支持を述べるに留まっていた。確かに三角縁神獣鏡中国製作説は現在の考古学界の多数意見ではあるが、それを支持する人の大半は鏡研究者ではないのだ。鏡研究

---

(6) 豊岡卓之・奥山誠義 2011「第2節　銅鏡」『桜井茶臼山古墳　第7、8次調査概要報告』（『東アジアにおける初期都宮および王墓の考古学的研究』橿原考古学研究所発行に所収）

(7) 岩本崇 2013「三角縁神獣鏡の分布が示すヤマト王権と西日本の勢力関係」『歴史読本』2013年12月号

者がその根拠に疑問を呈している中で、非専門の考古学者達が積極的に中国製作説を固めているこの現状をどのように考えたら良いのであろうか。学問は多数決原理で進行するわけではない。何よりも事実を積み重ねていくことが重要であり、それを「実証」という。実証の重視は多数決原理で流されてしまいがちな動きを止める意味もある。

(3) 実証とは

近年、筆者はある論考に触れて、「実証」が考古学界において危うい状態になりつつあることを実感したので紹介しておこう。その論考とは、広瀬和雄氏の「体系的な古墳時代像を求めて」である。その末尾で広瀬氏は、

> 「細かく細かくにたいして、広く広く歴史をみようという試行があってもいいだろう。困難な試みかもしれないが、分析と統合の繰り返し、体系的と個別的の往還としての考古学を、そろそろ意識的に試行してもよさそうだ。その場合、実証的ではない、との批判も聞こえてきそうだが、そもそも実証とは「もの」を集めて分類した事実の整理と同義ではない。テーマに関する多くの事実が、論理的かつ整合的に説明できることを言う。前方後円墳が造営された時代を、一つの独立した時代ととらえ、前方後円墳を駆使して歴史を組み立てる試み、古墳時代のなかのより多くの要素を整合的に解釈する、それを通時的、通地域的な視座をもって解釈する、そうした作業が古墳時代像の再構築にとって喫緊の課題である。」[8](傍点は筆者)

と述べる。筆者にとっては初めて聞く「実証論」である。論理的かつ整合的に説明できることが「実証」であるのなら、歴史物語を創作すれば良い。誰もが自分の歴史観に基づいて自分だけの世界を創り上げれば、「実証的」な歴史学が成り立つことになる。なんとも不可思議な「実証論」である。ここで2015年6月9日の朝日新聞朝刊の社説を紹介しよう。

　(社説)「違憲」法制　政治権力は全能ですか
　一瞬、聞き間違えたかと耳を疑った。

---

(8) 広瀬和雄 2011「体系的な古墳時代像を求めて」『季刊考古学』117号

「現在の憲法をいかに法案に適用させていけばいいのか、という議論を踏まえて閣議決定を行った」。安全保障関連法案を審議する衆院特別委員会での、中谷元・防衛相の答弁である。
＜中略＞
憲法「を」法案に適用させる——驚くべき発言である。
言うまでもなく、憲法は日本の最高法規であり、憲法「に」法律を適用させなければならない。ところがいま、政府の方針を最上位に置き、それに合わせて法律をつくることで、実質的に憲法を変えてしまおうというまさかの事態が進行している。
＜後略＞

中谷防衛相はこの意見を後で撤回したが、立憲主義についてどのように学んだのだろうか？　はたまた広瀬氏は「実証」の語をどこで学んだのだろうか？
ちなみに実証とは「確かな証拠、確証」を意味し、また「事実により証明すること」とされている。広瀬氏は「実証」の語に「上手に説明できること」という全く新しい解釈を加えたいと言っているのだろうか。

(4) ヤマト王権の前方後円墳体制論から列島各地の前方後円墳文化論へ

都出氏の前方後円墳体制論は、古墳時代研究に大きな影響を与えた。都出氏は、古墳時代前期から列島内に国家が存在し、その代表的な勢力がヤマト王権であるとした[9]。中央集権的な解釈が広まり、考古学研究者達は、各地から出土する多くの金属製遺物を、威信財と位置づけ、ヤマト王権下賜説へと流されていった。
筆者は、技術者が王権に従属するという王権論の立場には立たず、2014年には日本列島古墳時代には「渡来系工人ネットワーク」の存在[10]を指摘し、さらに2015年に「三角縁神獣鏡の仕上げ加工痕と製作体制」を発表し、そもそも三角縁神獣鏡のヤマト王権下賜説によって誘導された「工人は王権に従属

---

(9) 前掲注 (2)
(10) 鈴木勉 2014「九州の円弧状なめくりたがねと（渡来系）工人ネットワーク—江田船山銀象嵌銘鉄刀など円文を持つ鉄製品—」『文化財と技術』第6号

する」という考え方に異議を唱えた。とは言え、同論文で筆者は、三角縁神獣鏡の鋳物師集団は現時点では大和盆地内に住み、そこから各地の古墳の近くへ移動して「出吹き」で三角縁神獣鏡を製作したことを推定した[11]。そうしたことから、ヤマト地域の前方後円墳は三角縁神獣鏡と共に各地に広まっていったことも認めなければなるまい。しかし、これまでの三角縁神獣鏡の中国製作説やヤマト王権下賜説を基礎として、ヤマト王権と地域王権との政治的上下関係において語られることが多かった古墳時代論は、大きな変換点を迎えたと言うべきであろう。

いま、わが国の考古学は、『日本書紀』や『古事記』に代表される文字で描いた世界に従って解釈が進んでいると思われる。ところが、『日本書紀』の成立年は8世紀の初頭であり、それより数百年を遡る日本列島の古墳時代の文字による記述を検証せずに信ずるわけにはいかない。

古墳時代に栄えた各地の王権[12]の中で、文字の定着を見たのは6世紀半ばのヤマト王権のみであったことは、ヤマト以外の地域王権から見れば歴史学的に「不幸なこと」であったと言わざるを得ない。7世紀末に編纂が始まった『日本書紀』は、まさにヤマト王権に都合の良い筋立てを作って古墳時代の初期からヤマト王権が日本列島を支配していたかのような記述となったのであろう。つまり、ヤマト王権に文字が持ち込まれる6世紀半ば以前までは、各地の地域王権にそれぞれの歴史があり、すべてが口述伝承で語り継がれていたことを思い起こさなければならない。各地の地域王権が口述伝承で有していた各地の歴史は、僅かにその片鱗が『日本書紀』や『風土記』内に残ったとしても、そのほとんどが消えてしまったと考えることができよう。「ヤマト王権の歴史」を「日本列島の歴史」と考え違いしている人にとってみれば、全く通じない記述であるかもしれない。

---

(11) 筆者は、黒塚古墳から出土した33面の三角縁神獣鏡中、仕上げ加工が行われていない「鋳放し鏡」が20面あることを突きとめ、それらの鏡を原鏡あるいは原鏡に限りなく近い鏡と推定した。この数は他の古墳に比べて特に大きな数値であり、三角縁神獣鏡製作集団の本貫地を黒塚古墳の近くの大和盆地内に想定した。このことについては、本書第Ⅲ部第一章に詳述している。

(12) もちろん各地において「王権」が成立していたかどうかについても、さらに詳細な議論が求められる。

しかし、考古学は出土遺物から歴史を明らかにすることが出来る学問であるのだから、「ヤマト王権の歴史」からは消えてしまった各地域の歴史を明らかにすることが出来るはずである。ところが、現在の考古学ではヤマト王権の歴史を物語るものばかりになってしまったかのように感じられる。日本考古学も歴史学の内の一学問であるのだから、そもそも文献によってその基本を形作るヤマト王権の歴史学の影響を受けざるを得ないことは認めてもよい。しかし、日本列島の歴史がすなわちヤマト王権の歴史だと考えてしまうことは、考古学であるからこそ避けたいと思う。

また、政治史だけが考古学だと信じている研究者も多々存在する。彼らは主として王権を論じようとするからだ。近年は王権を論じなければ考古学に非ずとの勢いさえ感じられることもある。考古遺物、それも古墳出土品から論じやすいのは確かに王権論であろう。古墳は古代の共同体の首長の墓だからだ。しかし、それではいけない。

ここで、政治的枠組みの「前方後円墳体制論」という古墳時代観はひとまず横に置いて、地域の暮らしぶりを復元するために考古遺物を再評価することを提案したい。つまり「前方後円墳文化論」の提案である。今一度考古学の原点に立ち戻って、実証的な調査・研究の進展をを求めたい。

2. 前方後円墳文化論

(1) 同笵鏡の分有関係はなかった

都出比呂志氏は、「日本古代の国家形成論序説―前方後円墳体制の提唱―」の(3)中央首長と地方首長との関係の項[13]で次のように述べる。

> 「小林行雄は三角縁神獣鏡の同笵鏡の分有関係の研究を基礎にして、成立期の古墳に葬られた首長の間に緊密な政治関係のあったこと、またそれは畿内の有力首長が主導権をもつ関係であったことを明らかにしたが、同笵鏡の分有関係において中心的な位置をしめる二つの古墳、京都府椿井大

---

(13) 前掲注 (2)

塚山古墳と岡山県車塚古墳のうち前者が後円墳、後者が後方墳であること、また両者の墳形原理に緊密な関係が認められることは大変興味深い。さらに岡山県車塚古墳と同笵鏡の分有で結ばれる古墳が東日本に多く、かつ東国の初期の古墳に後方墳が多いことは重要である。」[13]

として、後方墳の後円墳に対する優劣が存在したことを述べた。しかしながら、鏡の出吹きによる現地生産という本書の成果がある今、技術者の本貫地がたとえ黒塚古墳や桜井茶臼山古墳や京都府椿井大塚山古墳などを含む大和の周辺地域であったとしても、都出の言う「同笵鏡の分有関係の研究を基礎にして、成立期の古墳に葬られた首長の間に緊密な政治関係のあったこと、またそれは畿内の有力首長が主導権をもつ関係であったこと」については根本的に考え直さなければならないことになる。

(2) 前方後円墳文化論について

三角縁神獣鏡の下賜や配布の概念では、本書で述べた三角縁神獣鏡の仕上げ加工痕の出土遺跡ごとのまとまりについては説明できない。そして「前方後円墳体制論」に代表される大和王権中心の国家論は、少なくとも5世紀までの日本列島には当てはまらない。大和王権中心ではない社会の構造とはいかなるものであったのだろうか。

古代社会の復元の拠り所を『日本書紀』や『古事記』とする論考が多いのだが、わが国における5世紀代の金石文として千葉県市原市稲荷台1号墳王賜銘鉄剣、埼玉県行田市稲荷山古墳金象嵌銘鉄剣、熊本県和水町江田船山古墳銀象嵌銘鉄刀がある。いずれも大和王権との強い結びつきの結果と考える説と、在地勢力による製作と考える説とに分かれる。筆者はこれらを在地勢力と渡来系工人ネットワークとの結びつきによる製作と考えている[14]。「王賜」銘鉄剣の「王」をヤマト王権の「王」と軽々に判断することは出来ない。技術的には「直線が多いなめくり象嵌」と考えられ、百済の七支刀銘との共通点が強く感じられる。さらに佐藤長門氏が分類するように稲荷山鉄剣も江田船山鉄刀も

---

(14) 前掲注(10)

第三章　三角縁神獣鏡と古墳時代

「下賜刀」ではなく「顕彰刀」である。「顕彰刀」とは、「特定個人の功績を顕彰するために製作されたと思われる刀剣」を指す[15]。筆者も銘文の内容からこれらを顕彰刀であると重ねて主張したい。

　つまり、5世紀代には在地勢力の依頼によって渡来系工人ネットワークの工人らが製作したのが、これらの象嵌銘鉄刀（剣）なのだ。つまり、5世紀代には、大和も武蔵も筑紫も文字を持っていなかった。かろうじて渡来系工人集団の中に文字を司る人々がいて、当時のヤマト王権の首長の名や、在地勢力の王やその先祖の名などの倭語を、漢字を使って表記したのである。その後、6世紀に至って、工人を含む渡来系集団を自らの政治機構の中に取り入れて文字文化の定着を成し遂げたのが日本列島ではヤマト王権だけだった。筑紫も出雲も武蔵も、ヤマト以外の地域王権は、文字文化の定着に失敗し、その後の歴史に自らの存在を残すことが出来なかった。それが7世紀末から8世紀に至るころに、『日本書紀』や『古事記』として自らの国の歴史を文字に留めたのが、ヤマト王権だった。『日本書紀』や『古事記』がヤマト王権の一文官によって漢字表記されたことは周知のことであり、文字が無い時代の事件についてはヤマト王権中心に表記されるしかなかったのだ。

　これまで日本の考古学界は「前方後円墳体制論」の中に取り込まれて、三角縁神獣鏡は森下章司氏が言うように「大和政権によって各地に配布され、支配の拡大において重要な役割を果たしたという見方については意見が一致しつつある。」[16]という状況であった。本書の成果によってそのこと自体が改訂を迫られる事態となって、私たちはどのような古墳時代像を描くことができるのであろうか。

　筆者は「前方後円墳文化論」を提起したいと考えている。政治・武力による前方後円墳体制を描くことはもはや出来ない。となれば、これだけ全国に分布する前方後円墳については、政治的な支配を示す「前方後円墳体制」ではなく、力の関係においては未だ「部族連合」の域にあって、ヤマト王権を中心とす

---

(15) 佐藤長門 2004「2 有銘刀剣の下賜・顕彰」『文字と古代日本1　Ⅰ支配と文字』吉川弘文館
(16) 森下章司 2004「1 鏡・支配・文字」『文字と古代日本1　Ⅰ支配と文字』吉川弘文館

る「前方後円墳文化」だけが広まった現象の一つが、三角縁神獣鏡の出吹きであったと考えたい。5世紀の稲荷山鉄剣の金象嵌銘文や江田船山鉄刀の銀象嵌銘文は、未だ完全にはヤマト王権の支配下に入っていない筑紫や武蔵の地域王権において、被葬者自身がヤマト王権の協力者であることを誇りとして銘文に刻んだものであろう。そのようにして列島各地の豪族達は次第にヤマト王権の協力者へと変貌を遂げていったのである。

3. 型式学的分類と技術的分類

　本書の第Ⅰ部で、同笵(型)鏡の複製鏡の製作工程や修正工程などその背景を明らかにした。さらにそのために、従来の型式学的分類に替わって技術的分類案、つまり、神獣鏡を精妙・高度・疑似・稚拙薄肉彫り鏡の4つに分類する案を提起することとなった。型式学的分類は三角縁神獣鏡の系譜については、ある程度明らかにすることが出来ると考えるが、それにも自ずと限界がある。製作工程や修正工程などその背景や製作地を明らかにするには、技術的分類に基づく研究が必要である。

　第Ⅱ部では、三角縁神獣鏡の製作技術について、作って確かめるという「検証ループ法」という復元研究を行うことで、同笵法や同型法などに基づいた先学の研究の多くに欠陥があることが明らかになった。三角縁神獣鏡研究ばかりでなく、考古学や美術史など、ものを扱う学問では、その製作技術を明らかにしようとする場面があるのだが、そのため行う研究法である観察・推定法は、技術の解明も所詮「推定」に留まることが多く、研究を次の段階に進めることが難しかったのだ。

　そうした研究の経過を元に、第Ⅲ部第一章で述べたように筆者は、三角縁神獣鏡の鏡背面の仕上げ加工痕に着目し、三角縁神獣鏡が埋葬古墳近くへの出吹きによって作られたことを明らかにした。つまり、百年を超える三角縁神獣鏡研究の主題となっていた型式学的分類は、その製作背景を全く反映しないことが明らかになったのである。さらに言えば、三角縁神獣鏡の型式学的分類は、「三角縁神獣鏡の分布に基づく「王権論」」を展開するために利用されたとも言えるかもしれない。製作背景などを全く明らかに出来ないはずの型式学的分類

をもとにして、敢えて製作背景を作り上げ、「王権論」に都合良く展開したのではないかと思われるのである。

　筆者は、仕上げ加工痕の技術的分類から、三角縁神獣鏡の工人集団の本貫地を黒塚古墳周辺の大和盆地内と推定することができた。そして大和盆地を基点として全国各地に出向いて三角縁神獣鏡を作るという移動形工人集団の暮らしぶりの一端が見えてきた。

　この時点で、王権の有り様についてはまだ見えてきていない。これからの古墳時代の研究者は、王権と工人の関係を見つめ直して、古代工人集団の暮らしぶりから古代社会を復元する作業が求められよう。王権論は古墳時代論の一部であるに過ぎないのだから。

おわりに＜同笵（型）鏡論の向こうに＞

　わが国では、三角縁神獣鏡の中国製説と列島製説とに分かれて長く議論が続けられてきた。特に中国の考古学者の王仲殊氏が参戦したこともあって、議論は活発になっていった。そのような時に、奈良県黒塚古墳から33面の三角縁神獣鏡が出土し、三角縁神獣鏡議論は一層活発になった。筆者が自作した断面計測装置が三角縁神獣鏡研究に新たな視点をもたらすことが期待され、橿原考古学研究所の全面的な支援でレーザー三次元計測機を購入していただけることになった。後には数多くの所員のご助力を得て全国の博物館や大学などに所蔵されている三角縁神獣鏡などの調査を行うことができた。橿原考古学研究所では、現時点で三角縁神獣鏡270面以上を含む1000面以上の青銅鏡の三次元計測と調査を終え[17]、データベースの基盤を構築することができた。特に三次元計測は、所蔵機関の研究者が実施するのを前提としたため、彼らの協力があればこその成果であった。改めて皆さんに感謝申し上げたい。

　その計測と調査を開始するにあたって、2001年春東京国立博物館の古谷毅さんから、橿原考古学研究所（当時）の今津節生さんを通して「遺物の調査は同笵（型）鏡ごとに行うか、或いは出土遺跡ごとに行うか」との問い合わせが

---

(17) 水野敏典 2015「三次元計測を応用した三角縁神獣鏡の研究」『三角縁神獣鏡研究の最前線』奈良県立橿原考古学研究所

あった。筆者は熟慮して出土遺跡ごとの調査をお願いした。その理由は、一遺跡ごとの鏡の様子に何らかの特徴があるのではないかとの感触があったためである。当時はその特徴が何であるのかはわかっていなかったのだが、その感触を大事にしなければならないと信じて、古谷さんに出土遺跡ごとの調査をお願いしたのである。それが証拠に、当時黒塚古墳出土三角縁神獣鏡については、毎週のように橿原考古学研究所へ通って観察していたにもかかわらず、本書第Ⅲ部第一章で扱った鏡背面の仕上げ加工痕については全く調査していなかった。東京国立博物館での調査を行う際に、その都度橿原考古学研究所から東京国立博物館へマイクロスコープを運び込んで三角縁神獣鏡の細部を撮影したのだが、それでも当時はまだ鋳肌を研究の主な対象としていたこともあって、取得したデータは鋳肌の写真が多かった。本書で、一部の三角縁神獣鏡の外区鋸歯文部分のマイクロスコープ写真が無くて、一部に一眼レフとマクロレンズで撮影した写真で代用したのは苦肉の策であったというわけである。

　出土遺跡ごとの調査を進める過程で、その感触に間違いないとの確信に近いものを得ていったのだが、それを論文内でどのように示すのかが次の課題であった。

　研究の対象を鏡背面の仕上げ加工痕に絞ることができるようになったのは、第2回目の京都大学蔵鏡の計測に入った2004年12月頃のことである。そこからは、外区の鋸歯文周辺の仕上げ加工痕に集中してマイクロスコープで撮影を進めた。

　その成果に、検証ループ法の手法を加えてまとめたのが、2014年『河上邦彦先生古稀記念論集』に寄稿した「三角縁神獣鏡の仕上げ加工痕と製作体制」である。それは三角縁神獣鏡研究者に対して書いたものであったので、大分難解だったようだ。本書第Ⅲ部第一章では、もっとわかりやすくしたいと考え、加筆しコラムを追加して広く他の古代史研究者にも示したいと思った。

＊　　　　　＊　　　　　＊

　同笵(型)鏡論というのは、同じ鋳型または同じ原型から作られたことが推定される鏡が沢山あるところから発した研究方法であるのだが、本書に示した仕上げ加工痕の研究成果から、同笵(型)鏡が同じ時期や同じ工房では作られ

第三章　三角縁神獣鏡と古墳時代

ていないことが分かった。つまり、同笵(型)鏡論では、三角縁神獣鏡の製作背景を明らかにすることが出来ないことを示しているのだ。しかし、仕上げ加工痕の研究ステージは、同笵(型)鏡論を突き詰めることでしかたどり着けないところであった。様々な方向から同笵(型)鏡論を乗り越え、さらにそれを復元研究で確かめたその先に、やっと光明を見出したと言えようか。本書を「三角縁神獣鏡・同笵(型)鏡論の向こうに」と題したのはそうしたことによる。

　　　　　＊　　　　　　　＊　　　　　　　＊

　あるゆる学問の中で、考古学は「実証」の語が最も相応しい部類に入る。本書に示した内容は、少なくともその実証性については自信を持って提示させていただいた。
　現在の大学院教育では、指導教授から院生に対して「その遺物で一体何を語るのか？」という発言がたびたび発せられるという。「何を語るのか？」という問いは「どういう物語を作るのか？」という意味であろう。全国の考古学研究者の代表選手が大学で教鞭を執っているわけではないが、そうした指導によって育った卒業生は全国各地へ散らばって、次の若い世代に伝えて行く指導的立場に立つであろう。そしてまた「一体何を語るのか？」と繰り返すのだろうか。考古学の行き着く先はいったいどのような物語世界なのだろう、と恐れるばかりである。
　「一考古学者が作った物語」と「実証された小さな事実」とを考えた時、その学問的優位性は、いかなる理由があろうとも「実証された小さな事実」にある。
　物語を作るのは自由にやれば良い。しかし、少なくとも学問の世界では、実証的事実に基づいて語られなければならない。そして、物語つくりはそこまでだ。物語という仮説の上に新たな物語を作るようなことは、実証性を重視する考古学ではなんとしても阻止しなければならない。
　かつて、網干善教氏が小林行雄説を「ある一つの仮説的な前提を想定し、さらにその前提の上に仮説を積み重ねて、一つの結論を導き出している。そして、その結論が事実のように理解される。若しその前提が、例えば最初の「そうであるとすれば」という前提が「そうでない」となればこの屋上屋を重ねた広遠な論理の結論は何も意味しないことになる場合もある。」[18]と評したように、

過ちの可能性のあるものの上に過ちを積み重ねるような行為は決して行ってはならない。たとえそれがわずかなものであっても、考古学は実証的な事実を積み重ねていくしかないのだ。

＊　　　　　＊　　　　　＊

　古墳時代像が「前方後円墳体制論」で固まりつつある中で、こうして三角縁神獣鏡列島内出吹き説を提示できたことで、筆者には「ようやく間に合った」との強い感慨がある。しかし本当に間に合ったのだろうか。

　筆者が三角縁神獣鏡研究を始めた1998年の頃、日本の古代史は良い意味でまだ混沌としていた。いま若い研究者達はこぞって「前方後円墳体制論」を支持するような王権論を書き続けている。そうすることが唯一考古学に於ける成功の道であると考えているのかもしれない。

　筆者は幸いに、金石学・技術史から考古学の世界に入っていったこともあって、研究の目標は王権論ではない。古代工人の暮らしぶりの復元である。本来、工人は国家に寄りかかって生きなければならない存在ではない。工人は「技術」によって生きていく。工人ネットワークは王権を超えて存在し、たとえその時の王権が滅びても、工人集団はめげずに次の発注者・協力者・協力政権を求めて移動し、自らの家族や集団を守っていく。工人にとって、国家を守るより自らの集団をそして家族を守ることが優先されるのだ。

　移動型工人集団と渡来系工人ネットワークの語は、朝鮮半島の三国時代と日本列島の古墳時代像を再構築する新たなキーワードとなるに違いない。

---

(18) 網干善教 1975「三角縁神獣鏡についての二、三の問題―唐草文帯二神二獣鏡の同型鏡に関連して―」『橿原考古学研究所論集　創立三十五周年記念』吉川弘文館

謝　辞

　三角縁神獣鏡・同笵(型)鏡論という考古学でも最も難解な問題に対して一定の結論を導き出すことが出来たのではないかと考えているが、これは本研究の始まりの頃から、力を惜しまずご協力下さった奈良県立橿原考古学研究所調査研究部長(当時)河上邦彦氏と保存科学研究室(当時)今津節生氏のおかげです。お二人には深甚なる感謝を申し上げます。その後、本研究を引き継ぎ発展させて下さった同研究所の菅谷文則所長、水野敏典氏、奥山誠義氏にも併せて感謝申し上げます。本書内で度々引用させていただくとともに、研究の過程で色々ご教授下さった勝部明生先生、故網干善教先生、故樋口隆康先生には心からの感謝を申し上げたいと思います。本書第Ⅱ部の「同笵(型)鏡論と復元研究」で紹介した三角縁神獣鏡復元研究の機会を与えて下さった福島県文化財センター白河館(通称：まほろん)の皆様と森幸彦氏(現・福島県立博物館)に心から感謝申し上げます。更に本研究の調査にご協力下さった東京国立博物館の古谷毅氏、京都大学(当時)の森下章司氏、宮内庁書陵部の徳田誠志氏、富山大学の三船温尚氏、工芸文化研究所の福井卓造氏に感謝申し上げます。

　三角縁神獣鏡研究は、全国各地の鏡所蔵機関の皆様のご協力がなければ決して実施できないものです。殊に筆者の調査は、三次元計測、細部の写真撮影、マイクロスコープによる撮影など、わが国で初めて実施するものばかりでした。その都度、無理難題に応えてご協力下さった鏡所蔵機関の関係者の皆様に心から感謝申し上げます。

　最後に、本書の煩雑な編集作業にお付き合い下さり、同時に執筆に際して貴重なアドバイスを下さった㈱雄山閣編集部の羽佐田真一氏に心から御礼申し上げます。

写真掲載三角縁神獣鏡等所蔵機関

安満宮山古墳出土鏡	高槻市教育委員会所蔵
石塚山古墳出土鏡	宇原神社所蔵
和泉黄金塚古墳出土鏡	東京国立博物館所蔵
奥3号墳出土鏡	さぬき市教育委員会所蔵
上平川大塚古墳出土鏡	東京国立博物館所蔵
黒塚古墳出土鏡	国(文化庁)保管／奈良県立橿原考古学研究所所蔵
御陵韓人池古墳出土鏡	大野城市教育委員会所蔵
佐味田宝塚古墳出土鏡	東京国立博物館所蔵
真土大塚山古墳出土鏡	東京国立博物館所蔵
新山古墳出土鏡	宮内庁書陵部所蔵
泉屋博古館鏡	泉屋博古館所蔵
椿井大塚山古墳出土鏡	京都大学総合博物館所蔵
西求女塚古墳出土鏡	神戸市教育委員会所蔵
藤ノ木古墳出土鞍金具	国(文化庁)保管／奈良県立橿原考古学研究所所蔵
ホケノ山古墳出土鏡	奈良県立橿原考古学研究所所蔵
柳井茶臼山古墳出土鏡	東京国立博物館所蔵
湯迫車塚古墳出土鏡	東京国立博物館所蔵
吉島古墳出土鏡	東京国立博物館所蔵

著者紹介

鈴木 勉（すずき　つとむ）

1949年横須賀市生まれ。早稲田大学理工学部卒業。
工芸文化研究所所長、奈良県立橿原考古学研究所共同研究員、早稲田大学文学研究科非常勤講師（金石学）、早稲田大学會津八一記念博物館客員研究員。

〈主要著書〉

『古代の技―藤ノ木古墳の馬具は語る』（共著）吉川弘文館
『ものづくりと日本文化』奈良県立橿原考古学研究所附属博物館
『考古資料大鑑7　弥生・古墳時代　鉄・金銅製品』（分担執筆）小学館
『復元七支刀―古代東アジアの鉄・象嵌・文字―』（共編著）雄山閣
『論叢文化財と技術1　百練鉄刀とものづくり』（編著）雄山閣
『「漢委奴國王」金印・誕生時空論〔金石文学入門Ⅰ金属印章篇〕』雄山閣
『造像銘・墓誌・鐘銘―美しい文字を求めて―〔金石文学入門Ⅱ技術篇〕』
　雄山閣　ほか

2016年12月5日　初版発行　　　　　　　　　　《検印省略》

三角縁神獣鏡・同笵（型）鏡論の向こうに
（さんかくぶちしんじゅうきょう・どうはん（がた）きょうろんのむこうに）

著　者　鈴木　勉
発行者　宮田哲男
発行所　株式会社　雄山閣
　　　　東京都千代田区富士見 2-6-9
　　　　ＴＥＬ　03-3262-3231 ／ＦＡＸ　03-3262-6938
　　　　ＵＲＬ　http://www.yuzankaku.co.jp
　　　　e-mail　info@yuzankaku.co.jp
　　　　振　替　00130-5-1685
印刷・製本　　株式会社 ティーケー出版印刷

©Tsutomu Suzuki 2016　　　　　　　　　ISBN978-4-639-02421-7 C1021
Printed in Japan　　　　　　　　　　　　　N.D.C.210　258p　21cm